Journal d'une infirmière en Afghanistan

Karla Schefter

Journal d'une infirmière en Afghanistan

Traduit de l'allemand par
Frank Straschitz
et Catherine Métais-Buhrendt

PLON

Titre original

Weil es um die
Menschen geht
Als Krankenschwester in Afghanistan

ISBN : 3-550-07182-5
ISBN : 2-259-19666-7

Préface

Une fois de plus, j'ai mal dormi la nuit dernière. Les bombes américaines qui tombent sur l'Afghanistan me frappent au cœur. Je ne veux pas verser dans l'hystérie, mais je sais combien le bruit des explosions terrorise les habitants de ce pays. Que pourraient encore détruire les Américains, d'ailleurs ? Depuis longtemps déjà, l'Afghanistan est *kaputt* ; il n'y existe aucun pont ou tunnel essentiels, aucune ligne de communication vitale qu'il serait important de couper, et pas davantage d'installations industrielles produisant des gaz toxiques. Quant à ses massifs montagneux, qui offrent d'innombrables cachettes aux terroristes, ils sont à l'abri des bombes et des obus.

L'Afghanistan, ce pays qui n'était pour la plupart d'entre nous qu'une tache blanche sur la carte, fait soudain la une de l'actualité. Tout a commencé lorsque des terroristes ont détourné des avions de ligne américains et les ont utilisés comme des bombes pour attaquer le World Trade Center et le Pentagone. C'était la première fois depuis longtemps que des civils étaient victimes d'attentats-suicide. La recherche des responsables ne tarda pas à concentrer l'intérêt du monde sur l'Afghanistan. Oussama Ben Laden, le chef supposé des terroristes, d'origine saoudienne, opérait en effet depuis l'Afghanistan, caché et protégé par le régime corrompu des taliban.

A l'époque de ces attentats terroristes, je me trouvais en Afghanistan. Le 11 septembre, en écoutant Radio-Kaboul dans notre petit hôpital de Chak-e Vardak, nous avons tous été pétrifiés d'horreur en apprenant que des milliers de civils avaient été assassinés. Personne, absolument personne, ne se réjouissait. Et nous ne nous faisions aucune illusion sur les conséquences. Nous avions vu la situation de l'Afghanistan se détériorer de plus en plus suite à l'afflux des extrémistes dans ce pays, qui est l'un des plus pauvres du monde. Venus du Pakistan, de Chine, de Libye, d'Arabie Saoudite ou de Tchétchénie, et ne pouvant rien faire dans leurs propres pays, ils espéraient trouver une nouvelle mission sous l'égide de Ben Laden. Les rumeurs faisant état d'une prochaine attaque contre le « centre du capitalisme » ne pouvaient pas avoir échappé à la CIA. Au printemps de cette année 2001, le ministère des Affaires étrangères avait recommandé à tous les étrangers de témoigner d'une extrême prudence ; les autorités feraient tout leur possible pour les protéger contre d'éventuelles agressions des extrémistes, mais ne pouvaient garantir totalement leur sécurité.

Depuis vingt-deux ans, les Afghans ne connaissent qu'une succession quasi ininterrompue de guerres ; douze années durant, j'ai partagé cette situation avec eux. Pour commencer, le pays a été laminé par les blindés soviétiques. Ensuite, il y a eu le régime d'inspiration communiste du président Nadjibullah. Ce dernier a cédé la place à un gouvernement intérimaire, qui a fini par se réfugier au Pakistan. Peu après, les moudjahidin, les « combattants de la guerre sainte », ont envahi Kaboul. La population les accueillit triomphalement, jusqu'au moment où il devint évident que leurs commandants commettaient d'innombrables abus de pouvoir. Ensuite, l'on espéra que la paix viendrait enfin avec les taliban, les « étudiants du Coran ». Que pourraient faire de mal ces hommes profondément religieux, versés dans les écrits du Prophète ? C'est ce que pensaient la plupart des gens, et je le croyais aussi. Mais les taliban modérés furent progressivement remplacés par des fanatiques, partisans de la ligne dure. La police religieuse, investie de pouvoirs arbitraires, se montrait particulièrement brutale. Dans ce pays ravagé par la guerre, en proie au chômage et à une extrême pauvreté, ce corps très redouté parvenait à recruter des hommes avec pour principal appât l'argent. Aux yeux de la population, ces « gardiens de la religion » ne sont pas de vrais Afghans — et pas seulement parce qu'il y a parmi eux de nombreux mercenaires venus d'Ouzbekistan et du Tadjikistan.

Pendant mon séjour de douze ans en Afghanistan — interrompu seulement par des vacances d'hiver en Allemagne — j'ai pu observer comment l'horreur se transforme progressivement en normalité, et devient le quotidien. Les gens sont las, usés par cette guerre qui n'en finit pas. Le moral est au plus bas, et l'on ne voit pas comment il serait possible d'être encore plus désespéré.

Une semaine après le 11 septembre, je reçus un e-mail des Affaires étrangères : compte tenu du risque de prises d'otages, j'étais priée de quitter le pays ; j'étais l'un des derniers étrangers qui s'y trouvaient encore. Il m'était douloureux d'abandonner mes collaborateurs et mes patients en les laissant dans une telle incertitude, mais je ne pouvais ni ne voulais devenir un problème pour la République fédérale. Je réussis finalement à franchir la frontière entre l'Afghanistan et le Pakistan deux jours après le dernier délai fixé pour le départ des étrangers. Peut-être avais-je eu droit à certains égards, les femmes d'un certain âge étant particulièrement respectées en Afghanistan. Pour tout bagage, j'avais emporté un sac de marin avec quelques vêtements, de la crème pour le visage et du dentifrice. J'avais laissé le reste de mes biens à l'hôpital, pour donner à mes collaborateurs l'impression que je reviendrais bientôt.

Pas un jour ne passe sans que je repense au petit hôpital de Chak-e Vardak. Pendant toutes ces années, il avait eu la chance de se trouver loin du front ; dans ce recoin protégé, les nombreux changements politiques successifs s'étaient donc déroulés sans effusion de sang. Heureusement pour nous, les environs de Chak étaient « propres » : il n'y avait ni installations militaires, ni base de terroristes. Mais comment cela se passera-t-il cette fois ? Depuis des semaines, les bombes pleuvent sur l'Afghanistan, et toutes ne tombent pas sur les cibles prévues. Paradoxe pour la population civile : les Américains larguent en même temps des colis alimentaires, dont l'emballage vert est analogue à celui des charges explosives.

Une fois par semaine, je téléphone à l'hôpital par satellite. « Tout va bien », me dit-on. Cela signifie que Chak n'a pas été touché par les bombes, que les soins médicaux continuent, et que le personnel est encore au complet — à l'exception de l'aide-soignant Fazil Elahi, qui s'est réfugié en Arabie

Saoudite avec sa famille. Et Fatima, qui avait été blessée par balles par son propre père, continue à lutter contre la mort.

A Chak, l'hiver est arrivé. Du jour au lendemain, les arbres ont perdu tout leur feuillage. La nuit, le thermomètre descend jusqu'à moins vingt degrés. Comment les habitants vont-ils survivre à la mauvaise saison, rendue plus dure encore par cette nouvelle guerre ? D'autant plus que la vie sera encore plus difficile pendant le ramadan, qui approche. Je pars bientôt pour le Pakistan, d'où je continuerai à me battre pour le droit à la vie et à la santé. J'ai l'intime conviction que seule une attitude humaine peut lutter contre l'inhumain. J'ai appris cette leçon il y a douze ans, en découvrant un monde et des réalités dont j'ignorais tout.

Dortmund, le 28 octobre 2001.

1

Moi aussi, je suis fille de réfugiés

A l'aéroport de Francfort, l'ambiance est électrique. Il y règne cette tension particulière qui indique une lutte constante contre le chaos qui menace de tout engloutir. Cette remarque s'applique tout aussi bien aux émotions qui m'habitent : j'oscille entre l'espoir de réussir et la peur de l'anéantissement. Mon ami Werner m'a accompagnée jusqu'au dernier poste de contrôle. « En ce moment, c'est comme si mon cerveau était mort, lui dis-je. Je ferais une excellente publicité pour une clinique gériatrique... »

Je suis infirmière de salle d'opération, et je pars pour l'Afghanistan. J'y vais pour aider des gens qui, après avoir combattu ensemble les forces soviétiques, se livrent une guerre fratricide dans un pays d'ores et déjà en ruine. Comme partout ailleurs, tous les moyens sont bons pour conquérir le pouvoir.

Je tripote nerveusement mon billet. Le tournant en tous sens, je regarde avec méfiance le nom qui y est inscrit. C'est moi, ça ? Mon aéroport de destination m'ouvrira-t-il les portes d'un monde nouveau, d'une nouvelle existence ? En tout état de cause, ma volonté de me rendre utile est intacte. Je vais travailler dans un pays déchiré par la guerre et les dissensions internes, et je le ferai sans tenir compte des appartenances militaires, politiques, ou autres.

Le vol pour Peshawar, Pakistan, est annoncé. J'embrasse le Dr Dietrich, et m'efforce de rectifier ma remarque inconsidérée. « Je ne voulais pas rabaisser les seniors. Je voulais simplement dire que je suis assez désorientée. »

Il me rassure aussitôt : « Ne t'excuse pas. C'est normal. Tu vas faire face à un grand défi. Qui garderait les idées claires dans une telle situation ? »

Nous sommes le 28 mars 1989. L'avion des Pakistan International Airlines est presque plein. Heureusement, je suis placée près d'un hublot. En regardant les nuages, je laisse défiler mes pensées. Quand j'étais petite, je n'envisageais pas de devenir infirmière. Je devais m'occuper de ma sœur et de mes deux frères, c'était déjà bien assez pénible. Je n'aimais pas davantage jouer à la poupée ; pourtant, quand l'une d'elles avait une jambe arrachée, je m'acharnais jusqu'à ce que je réussisse à la remettre en place avec de la colle et du ruban adhésif. Avant que ma mère me persuade de choisir ce métier — qui me permettrait de voyager, disait-elle —, je n'avais jamais mis les pieds dans un hôpital. Il faut dire que je n'étais jamais malade. Ma sœur, par contre, était tout le temps alitée ; elle a eu la scarlatine, la dipthérie, et même le typhus. Comme elle était tellement malade, elle avait droit à beaucoup d'amour, et à beaucoup de bonbons. Un jour, j'ai voulu tomber malade moi aussi ; je sentais déjà les bonbons colorés et poisseux fondre sur ma langue. Mon plan était parfait : je me couchai à côté de ma sœur souffrante, la pris dans mes bras et la couvris de baisers, certaine que les méchants virus et microbes allaient se précipiter sur moi. Mes espoirs furent déçus : les jours passaient, et toujours pas le moindre symptôme, rien. Je restai comme toujours en parfaite santé, et personne ne se crut obligé de me cajoler.

Au début de ma carrière d'infirmière, je ne considérais pas ce métier comme une vocation. Je voulais avant tout voyager et voir le monde. Je me fis donc infirmière libérale et pris le bateau pour le Brésil, pour y dorloter des millionnaires. Je trouvais toujours un engagement. Une fois, je fus engagée par une Juive polonaise, qui avait émigré aux Etats-Unis après 1933, et était venue voir son frère à São Paulo. Comme elle s'était fracturé le col du fémur, je devais la raccompagner à New York. C'était la première fois de ma vie que je prenais l'avion, et en première classe par-dessus le marché ; pour la première fois, aussi, je bus du champagne. Dans l'appartement de Park Avenue où habitait la dame, il n'y avait pas beaucoup de travail pour moi. Il fallait lui laver une jambe, puis l'autre, et pendant tout ce temps ma patronne téléphonait, en ponctuant la conversation de *Oh my dear !...*

Honey... Darling... Sweetie... J'étais complètement démoralisée. Ce fut avec soulagement que je regagnai Hambourg à bord du luxueux *MS Hamburg* — la lady était allée jusqu'à payer mon billet.

Je ne commençai vraiment à me passionner pour mon métier qu'en devenant, à force de labeur, infirmière de salle d'op ? dans le domaine de la chirurgie cardiaque. Combien de fois n'ai-je pas ressenti un sentiment de triomphe lorsque l'équipe parfaitement rodée sauvait une vie humaine alors que tout espoir semblait perdu ! Mais quand nous perdions un patient, nous avions l'impression d'avoir trahi. Nous nous refusions à perdre une bataille. Et pourtant, cela arrivait. En l'espace de quelques secondes, une catastrophe irrémédiable s'abattait sur la personne nue et sans défense étendue sur la table d'opération, et sur ses proches.

Et maintenant, à quarante-six ans, je veux me lancer dans une nouvelle aventure : aider les réfugiés afghans dénués de tout. Une annonce parue dans un journal médical avait attiré mon attention. J'avais moi-même fui la Prusse orientale avec ma mère ; nous avions réussi à gagner Hambourg en passant par Weimar. En route, nous devions ramasser des pommes de terre dans les champs pour ne pas mourir de faim. A maintes reprises, j'avais essuyé des refus brutaux lorsque je frappais à une porte pour demander un morceau de pain. Une fois, un homme était allé jusqu'à me frapper avec un fouet à chiens. J'appris ainsi de première main que les fugitifs sont rarement les bienvenus.

L'aéroport de Peshawar est inondé de soleil. La lumière chaude de l'après-midi teinte d'or les mornes collines. Des policiers pakistanais en uniformes gris me prennent en charge au pied de la passerelle et m'escortent jusqu'à une petite pièce pour les formalités. Mon visa porte la mention *Help for the Afghan refugees*, « aide aux réfugiés afghans ». A la sortie de l'aéroport, mon futur patron, représentant une organisation humanitaire allemande, me réserve un accueil très cordial. Pendant que nous nous dirigeons vers sa Toyota, je découvre un monde inconnu : partout, des longues robes amples de toutes les couleurs, des turbans avec ou sans franges, et aussi de curieux bonnets de laine que l'on appelle *pakol*, comme je l'apprendrai par la suite. J'ai l'impression d'ouvrir un troisième œil, que je n'avais jamais utilisé auparavant.

Nous nous arrêtons devant une maison en torchis de deux

étages. Apparemment, mon « patron » n'est pas trop mal loti. Sur une terrasse ombragée, un serviteur nous sert des plats aux parfums inconnus. A la fin du repas, il me demande si je veux me reposer, ou profiter de cette première journée pour découvrir la région frontalière de l'Afghanistan. Son organisation, explique-t-il, vient d'obtenir l'autorisation de franchir le Khyber-Pass. Pour rien au monde, je ne manquerais cette occasion de voir la célèbre passe séparant le Pakistan de l'Afghanistan. En jeep, nous roulons sur une route asphaltée pleine de nids de poule, qui remonte une vallée sauvage et aride entourée de montagnes abruptes. Soudain, un haut portail en fer se dresse devant nous, barrant la route. De l'autre côté, comme à travers les barreaux d'une prison, de grands yeux marron foncé regardent avec convoitise dans notre direction ; pour eux, le Pakistan est le seul espoir.

Les mauvais esprits n'ont pas une chance

Peshawar est une ville où il fait bon vivre, du moins selon les critères pakistanais. Un bazar traditionnel haut en couleur s'étend à partir du centre. L'on y trouve toutes sortes de fruits et de légumes, de la viande, et aussi de magnifiques poteries et divers articles ménagers. La ville compte même un hôtel de classe internationale. En cette saison — nous sommes en mars — le climat est tempéré, sec et ensoleillé. De mai à octobre, par contre, il fait généralement humide et très chaud. A cause des fréquentes coupures de courant, la climatisation fonctionne rarement. Prendre une douche exige également une certaine organisation. Le meilleur moment pour faire sa toilette est la nuit, quand la pression de l'eau est suffisante.

Le bâtiment du comité d'entraide allemand est situé non loin du bazar. Il comporte des bureaux, des logements pour les employés allemands, et un petit centre d'hébergement. C'est là que je suis logée. Avant de commencer mon travail dans un dispensaire mobile, je me familiarise avec le fonctionnement des organisations humanitaires, et fais un stage à l'« hôpital d'aide aux personnes en détresse ». Cela me donne un premier aperçu des problèmes que pose l'accueil des réfugiés afghans : hommes et femmes doivent être logés dans des bâtiments séparés, et les patients ne peuvent être soignés que par du personnel du même sexe qu'eux. Les examens gynécologiques sont eux aussi surprenants : de nombreuses femmes refusent de se déshabiller, ce qui fait qu'un diagnostic n'est souvent guère plus qu'une hypothèse.

Pourtant, le comportement des femmes pendant le bain rituel quotidien est totalement différent. Elles ôtent sans pudeur leurs voiles, robes et amples pantalons, et nettoient avec soin tous les orifices naturels, ainsi d'ailleurs que les pieds. Les mycoses, me dit-on, sont une maladie inconnue chez les Afghanes.

Je visite le dépôt de matériel médical de notre organisation — provenant en majeure partie de dons —, pour tout ranger et dresser un inventaire. Malheureusement, beaucoup d'instruments ne sont plus utilisables ni même réparables. Il y a par exemple des appareils d'anesthésie qui datent de l'époque de l'éther, et ne peuvent être adaptés aux anesthésiques modernes. De même, les pinces hémostatiques cassées vont droit à la poubelle. Nous avons un besoin urgent de matériel réellement fonctionnel.

Les listes provenant de diverses cliniques opérationnelles en Afghanistan passent elles aussi par Peshawar, où les commandes sont traitées en bloc. Les médicaments doivent ensuite être triés et emballés. Les ampoules et flacons fragiles sont mis dans des boîtes en métal ; les autres médicaments sont rangés dans des cartons entourés de plastique à bulles. Leur précieux contenu doit résister à un transport de plusieurs jours en camion, en tracteur, voire à dos de cheval, ainsi qu'aux intempéries.

Peu à peu, je comprends ce que c'est que de vouloir travailler dans un pays déchiré par la guerre civile. Au Pakistan, les gens froncent le nez quand il est question de l'Afghanistan voisin, ou font des remarques compatissantes. J'ai remarqué plus d'une fois que les réfugiés afghans étaient traités en inférieurs. Certes, commentent de nombreux Pakistanais, les Afghans ont subi en 1979 l'invasion de l'Armée rouge ; dix années durant, ils ont été sous la botte des Soviétiques, mais pourquoi les réfugiés continuent-ils à affluer, maintenant que le président Nadjibullah gouverne le pays ? Bien sûr, Nadjibullah a été porté au pouvoir par les Soviétiques, mais pourquoi les diverses ethnies et factions afghanes, qui s'étaient unies pour lutter contre l'envahisseur rouge, sont-elles maintenant à couteaux tirés ? Je ne connais pas davantage la réponse qu'eux ; peut-être comprendrai-je mieux ces complexes événements politiques quand j'aurai vu l'Afghanistan de plus près. La seule chose que je retire de tous ces discours, c'est que Nadjibullah est l'objet d'une haine féroce parce qu'il est ou serait communiste, et par conséquent athée — ce qui est perçu comme une abomination par une société rigoureusement islamique. Les principaux adversaires du président Nadjibullah et de son armée régulière sont les moudjahidin. Ces soldats et chefs de guerre sont en majeure partie des Pachtoun, le plus important groupe ethnique d'Afghanistan. Leur objectif déclaré est de défendre par les armes leur religion, l'islam. Je n'ai jamais vécu longtemps dans un pays musulman. Mes voyages précédents m'avaient plutôt entraînée vers des régions du monde imprégnées par le bouddhisme. Je n'ai qu'une connaissance très limitée de l'enseignement du Coran. Comment vais-je m'en tirer dans ces circonstances difficiles, face à ces inconnues que sont pour moi l'islam et la guerre civile ? Et cela dans un pays qui compte parmi les plus pauvres du monde, et dont presque personne n'avait entendu parler en Occident avant l'invasion soviétique...

Depuis le départ de l'Armée rouge, l'Afghanistan a sombré dans l'oubli ; seules de rares organisations humanitaires continuent à y travailler. L'une de celles-ci est le Comité germano-afghan (*Deutsch-Afghanische-Komitee*, DAK), qui apporte une aide médicale à l'Afghanistan, en partie grâce à une aide financière de la Communauté européenne. C'est pour cette organisation que je travaille maintenant. Mon unique but est d'aider les habitants d'un pays qui n'a plus de réserves, qui ne connaît depuis de longues années que le chaos et la lutte pour la survie.

Notre première mission commence peu après. Destination : le camp de réfugiés de Sadda, situé à quelque deux cents kilomètres au sud de Peshawar, soit environ six heures de voiture. Il se trouve juste du côté pakistanais de la frontière, dans les *tribal areas*, les « zones tribales ». C'est de Sadda que partent les « unités mobiles » qui apportent des médicaments dans les diverses provinces afghanes. Le camp, surpeuplé, abrite près de trois mille familles de réfugiés. A peine installée, je me mets au travail. Ma principale tâche consiste à donner une formation de secouriste et d'aide-soignant à des hommes, jeunes et moins jeunes. Les cours ont lieu tous les matins pendant six semaines, dans une petite école improvisée. A l'intention de mes élèves, je mets au point un système d'enseignement simple et efficace, alliant la théorie aux exercices pratiques. Ils apprennent à soigner et à panser les plaies, et même à pratiquer de petites interventions chirugicales. L'après-midi, je suis fréquemment amenée à m'occuper de plaies souillées et suppurantes, ce qui s'explique par les conditions de vie dans cette région pauvre en eau. Près de la moitié des patients souffrent de paludisme ; beaucoup ont également la tuberculose, maladie très répandue dans ces régions.

Chaque fois que je vais à la maternité, je suis incroyablement émue. En dépit des conditions de vie difficiles dans cette région inhospitalière, les jeunes mères sont entourées d'attentions. J'ai l'impression d'assister à des rites immémoriaux. Les hommes leur apportent un repas spécialement préparé, ainsi que des herbes particulières qu'ils sont allés cueillir aux environs. L'arôme pénétrant de ces simples exerce un effet calmant sur les mères. En outre il est censé éloigner les djinns, les mauvais esprits. Les maris donnent également à leurs épouses une petite bourse en cuir contenant des formules sacrées spécialement écrites par un homme versé dans les écritures ; elles sont destinées à protéger la mère et l'enfant.

Je ne peux sortir du périmètre du camp qu'avec une escorte armée. Dès que je trouve un moment, je m'exerce à monter à cheval, sans grande élégance je dois dire. C'est nécessaire, car on m'a dit que si je savais monter, cela me permettrait d'effectuer en cas d'urgence des missions dans des régions inaccessibles aux voitures. Je persévère, mais je ne suis vraiment pas faite pour cela ; les crampes musculaires et les callosités, qui n'ont pas tardé à apparaître, me font énormément souffrir. Les excursions en jeep, qui font partie de mon « entraînement », me permettent d'avoir une meilleure idée de la situation. Où que l'on regarde, ce ne sont que maisons détruites par les combats. La plupart sont des ruines abandonnées, mais certaines semblent être habitées, à en juger par de timides tentatives de reconstruction. Parfois, on voit s'élever la fumée d'un four à pain, dans lequel cuisent les galettes d'orge qui constituent l'aliment de base des Afghans.

Je ne tarde pas à apprendre que mon séjour dans ce camp de réfugiés constitue en fait un test. D'une part, je devais m'habituer à des conditions de vie extrêmement rudimentaires ; d'autre part, mes supérieurs tenaient à s'assurer que, en tant que femme, et étrangère de surcroît, je parvenais à me faire accepter par ce monde dominé par les hommes et par leurs valeurs. Apparemment, j'ai passé l'épreuve — peut-être parce que je m'efforçais de m'adapter aux mœurs locales. Il est certain que si je m'étais exhibée dans des vêtements occidentaux voyants ou trop légers, cela aurait causé des problèmes. Toujours est-il que mon organisation a décidé de m'envoyer en mission en Afghanistan.

Vaisseaux du désert enlisés dans la boue

De Sadda, nous regagnons d'abord Peshawar. Il faut sélectionner et emballer les instruments chirurgicaux indispensables, sans oublier les trousses de premier secours. Notre équipe comprend un chirurgien, un médecin généraliste et moi-même. Chacun doit préparer le nécessaire pour un séjour de plusieurs mois, en premier lieu un bon sac de couchage et des médicaments destinés à l'usage personnel. Nous tenons aussi à emmener dentifrice, savon et déodorant, ainsi que quelques livres, compagnons indispensables des moments de solitude. Plusieurs jours avant le départ, nous essayons de nous habituer au vêtement masculin traditionnel, le *shalwar khamiz*, qui signifie littéralement « vêtement de nuit ». L'ensemble consiste en une veste descendant au moins jusqu'aux genoux et un pantalon très ample. Les Afghans le gardent pour dormir, mais j'ai prévu une tenue de rechange pour la nuit, que je mets chaque fois que c'est possible. Pour notre entreprise, cet habillement est indispensable : il ne faut surtout pas éveiller la méfiance par une apparence insolite.

Le jour du départ, nous prions en commun avec le responsable afghan de l'organisation humanitaire. Discrètement assise dans un coin de la salle à manger, je suis très émue par l'atmosphère de recueillement, par les paroles de l'officiant et par les chants religieux. Bien qu'étant chrétienne, je ne ressens en ce moment aucune différence avec les musulmans, car nous sommes unis par un sentiment commun. Nous sommes tous conscients que nous allons faire face à un grand défi et que nous portons une responsabilité particulière, qui n'a rien à voir avec une mission d'évangélisation. Je suis intimement convaincue qu'il ne faut surtout pas faire du prosélytisme religieux dans un pays comme l'Afghanistan. Il faut toujours respecter les traditions d'un pays, quelles qu'elles soient. Je n'ai rien contre le prophète Mahomet ni contre le Bouddha ou une divinité africaine. La seule chose que je ne tolère pas, c'est l'hypocrisie. Dans la perspective actuelle, je ne comprends d'ailleurs pas que certains chrétiens aient témoigné d'un tel zèle missionnaire, sans tenir compte de la réalité afghane. Les hommes qui ont rejeté le Coran seront inévitablement massacrés dans un accès de folie religieuse.

La prière terminée, nous nous regardons en silence. Je me souviens qu'après le retrait des forces soviétiques l'Afghanistan avait attiré pendant un bref moment l'attention de l'opinion mondiale. Les médias s'étaient mobilisés lorsque la guerre civile avait éclaté, avec son cortège de famines, de destructions et de vagues de réfugiés. Comme toujours, cette indignation n'avait duré qu'un moment. Avec le temps, la souffrance aiguë devient une douleur sourde et permanente que l'on ne perçoit plus vraiment. L'Afghanistan ne fait plus l'actualité, l'immense majorité des Européens l'a oublié. Tout juste si le nom de ce pays évoque encore un stupéfiant ou une race canine dégénérée.

Plongés dans ces tristes réflexions, nous quittons Peshawar à l'aube. Notre groupe, réparti dans un pick-up et une jeep, comprend maintenant dix-huit personnes : les deux médecins allemands et l'infirmière que je suis, l'interprète Hadji Daoud, le coordinateur Aziz, l'aide-soignant Nabi, l'économe Mukam Chan, ainsi que deux chauffeurs, quelques secouristes qui veulent regagner l'Afghanistan après leur formation à Sadda, et plusieurs gardes du corps armés. Il faut faire un long détour, car la route directe est fermée suite à des troubles. Nous ne voulons pas faire courir de risques inutiles à notre précieux chargement.

Nous prenons la direction du sud, sans quitter le territoire pakistanais. Le premier jour, nous roulons quatorze heures durant, dans un désert apparemment sans fin ; parfois, quelques rochers et de maigres buissons émergent du sable. Les ornières sont si profondes que j'ai parfois l'impression d'être en bateau sur une mer agitée. Par forte pluie, elles sont aussitôt inondées ; même un 4×4 a vite fait de s'enliser. De temps en temps, précédés d'énormes nuages de poussière, des camions cabossés, aux couleurs délavées, apparaissent sur la piste. Leurs fenêtres sont entourées de clochettes, dont le tintement se mêle curieusement au sifflement du vent. Sans autre événement notable, nous arrivons à Waziristan, petite ville frontalière sinistre à souhait.

De là, nous continuons vers Azamorsak. Tous les chauffeurs de camions font halte dans ce dernier poste pakistanais pour se reposer des fatigues du voyage. C'est une véritable forteresse : de hautes murailles entourent une cour intérieure, une porte monumentale ne laisse entrer que ceux qui cherchent un abri. Un puits donne de l'eau, c'est tout en guise de confort moderne. A la tombée de la nuit, des lampes à pétrole et des bougies répandront une faible clarté, car il n'y a évidemment pas l'électricité. Nous arrivons en fin d'après-midi, et garons nos véhicules à l'ombre des austères remparts. Il y a déjà six poids-lourds et trois autres camionnettes. Comme je n'ai rien d'autre à faire, je regarde les allées et venues des gens. Au coucher du soleil, il y a tout de même cinquante à soixante personnes, uniquement des hommes. Ils parlent entre eux avec de grands gestes et des mimiques expressives, fument, boivent à petites gorgées du thé vert non sucré. Pour des raisons de sécurité, nous ne devons pas sortir de l'enceinte. Les hommes sont coiffés de turbans enroulés avec art ou de pakol en laine. Les armes qu'ils portent à la ceinture leur donnent un air martial, impression renforcée par leurs barbes fournies. A un moment donné, j'ai envie de jeter un coup d'œil sur le paysage nocturne ; dès que je me dirige vers le portail, un homme armé d'une kalachnikov me suit et ne me quitte pas d'un pas.

Les lumières se sont éteintes ; cachée derrière un camion, je peux enfin me laver, au moins le visage. Compte tenu de la présence de nombreux hommes et des rares pièces disponibles, il n'est pas question de se déshabiller ni de se changer pour la nuit. Je dois partager une chambre avec cinq hommes. Nous nous installons sur des nattes posées à même le sol. Au début, j'ai du mal à m'endormir. L'idée de la pauvreté absolue me poursuit. Un bout de galette, un peu de thé et une couverture pour dormir suffisent à contenter les gens d'ici. Je me souviens que quand j'étais petite, ma mère m'envoyait sur les marchés ou à la kermesse ; pas pour faire un tour de manège ou acheter de la barbe à papa, mais pour regarder le sol entre les éventaires, au cas où quelqu'un aurait perdu de l'argent — qui servirait à acheter du lait pour mes frères cadets.

Nous restons deux jours dans cette forteresse. Des marchands ambulants proposent des bidons de carburant diesel ; nous en achetons une bonne provision, car il est particulièrement coûteux en Afghanistan. Entre-temps, les camions amenant les médicaments soigneusement emballés sont arrivés. Notre convoi est enfin au complet : trois camions, le pick-up et la jeep. Comme il est interdit aux étrangers de passer du Pakistan en Afghanistan, nous nous cachons sous des couvertures à bord d'un des camions. Après avoir franchi la frontière, nous remontons dans la jeep. Les chauffeurs conduisent avec une grande habileté, malgré l'état catastrophique des routes. Après dix années de guerre, ce n'est qu'une succession de cratères d'obus ou de bombes et de profondes ornières. Nous quittons la plaine pour des montagnes chaotiques et ravinées. La piste est encombrée de chutes de pierres, des précipices apparaissent soudain à un tournant. Par moments, nous ne dépassons pas le dix à l'heure. Il est presque miraculeux qu'il n'y ait pas d'accident. Ces itinéraires détournés datant du temps de l'occupation soviétique traversent de nombreux villages en ruine ; les murs sont troués par des obus de mortiers, des carcasses noircies et déformées de blindés jalonnent la piste. Les champs ne sont plus cultivés depuis longtemps. Partout, des tombes récentes : sans doute des moudjahidin tués par les Soviétiques. Un spectacle de désolation absolue.

Après avoir roulé pendant presque quinze heures, avec très peu de haltes, nous nous arrêtons enfin devant une petite auberge. Nous avons tout juste la force de boire un peu de thé avant de nous effondrer dans une pièce sans fenêtres. Comme je préfère être seule, je me replie sur la jeep. Lorsque je déroule le sac de couchage, je m'aperçois qu'il est tout imprégné d'huile de table : le bidon était mal fermé. Par ce froid, il n'est plus question de dormir. Tous mes compagnons sont heureux de voir le jour se lever.

A cinq heures du matin, notre petite caravane reprend la route. Nous traversons de nouveau une région désertique ; la chaleur et la poussière ne tardent pas à devenir intolérables. Le convoi est sans cesse ralenti, car il faut réparer des pannes, changer des pneus... Un de nos camions, de fabrication russe, nous cause continuellement des ennuis. Nous avons fini par le baptiser « Nadjibullah ». En début de soirée, nous atteignons une assez grande agglomération, toujours en plein désert, et trouvons une auberge relativement confortable.

Notre interprète Hadji Daoud nous fait comprendre que notre groupe doit se retirer dans l'arrière-salle. Négligeant son conseil avisé, nous allons nous attabler dans la grande salle, où de superbes samovars en argent martelé dispensent du thé à volonté.

« Il y a des étrangers parmi nous, insiste Hadji Daoud, renouvelant sa mise en garde. Depuis le départ de l'Armée rouge, la situation est plus critique et chaotique que jamais... »

Ravis de profiter de l'ambiance animée de l'auberge, nous ne lui prêtons aucune attention ; sans doute notre cerveau est-il desséché par le vent du désert.

« Avant, nous combattions un ennemi commun. Maintenant, les Afghans se déchirent entre eux. Chacun se méfie de tous, l'ami le plus proche peut devenir un traître. Les gens sont particulièrement hostiles aux étrangers : ce sont peut-être des espions, en tout cas ils risquent de poser des problèmes... »

Nous servant de nos doigts, nous mangeons de succulents morceaux de viande grillée. Soudain, sans raison apparente, une querelle éclate entre un de nos hommes et un autochtone. Les autres gardes du corps s'en mêlent, la dispute risque de dégénérer en conflit armé. Nous quittons précipitamment l'auberge devenue inhospitalère, et décidons de continuer jusqu'à Ghazni.

Lentement, notre but se rapproche, mais il reste encore sept heures de route. Tous autant que nous sommes, nous n'aspirons qu'à dormir. Mais où, dans ce désert pris dans la nuit ? Pour comble de malchance, nous nous sommes perdus dans l'obscurité, et avons quitté la bonne piste. Comme si cela ne suffisait pas, des éclairs de chaleur sillonnent le ciel ; bientôt, l'orage est sur nous. La pluie diluvienne transforme les chemins en torrents de boue. Heureusement, notre chauffeur a eu la bonne réaction : tournant prestement le volant, il gagne le sommet d'une petite colline ; les autres véhicules le suivent. Il faut se résoudre à passer la nuit ici. Quelques-uns dorment dehors dans le froid et la boue. Nous sommes quatre dans la jeep : le médecin, un géant de près de deux mètres, s'est installé à l'avant, une jambe sur le volant. Le chirurgien s'allonge de son mieux sur la banquette arrière, je choisis le banquette en face de lui, et le chauffeur se roule en boule entre nous. La jeep est vieille, petite et inconfortable, et je n'ai ni duvet ni couverture. Le chauffeur me donne généreusement un bout de la sienne, mais je ne parviens pas à me détendre. Une fois de plus, le lever du jour nous apparaît comme une délivrance. Les rivières de boue se sont retirées, nous finissons non sans mal par retrouver notre itinéraire. La piste franchit de nouveau des montagnes impressionnantes. Jadis, c'était la voie de ravitaillement clandestine des moudjahidin. Le long d'un étroit défilé, nous comptons pas moins de soixante-dix de leurs tombes. Nous apprendrons par la suite qu'ici un traître avait livré les combattants de la guerre sainte.

Au début de l'après-midi, nous arrivons chez le commandant de Ghazni. Nous sommes reçus chaleureusement, avec du thé accompagné de raisins secs, mais nous sommes tellement exténués que nous réagissons à peine aux formules de salutation rituelles. Mon principal problème, c'est que je suis couverte de crasse de la tête aux pieds, après ce long voyage sur des routes poussiéreuses. Sur ma demande instante, l'on met à ma disposition la salle réservée à la toilette des femmes, et un grand seau d'eau. Après m'être lavée à fond, je sombre pendant deux heures dans un profond sommeil sans rêves ; ou alors, si j'ai rêvé, je n'en garde aucun souvenir.

Maintenant que je suis un peu reposée, je sens que j'ai l'estomac vide. Heureusement, le commandant ne tarde pas à nous appeler pour partager son repas. Notre équipe affamée ne se le fait pas dire deux fois. Après le petit discours d'usage, un serviteur verse de l'eau sur nos mains. Cette cérémonie de purification terminée, nous prenons place sur un grand tissu étalé par terre. Un serviteur, pieds nus, nous verse du thé vert dans des coupes. Ensuite, de grands plats fumants sont posés sur la « nappe », et l'on partage les galettes encore tièdes. Nous mangeons avec les doigts, et utilisons des morceaux de galette en guise de cuiller. Les mets sont succulents. Le commandant veille à tout, et donne continuellement des instructions à ses hommes. Le repas se termine par des fruits. Après ce voyage long et pénible nous sommes tous très fatigués, et attendons avec impatience que le commandant donne le signal de se retirer pour la nuit. Finalement, ça y est. Les reliefs du repas sont simplement jetés sur le tissu, qui est roulé en boule puis emporté. Nous dormons dans la même salle. On m'indique une place dans un coin, où je serai à l'abri du regard des hommes. Je préfère néanmoins garder mes vêtements.

Missions successives

Aussitôt après le petit déjeuner, nous partons pour notre base. La région où se trouve la clinique de Thurgam est réputée dangereuse, car des unités des forces gouvernementales de Nadjibullah y sont stationnées. Il nous est vivement recommandé de ne pas nous éloigner de la clinique. La maison du commandant local, nous dit-on, a déjà été attaquée et détruite à deux reprises. Nous aurons à notre disposition une pièce dans une maison locale adjacente à la clinique. Pendant tout notre séjour, je devrai la partager avec huit autres personnes. La maison est surveillée jour et nuit par vingt moudjahidin, notamment pour décourager un éventuel attentat à la bombe. A chaque relève de la garde, les moudjahidin viennent nous rendre visite. Il est presque impossible de trouver un moment de calme, car tout le monde parle continuellement. La transmission orale des informations, tant politiques que personnelles, fonctionne à merveille ; il n'existe d'ailleurs aucun autre moyen de communication. Nous ne tardons pas à remarquer que les gardes de notre équipe parlent avec confiance à certaines personnes et pas à d'autres, et nous en prenons bonne note. A ma surprise, je ne rencontre guère de problèmes dans ce milieu exclusivement masculin. Tous les Afghans me traitent avec respect. Je me sens à l'aise parmi eux, bien que je me sente parfois mise à l'écart car, par pure politesse, l'on évite de me regarder. C'est néanmoins une occasion unique de participer à ce monde d'hommes et d'observer leur comportement. Je suis également bien acceptée par les patientes, qui semblent me trouver sympathique. L'après-midi, elles m'invitent à prendre le thé dans leurs chambres, et vont jusqu'à m'offrir une rose délicieusement parfumée.

Le nom de « Clinique Thurgam » risque d'induire en erreur. C'est plutôt une sorte de dispensaire ou d'hôpital de jour, bien qu'il nous arrive de garder une patiente pendant quelques nuits. Les femmes sont invariablement accompagnées d'un membre masculin de la famille, qui assiste presque toujours au traitement, et reste aux côtés de la patiente jusqu'à ce que celle-ci puisse rentrer chez elle.

Le premier jour, avant de me mettre au travail, je range dans une chambre médicaments et matériel, en cochant chaque article sur une liste établie au camp de réfugiés. Le généraliste et le médecin afghan reçoivent les patients dans une tente, et les traitent avec des moyens malheureusement très limités. Ils les écoutent décrire leurs symptômes, font leur diagnostic et prescrivent les médicaments appropriés. Des analyses seraient parfois nécessaires, notamment pour détecter une amibiase, une tuberculose ou le paludisme. Les interventions chirurgicales concernent surtout des patients souffrant de séquelles de blessures. De nombreux enfants sont atteints d'ostéite chronique, suite à des blessures par éclats d'obus ou de mines. D'autres présentent des abcès gros comme des oranges et des plaies suppurantes. C'est un spectacle particulièrement affligeant.

Certains ont le visage dans un tel état, suite à des brûlures ou à des blessures, que des interventions de chirurgie plastique et réparatrice se révèlent indispensables. Nous adressons ces cas tragiques à des cliniques spécialisées de Peshawar, de même que les patients souffrant de graves problèmes oculaires ou gynécologiques. Il est parfois difficile de poser un diagnostic précis, car les prescriptions religieuses et la tradition n'autorisent qu'un dénudement limité de certaines parties du corps, et cela quel que soit le sexe du patient. Un médecin homme ne peut en aucun cas examiner le bas-ventre d'une femme. Bien que n'ayant aucune expérience dans ce domaine, je suis la seule qui ait le droit de toucher une femme à cet endroit. Mon plus cher souhait est qu'une gynécologue vienne rejoindre notre équipe.

Après de longues semaines de travail incessant, nous quittons notre petite clinique, le cœur lourd, car nous avons appris à aimer cette région et ses habitants. En suivant une étroite vallée de montagne, nous gagnons notre prochain site d'intervention, qui n'est qu'à un jour de route de Thurgam. La piste passe non loin de positions tenues par des troupes gouvernementales. Un de nos compagnons nous montre l'endroit où un médecin et une infirmière ont été faits prisonniers un an auparavant. Les hommes de notre escorte sont sombres, silencieux, tendus. Ils scrutent attentivement les petites collines qui nous entourent. De nombreux nids de mitrailleuses sont visibles, dont les canons sont pointés sur la piste que nous suivons. A notre grand soulagement, nous arrivons sains et saufs au village de Khugani, qui se trouve encore dans la province de Ghazni. Pour en assurer le camouflage, la clinique est collée à la montagne et protégée de la vue par un rideau de peupliers. Khugani étant aux mains des moudjahidin, la région est en principe sûre. Comme il se doit, nous allons nous présenter au commandant local. Sa résidence, fort austère, est elle aussi bien camouflée. Le commandant a sous ses ordres six cents moudjahidin, répartis dans divers postes des montagnes environnantes. Après le repas, nous sommes invités à assister à un exercice de tir. Nos accompagnateurs afghans sont ravis de cette occasion de s'exercer un peu. Me tenant à l'écart, j'observe les impacts avec des sentiments mitigés.

Comme la région est contrôlée par les moudjahidin, je peux enfin me promener et explorer les environs sans escorte. J'avais presque oublié cette sensation de liberté. Au pied des montagnes grises et brunes, coule une rivière scintillante d'un vert incroyable, et je découvre nombre de plantes et de fleurs inconnues. Après une rude journée de travail, cela fait du bien de boire un verre de thé sur un petit sommet, en regardant le vaste panorama sur lequel se couche le soleil. En de tels moments, j'oublie les misères de la guerre, et fais provision d'énergie et de joie de vivre. Mes collaborateurs afghans sont eux aussi heureux et détendus. Nous nous lançons des plaisanteries stupides, que personne d'autre ne trouverait drôles. Je n'ai jamais vu l'un d'eux irrité ou de mauvaise humeur. Nous rions et plaisantons jusqu'à ce que la prière du soir mette fin à la journée.

La routine quotidienne de la clinique est semblable à celle de Thurgam. Nous installons l'antenne chirurgicale et soignons les blessés de guerre. Je suis en outre l'interlocutrice privilégiée des femmes. A deux occasions, je ressens douloureusement mon impuissance. Une patiente, enceinte de trois mois, présente des saignements depuis déjà quelque temps. Il faudrait l'hospitaliser d'urgence, mais Kaboul est à six heures de route et on nous apprend qu'aucun véhicule n'est disponible ; il est probable que personne ne veut prendre le risque de la conduire. Nous ne pouvons donc rien faire pour la jeune femme, qui perd son enfant. Une autre femme donne naissance à des jumeaux, mais le placenta n'est expulsé qu'au bout de trois heures, sans doute partiellement. Lorsqu'on nous l'avait amenée, elle était déjà en état de choc, et présentait manifestement un début de septicémie. Il faut absolument la conduire à Peshawar. Cette fois, nous trouvons un véhicule, mais le trajet, sur de très mauvaises routes, prendra environ deux jours et deux nuits. Pendant tout ce temps, nous tremblons pour elle, en espérant que son mari réussira à changer le goutte-à-goutte — il nous a été impossible de les faire accompagner par une personne compétente. Nous apprendrons par la suite qu'elle est morte en route.

J'ai pris sous ma protection une fillette de cinq ans. Elle souffre d'une occlusion intestinale causée par des vers, et vomit convulsivement des paquets de ces horribles bestioles, puis regarde avec effroi ce qu'elle a rejeté. Faute de médicaments réellements efficaces, nous ne pouvons pas grand-chose pour elle. Nous lui administrons un vermifuge, puis de l'huile de table en guise de purgatif, ainsi que des calmants et des antispasmodiques. Régulièrement, j'applique des compresses chaudes sur son petit ventre agité de soubresauts. Si petite, et déjà tant de souffrance !

Les petits ennemis verts

Déjà, nous repartons. Cette fois, nous suivons la route de Kaboul. Jadis, elle était bien goudronnée, mais le passage constant de blindés, les bombardements et les impacts d'obus l'ont gravement endommagée. Nous faisons halte près d'un ruisseau, au pied d'un versant. Nos compagnons en profitent pour procéder à la toilette rituelle des pieds, mais ils sont d'humeur sombre, et le cœur n'y est pas. Nous apprenons par la suite que, comme tant d'autres, cet endroit était miné.

Le soir de la première journée, nous arrivons au village de Chak, dans la province de Vardak. Il se trouve dans une vallée d'altitude, à environ soixante-dix kilomètres au sud-ouest de Kaboul. Une rivière coule au fond de l'étroite vallée, ce qui permet d'irriguer les champs. Partout, nous apercevons de petites parcelles cultivées. La vallée est dominée par une centrale hydraulique, construite en 1938 par Siemens. L'une des turbines fonctionnerait encore, mais ce n'est sans doute qu'une rumeur car il n'y a pas d'électricité.

Pour installer le dispensaire, on met à notre disposition

deux petites salles au sein même de la centrale. La première impression est désastreuse. Nous retroussons nos manches, et nous efforçons de nettoyer notre future « clinique » à grand renfort de seaux d'eau. En attendant, nous entreposons les médicaments dans les locaux d'habitation des collaborateurs, qui semblent un peu moins crasseux. Aux heures de consultation, tout se passe comme de coutume, à cela près que les hommes viennent se faire soigner sans se séparer de leur kalachnikov.

Brusquement, cette apparence de normalité s'est brisée. Des combats ont éclaté dans la petite ville de Maidan, distante de trente-cinq kilomètres. Une fois de plus, les troupes gouvernementales livrent bataille aux moudjahidin, qui veulent s'emparer de Kaboul. Même d'ici, nous entendons les bombardements. Une nuit, nous sommes réveillés en catastrophe : un camion vient d'amener des blessés. Le chauffeur nous raconte qu'une famille entière s'est trouvée prise dans la bataille ; tous ses membres ont été blessés par balles, des petits enfants au grand-père. Paradoxe : bien que nous soyons installés dans une centrale électrique, il faut travailler à la lumière de lampes de poche. Ceux qui sont les plus gravement atteints sont opérés en premier. Avec une concentration extrême, nous travaillons jusqu'aux premières lueurs du jour. La même nuit, trois autres blessés arrivent ; leur jeep a sauté sur une mine. Un des hommes est complètement défiguré ; son visage ruisselle de sang, sa mâchoire inférieure est décrochée.

Comme il n'est pas question de renvoyer ces blessés chez eux, nous avons pour la première fois des patients à demeure. Heureusement, la place ne manque pas ; dans le hall situé derrière la troisième turbine, nous pouvons même installer une salle pour les femmes. La protection des femmes contre les regards indiscrets et le monde extérieur en général est essentielle dans ce pays où elles ne sortent que voilées. Compte tenu de la proximité de la zone des combats, nous recevons un nombre croissant de jeunes moudjahidin gravement blessés. Parallèlement, nos techniques opératoires deviennent de moins en moins conventionnelles. Les os fracturés sont maintenus en place à l'aide de fils de fer et de bouts de tôle repliés. Pour maintenir les membres en extension, nous utilisons des seaux emplis de pierres ; pour assurer la liaison entre ces poids et les membres fracturés, nous utilisons des fils à linge en plastique et des bobines de leucoplast.

Les moudjahidin blessés sont généralement accompagnés par quelques-uns de leurs camarades. Ils prennent en charge les soins nécessaires, et s'occupent aussi des autres patients. Les toilettes sont à l'extérieur ; beaucoup de patients ne pourraient pas y aller sans aide. Au début, ils m'observent avec une timidité presque craintive, puis finissent par accepter mes soins. Souvent, ils m'invitent à prendre le thé avec eux, ou m'offrent un œuf dur en témoignage de reconnaissance.

Un œuf est un cadeau précieux, qui améliore notre ordinaire. A notre arrivée, les hommes de notre escorte ont semé oignons, concombres et tomates dans le lopin de terre mis à notre disposition, mais la récolte n'est pas pour demain. Notre menu quotidien se compose de pain en forme de galettes et de *dal*, une bouillie de lentilles riche en protéines. Parfois, je croque une pomme encore verte pour sentir le goût de quelque chose de frais. Nous nous réjouissions de manger des tomates, mais ce n'est pas encore cette année que nous les récolterons, car nous partirons avant. Les premières pommes de terre, elles, ont été déchiquetées par une bombe tombée à proximité. Décidément, la vie est bien compliquée.

Non seulement je m'entends bien avec les Afghans, mais je suis accueillie comme une sœur au sein de la grande famille que constitue notre escorte. Mes « frères » m'assurent aide et protection. Dès le lendemain de notre arrivée, ils ont fabriqué à mon intention, avec du carton et des branchages, une sorte de paravent à l'abri duquel je peux faire ma toilette. Par la suite, en utilisant l'unique sac de ciment disponible, ils m'ont construit dans l'entrepôt de médicaments une « salle de toilette » pourvue d'un rideau.

Une nuit, je reçois la visite de toute une famille de petites grenouilles vertes. Elles sont très mignonnes, mais elles me gênent car elles ne cessent de sauter sur mon visage et de s'accrocher à mes cheveux. Je me débats pour les mettre en fuite, mais cela ne fait que réveiller mes compagnons de chambre. Le lendemain matin, je demande donc à Mukam Chan, notre « intendant », de boucher tous les interstices du mur pour empêcher les petits créatures vertes d'entrer. Quant tout est bien étanche, y compris la porte, il me fait son rapport : « L'ennemi de Karla ne passera pas ! »

Je reçois bien d'autres marques d'attention, souvent empreintes de timidité, de la part de ces étranges et secrets Afghans. Tantôt, l'on m'offre un cornichon ; tantôt, une pomme sort d'une poche comme par magie. Un jour, quelqu'un me lance une merveilleuse rose ; une autre fois, par une nuit très froide, l'on pose une couverture sur mes pieds. S'étant aperçu que j'adorais les petits oignons blancs, l'un d'eux veille à ce qu'il y en ait à chaque repas.

Souvent, nous passons nos moments de loisir sous une tonnelle que nous avons construite avec des branches feuillues. Le site est très romantique, au bord d'un torrent ; quelques pommiers fournissent une ombre supplémentaire. Le sol de la tonnelle est couvert de nattes. Nous nous y retrouvons autour d'un gobelet de thé. Nous ne restons pas inactifs pour autant : tout en bavardant, nous confectionnons des compresses de gaze. Parfois, je m'y attarde après le coucher du soleil. En regardant le ciel étoilé, je repense à mon pays, à mes amis. Que deviennent-ils, que se passe-t-il là-bas ? Comme c'est étrange de n'avoir aucune nouvelle du monde extérieur.

Aujourd'hui, je sais qu'avant de partir pour une mission aussi longue dans un pays coupé de tout, il est indispensable d'emmener un récepteur à ondes courtes, et aussi un walkman — j'aurais tant besoin d'écouter de la musique classique pour me rasséréner aux heures les plus sombres. Comme il m'est interdit de me déplacer librement en Afghanistan, je ne peux pas satisfaire mon besoin de sensations en visitant des sites archéologiques. Mon seul lien avec le monde extérieur est le courrier. Tous les jours, je guette avec espoir l'arrivée du « facteur », qui m'apportera peut-être des lettres d'amis ou de parents. Chaque clinique dispose d'un messager, qui maintient le contact avec le reste du monde *via* le Pakistan, car aucune nouvelle ne transite par Kaboul.

Progressivement, j'établis une relation de confiance avec le commandant, qui occupe une position prestigieuse dans ce monde d'hommes. Au début, il se contentait de m'ignorer — en Afghanistan, la politesse exige que l'on ne tienne pas compte des femmes. Au bout de quelque temps, j'avais remarqué non sans surprise qu'il me saluait d'un signe de tête. Maintenant, il va jusqu'à me serrer la main à l'occidentale ! C'est d'autant plus remarquable que les Afghans évitent généralement tout contact physique avec les femmes. Mon estime s'accroît encore davantage lorsque, à ma demande, j'obtiens l'autorisation de visiter une école ouverte depuis peu. Il va de soi que je devrai être chaperonnée par un protecteur masculin. Le bâtiment est toujours en voie de reconstruction ; de toute évidence, il n'a pas encore de toit. Pour commencer, on me présente les enseignants ; cela fait, je peux aller saluer les élèves. Ce ne sont que des garçons : il n'y a pas d'école de filles dans cette région. Quel avenir attend ces enfants ? Combien d'eux perdront la vie au cours des années à venir, si les combats ne prennent pas fin ?

« Alors, que pensez-vous de notre école ? » Il est rare qu'un commandant me demande mon avis sur quoi que ce soit.

« Les bâtiments sont vastes et clairs, les enfants ont beaucoup de place pour travailler... » Je ne peux tout de même pas lui dire qu'il n'y a pas de toit, ce serait blessant. « Je trouve aussi que c'est une bonne chose que les enfants apprennent à lire et à écrire, en dépit de cette guerre qui n'en finit pas...

— Il faut que la paix revienne. Autrement, la jeune génération oubliera qu'il existe autre chose au monde que le désir de se battre, de vaincre un ennemi. Déjà, quatre-vingts pour cent des Afghans sont analphabètes. Cela ne peut pas continuer ainsi. »

Je ne peux que lui donner raison.

« Savez-vous à quoi je pense ? » Le commandant me lance un regard pénétrant. Je secoue la tête.

« Je voudrais qu'il y ait à Chak un vrai hôpital. »

Il rêve. Mais je m'abstiens de le lui dire.

2

L'Orient-Express est partout

Le départ est difficile. Une partie de mon cœur reste ici, avec ces gens qui m'ont accueillie avec tant de gentillesse. Les mois ont passé, septembre est arrivé. Nous partons au crépuscule. La nuit, il est plus difficile de distinguer des étrangers, et les bombardements s'arrêtent faute de visibilité. A six kilomètres de Kaboul, commence une zone particulièrement dangereuse : c'est une position rapprochée des moudjahidin. Nous passons des postes de contrôle successifs. Chaque fois, je dois m'installer à l'arrière et me cacher le visage avec mon châle. L'aide-soignant Nabi s'efforce de me faire oublier le danger en en faisant un jeu : « Karla, mettez le voile ! » murmure-t-il au dernier moment. Puis, quand nous sommes passés, il me lance comme un ordre : « Rompez ! Vous pouvez respirer ! »

Le matin du deuxième jour, nous arrivons sans incident notable au centre médical de Sadda. Nous avons l'impression de nous retrouver chez nous, mais c'est un retour bien provisoire : dès demain, nous continuons sur Peshawar, à une journée de route. Je me repose des fatigues du voyage, enveloppée dans une couverture afghane appelée *patu*. Trop exténuée pour dormir vraiment, je revois des bribes d'images du passé. Mon enfance à Hambourg, les bords de l'Alster, le clapotis de vagues sur le Binnensee parcouru par des dizaines de petits voiliers, promesses de lointain et d'aventures. Plus tard — j'ai maintenant vingt-trois ans —, je partage un compartiment de l'Orient-Express avec cinq Turcs. Que j'étais naïve en ce temps-là ! Je vais à Istanbul, où un médecin turc m'a engagée pour devenir la gouvernante de sa fille « à problèmes ».

Le grondement lontain du tonnerre me tire de ma rêverie. Un orage se prépare. Dans l'atmosphère chaude et humide, les oiseaux pépient à cœur joie, les roses et les iris sont en pleine floraison. Non loin, se dresse une petite mosquée toute neuve, orientée vers La Mecque. A côté, se trouve une série de boxes pour chevaux, mais il n'y a plus de chevaux. Ils servaient à transporter hommes et médicaments en Afghanistan, mais ils ont été remplacés par des pick-ups et des camions. Les écuries envahies par les herbes ressemblent à un petit jardin clos. Le camp lui-même, semblable à un immense caravansérail, sert toujours de plaque tournante entre le Pakistan et l'Afghanistan. Je chasse les derniers vestiges de mes rêves : mon monde est ici, maintenant, et pas ailleurs.

Aussi froid qu'au pays du Docteur Jivago

A Peshawar, nous faisons des provisions de médicaments et de matériel médical : l'hiver sera long et pénible à Sadda. De fait, la mauvaise saison est interminable ; elle dure de novembre à mai. Souvent, il pleut des semaines durant, et le camp devient un océan de boue. La crasse s'introduit partout, jusque dans le moindre repli de peau ; même les galettes de pain sont couvertes d'une couche grisâtre. Chaque jour, une jeep doit faire des kilomètres pour aller chercher de l'eau propre. Les patients ont souvent parcouru un long trajet, pieds nus ou chaussés de sandales en plastique. Quand ils arrivent, ils sont dans un état de saleté inimaginable, couverts de crasse et de boue. Lorsqu'ils reviennent le lendemain pour changer leurs pansements, il est déjà impossible de distinguer ces derniers de la peau, sans compter que la crasse ralentit la cicatrisation des plaies.

La salle de chirurgie présente un spectacle à la fois effrayant et grotesque. Les patients attendent debout, tremblant de froid dans leurs « pyjamas », avec parfois une mince couverture sur les épaules. Les petits enfants n'ont pas de chaussures, et sont souvent complètement nus. Par contre, nous portons de solides chaussures d'hiver avec des grosses chaussettes en laine, des sous-vêtements chauds, chemise et pull à manches longues, un shalwar khamiz et parfois une parka ou un patu par-dessus le tout. Ainsi emmitouflés, nous soignons les plaies et pratiquons même de petites interventions chirurgicales. Les patients qui ont besoin de se reposer après l'anesthésie sont en état d'hypothermie en dépit des couvertures. Je plains surtout les femmes qui sont venues accoucher. Après de longues heures de souffrance dans le froid, elles ne sont plus capables d'éprouver ni même de feindre la moindre joie lorsque leur enfant vient au monde. Il est aussitôt confié aux mères ou aux grands-mères qui ont accompagné la parturiente à la clinique. Celle-ci change de vêtements, s'emmitoufle de son mieux pour avoir chaud, et c'est tout.

De nombreuses patientes se refusent énergiquement à entrer dans la clinique. Elles préfèrent rester dans la salle d'attente des femmes, qui est surpeuplée, sombre et enfumée, car c'est ici que se trouve le seul poêle, lequel sert également à cuire les galettes. C'est là que nous devons aller les voir — mais comment les examiner dans cette pénombre, où il est déjà difficile de reconnaître un visage ? Sans compter qu'elles se comportent comme s'il s'agissait d'une visite de politesse ; assises en cercle, elles nous offrent le thé et bavardent longuement, comme si la patiente ne comptait pas. Il est impossible de travailler dans ces conditions. Nous les informons avec fermeté que nous recevrons les malades uniquement dans la clinique.

Une visite au camp de réfugiés nous démoralise complètement. Les silhouettes des enfants et des adultes accroupis sur le sol brunâtre me font penser à de grands oiseaux frileux. L'humidité est pénétrante, rien ne lui résiste. Sur le chemin du retour, un immense arc-en-ciel, signe de réconciliation, s'étend du camp déjà obscur aux montagnes éclairées par un dernier rayon de soleil. Un instant, ce merveilleux jeu d'ombres et de lumière nous tire de notre dépression.

Nous aussi, nous souffrons du froid durant ces interminables mois d'hiver. Le pire, c'est la nuit. J'ai fait installer mon lit dans l'entrepôt, ce qui me permet d'être seule. La fenêtre est occultée par un rideau brodé, dont les superbes motifs mettent une note de gaieté bienvenue. Je ne peux trouver le sommeil qu'avec de grosses chaussettes et des sous-vêtements de laine. Dès qu'une ou deux des quatre couvertures glissent, la bouillotte devient glaciale. Et elles glissent tout le temps ; au moins une fois par nuit, il faut refaire le lit à fond. Depuis que j'ai contracté une sinusite purulente à cause d'un méchant courant d'air, je dors avec un bonnet de laine. Le chirurgien et Carol, la sage-femme écossaise, souffrent eux aussi de rhumes chroniques. Dès que possible, nous allons nous réfugier à la cuisine, où le poêle est constamment allumé. Je pense que le chirurgien — un curieux personnage, d'ailleurs — est celui d'entre nous qui souffre le plus de l'hiver. Dès qu'il le peut, il va s'asseoir avec sa grosse parka de l'armée sur le poêle brûlant, et avale d'énormes quantités de thé très fort.

Lorsque la pluie se change en neige, le paysage devient féerique. Il me rappelle le pays du *Docteur Jivago*, que je n'ai malheureusement vu qu'au cinéma. Un matin, je n'en crois pas mes yeux : des tournesols d'un jaune profond dressent leurs têtes au-dessus du manteau glacé qui recouvre la plaine et les collines.

La réunion des sages

Les *maliks* sont en quelque sorte les patriarches des villages. Sont-ils aussi sages que vieux, nous ne saurions en juger. Toujours est-il qu'ils représentent leur communauté : village ou camp de réfugiés. Comme notre équipe comprend deux femmes (Carol et moi), Hadji Daoud, qui prend toujours ses précautions, convoque une réunion. Une quarantaine d'hommes aux barbes blanches ou grises s'installent par terre en demi-cercle. L'air grave, ils attendent patiemment la suite. La surprise, c'est nous ! Carol et moi gagnons les chaises disposées à notre attention — la tête légèrement baissée, comme il convient, mais non sans tout observer du coin de l'œil. Hadji Daoud fait alors son entrée et nous présente. Il explique la nature de notre travail, et parle de notre projet d'aller également soigner les malades dans les camps. Cependant, nous ne le ferons que si tous se portent garants de notre sécurité, ajoute notre interprète en brandissant une feuille de papier. Ils devront s'y engager en apposant leur signature sur ce document.

Il s'ensuit une gesticulation frénétique, des mains font le geste de trancher des gorges, le tout accompagné d'exclamations qui sont probablement des serments, ou peut-être des menaces. Cela dure un bon moment, puis Hadji Daoud nous donne la traduction : ils sont prêts à se faire couper la tête si l'on touche à un seul de nos cheveux. Ils sont donc d'accord avec notre projet.

Les maliks sont presque tous analphabètes. Hadji Daoud passe de l'un à l'autre avec son papier et un tampon encreur. Chacun donne son nom, que notre interprète note soigneusement, puis « signe » en apposant l'empreinte de son pouce. Cela fait, tous se lèvent et prononcent des discours enflammés avant de se retirer. Nous voilà donc placées sous la protection des maliks.

Voyage clandestin sous la burqa

C'est novembre, l'époque du ramadan. Notre comité germano-afghan a depuis peu un nouveau directeur, qui aimerait faire ma connaissance. Accompagnée par Hadji Daoud, je prend le minibus « tapis volant » pour Peshawar. Je compte y rester trois jours, le temps d'échanger quelques amabilités avec le directeur, et de lui remettre en personne quelques listes de matériel et de médicaments. Je reste cachée dans notre jeep, garée à proximité, jusqu'au moment où le minibus est prêt à démarrer. Protégée par Hadji Daoud, je gagne rapidement ma place, à côté d'une fenêtre. Ainsi, les autres voyageurs n'ont pas le temps de protester contre la présence d'une étrangère. De toute manière, c'est interdit : pendant le ramadan, personne n'a le droit de manger ni de boire, et pas davantage de dire du mal d'autrui — du moins avant le coucher du soleil.

Le séjour à Peshawar se passe bien, je suis très occupée. Je trouve néanmoins le temps d'aller passer une journée à Islamabad, la capitale du Pakistan. Le vol aller-retour ne m'a coûté que trente marks. Ce qui me frappe le plus, c'est la propreté des rues. Voulant profiter au maximum de ces quelques heures de « civilisation », je vais même au Holiday Inn et commande plusieurs glaces d'affilée. Comme il y a des boulangeries françaises partout, nous faisons provision de baguettes et de pains de campagne.

Le retour à Sadda est retardé. Nous attendons des biscuits spéciaux, riches en protéines ; ils sont destinés aux jeunes mères qui n'ont pas assez de lait pour nourrir leurs bébés. Finalement, tout est prêt. Cette fois, nous ferons le trajet en pick-up, il y en a pour six heures. Nous avons hâte de retrouver Sadda et nos amis. Au bout de cinq heures de route, nous arrivons au poste-frontière de Khoram. Les contrôles sont rigoureux. Je dois rebrousser chemin, car mon permis de séjour n'est plus valable. A Peshawar, personne n'avait pensé à le renouveler. Que faire ? Regagner Peshawar, en plein ramadan par-dessus le marché ? Mes compagnons sont aussi consternés que moi. Après avoir réfléchi un moment, nous quittons la route principale pour trouver un chemin détourné. Après avoir roulé un moment, nous nous retrouvons dans un camp de réfugiés. Dans le silence du soir, les hommes se sont assemblés sur la place en attendant de pouvoir rompre le jeûne.

L'arrivée soudaine de notre pick-up fait sensation — et ils ne savent pas encore qu'il y a une étrangère à bord ! Avant que les enfants, ravis de cette diversion, ne puissent nous entourer, Hadji Daoud, aidé par un Afghan que je ne connais pas, m'emmène à toute vitesse dans une maison où je serai à l'abri des regards inquisiteurs. Avant d'avoir le temps de réaliser ce qui m'arrive, je me retrouve dans le logement d'un médecin afghan recherché par les autorités, qui a trouvé refuge ici avec son père. Il est stupéfiant de constater que les Afghans connaissent toujours quelqu'un qui est prêt à les cacher. Le médecin lui-même est quelque part en Afghanistan, pour participer à la « guerre sainte », mais sa famille s'occupe de nous avec une extrême gentillesse.

Dehors, la nuit est tombée : il est de nouveau permis de boire et de manger. A la lumière des lanternes, les hommes s'installent confortablement sur le tapis. Le plus jeune d'entre eux, coiffé d'une sorte de bonnet blanc, sert les autres. Agenouillé devant la théière, il veille à ce qu'aucun verre ne soit jamais vide. Lorsqu'il sort un moment, un autre gamin prend aussitôt sa place. Le repas terminé, un conciliabule s'engage et l'on établit un plan : je passerai la frontière déguisée en Afghane. Je commence à trouver cette aventure assez divertissante. Les femmes de la maison m'apportent une *burqa*, longue et ample robe qui couvre le corps entier, y compris la tête ; seule une grille grande comme la main permet de voir tant soit peu le monde extérieur. Pour compléter le déguisement, je devrai mettre des bas (d'ailleurs crasseux) et des galoches russes taillées dans des pneus. Comme il se fait tard, on m'indique un endroit pour dormir ; Hadji Daoud, qui est responsable de notre protection, s'installe dans la même chambre que moi ; pour plus de sûreté, Fazil Mohammed, l'homme qui nous a amenés ici, monte la garde devant la porte.

Pendant le ramadan, un repas chaud est servi à trois heures du matin — cela devra suffire jusqu'au soir suivant. Réveillée par le bruit, je vais jeter un coup d'œil sur la salle à manger. Au moins une douzaine d'hommes et de femmes mangent et boivent à la lumière des lampes à huile. Le repas terminé, ils se mettent à prier. Je ne peux détacher mon regard de ce tableau fascinant. Au matin, j'ai droit à quelques biscuits et à du thé en guise de petit déjeuner. Dans la chambre, je mets les bas et les galoches, puis j'enfile la burqa. Elle est un peu trop longue pour moi, mais le plus grave c'est qu'elle s'entr'ouvre sur le devant, laissant voir le costume afghan masculin que j'ai mis pour voyager. Pour que cela ne me trahisse pas, je suis obligée de tenir toujours le « rideau » fermé ; c'est d'autant plus malaisé que l'on m'a recommandé de ne pas montrer mes mains, qui sont plus blanches et moins calleuses que celles des Afghanes. Le reste de mes affaires est rangé dans un sac en toile. Nous partons sans attendre, en suivant un sentier entouré de broussailles qui mène directement de la maison à la route principale. Je suis Fazil Mohammed et Hadji Daoud à distance respectueuse, en marchant maladroitement dans mes lourdes chaussures en caoutchouc ; de surcroît, j'ai du mal à voir le chemin à travers la grille du voile. J'ai beau faire, il m'est impossible d'imiter le port droit et élégant des Afghanes. Lorsque nous arrivons, Fazil Mohammed me fait signe de rester au bord de la route. Je m'assieds sur une pierre couverte de poussière, en évitant de regarder les passants, comme il convient à une femme qui se respecte. Le jeune homme se met en quête d'un taxi collectif dans lequel il reste de la place. Finalement, un minibus cabossé s'arrête à notre hauteur. Je gagne la place qu'on me désigne, mais j'ai du mal à ne pas trébucher sur mes voiles trop longs. Un gamin nous observe du bord de la route. Il ne bouge pas, mais son regard a tout enregistré. Je me souviens qu'en Afghanistan les enfants servent de guetteurs, voire d'espions. Cette pratique courante a des conséquences désastreuses sur le caractère des enfants, qui oublient toute notion de loyauté.

Le minibus nous ramène à Komar. Hadji Daoud nous a précédés dans un autre taxi. Il ne faut pas qu'on nous voie ensemble ; si un garde-frontière le reconnaissait, cela éveillerait sa méfiance. Je suis de nouveau Fazil Mohammed. Devenue plus sûre de moi, je dévisage impudemment les hommes, ce qui me serait impossible si je n'étais pas voilée. Nous finissons par trouver un minibus qui va à Sadda. J'ai de nouveau une place près de la fenêtre. Je vois défiler le paysage familier, divisé en petits carreaux par la grille de la burqa. Nous passons le dangereux poste-frontière sans que j'attire l'attention. Au prochain arrêt, Hadji Daoud nous attend ; il nous rejoint dans le minibus avec tous ses bagages. Continuant à jouer la comédie, il salue amicalement Fazil Mohammed, comme si c'était un ami qu'il n'avait pas vu depuis longtemps. Je ne comprends pas ce qu'ils disent, mais je suppose qu'ils échangent les formules habituelles en ce cas. Une fois, il essaie de capter mon regard à travers le voile ; ses yeux brillent de triomphe. A Sadda, le véhicule se vide ; seuls Fazil Mohammed, Hadji Daoud et moi continuons jusqu'au camp. Je franchis le portail vêtue de ma burqa. Dès qu'il s'est refermé derrière moi, je retire avec soulagement cette étouffante prison.

Les cheveux roses

Je continue à donner des cours aux futurs aides-soignants et secouristes. J'ai repéré plusieurs types d'élèves. L'arriviste, qui dit : « Une partie de volley ? Non merci, il faut que j'étudie. » L'intrigant, toujours à l'affût de commérages qu'il ressort pour se faire valoir. Le naïf, qui s'étonne de tout mais n'est jamais là pour donner un coup de main au bon moment. L'intellectuel qui ne sait rien faire de ses mains. Le jeune héros toujours prêt à se lancer dans la « guerre sainte », et qui est toujours là quand on a besoin de lui... et bien d'autres encore. Tous ont leurs qualités et sont dignes d'être aimés. J'adore les observer quand ils étudient, accroupis par petits groupes, ou quand ils échangent des confidences à voix basse. Ils me demandent avec sollicitude si je serai triste quand Carol nous quittera. Ils n'ont pas tort, mon unique partenaire féminine me manquera beaucoup.

Il est difficile de leur inculquer la ponctualité et la discipline. Souvent, en lisant ils suivent le texte du doigt, ligne par ligne. D'autres ont du mal à écrire. Ils font des phrases sans points ni virgules. Seuls trois élèves ont suivi un enseignement primaire sérieux et régulier : ils sont allés à l'école à Kaboul. La différence avec les autres est frappante. Un jour, Gulnahie, un garçon de seize ans, a appris pendant le cours d'anglais qu'il est poli de dire « *please* ». Peu après, il me lance sur un ton de commandement : « *Please, where is my Karla !* » — il a besoin de moi pour aller chercher quelque chose à la réserve de pansements.

Il y a également des cours de gynécologie. Kashmir se montre très doué pour cette matière — qui est pourtant un sujet tabou en Afghanistan. Dans ce pays, il est impensable qu'un homme pratique un examen gynécologique. Kashmir me demande avec fougue si, en l'absence de femme médecin, il aurait le droit d'examiner les femmes. Sa question provoque un silence embarrassé, puis des sourires amusés. Se rendant compte de sa gaffe, Kashmir rougit jusqu'aux oreilles. Je ne peux d'ailleurs pas lui donner de réponse. Dans les manuels, toute reproduction de l'enfant dans le corps de sa mère, et même d'un sein de femme est interdite. C'est une situation aberrante.

Il m'arrive souvent d'oublier que la plupart de mes élèves sont mariés et pères de famille. Yarmohamad a sept enfants, Kashmir en a neuf. Pareils à des gamins pris en faute, ils baissent honteusement la tête quand je leur explique les erreurs qu'ils ont commises. Carol est particulièrement appréciée, car elle correspond à l'idéal de beauté des Afghans : un peu ronde, les cheveux blonds, une peau fine et rose, de grands yeux bleus. A la consternation des responsables afghans du camp, elle fait tout pour souligner sa féminité : cils et paupières soigneusement maquillés, ravissantes boucles d'oreilles en lapis lazuli, doigts ornés de plusieurs bagues en argent. Comme elle parle couramment le pachtou, la langue des Pachtoun (ethnie établie au Pakistan aussi bien qu'en Afghanistan), ils peuvent bavarder avec elle, et ne s'en privent pas. En réponse à une question de Carol concernant la couleur de ses cheveux, Kashmir répond : « Vos cheveux sont roses. » Surprise, la blonde Carol demande une traduction plus précise à notre interprète : « Kashmir essaie de vous dire que vous êtes pareille à une rose », répond Hadji Daoud. Cette explication poétique me ravit.

Le départ de Carol approche. Nous obtenons l'autorisation officielle d'organiser une soirée de chants et de danses. C'est exceptionnel, car en temps de guerre les fêtes sont interdites — pour des raisons morales, car de nombreux moudjahidin se font tuer tous les jours. D'autant plus que les combats se sont intensifiés depuis quelque temps. Nous pouvons donc fêter le départ de Carol, mais le cœur n'y est pas vraiment. Finalement, pour dégeler l'atmosphère, Carol organise une ronde. « Restez assise, Karla, vous êtes vieille », me conseille Kashmir avec prévenance. Il a dit cela d'une façon adorable, avec un regard radieux : cela voulait être un compliment, et c'est ainsi que je le prends.

Anniversaire

J'attends avec impatience le jour de mon anniversaire. En Allemagne je n'y accorde pas une grande importance mais, ici, ce sera une interruption bienvenue dans la pénible routine quotidienne. Bien avant la date prévue, je fais un grand ménage dans mon logement ; sans doute effrayée par cette propreté inhabituelle, la souris qui me tenait fidèlement compagnie prend la fuite. Dans les pays musulmans, personne ne ne soucie des anniversaires. Faute de registres d'état civil, la plupart des gens ignorent leur date de naissance. Presque toujours, nous ne pouvons qu'évaluer l'âge de nos patients. Les gâteaux et les biscuits commandés exprès à Peshawar ont été livrés à temps. Pour une fois, je veux célébrer mon anniversaire dans les règles. L'équipe entière est invitée, y compris le portier et le personnel de cuisine, vingt-six personnes au total.

Le matin du grand jour, je bois mon café au lit, en écoutant un concert de flûte orientale sur le transistor que j'ai emprunté au bureau. Cela fait, je demande un grand seau d'eau chaude et je me lave de la tête aux pieds, un luxe rare. Je me sens toute régénérée. Après m'être séchée, je mets mes sous-vêtements ; juste à ce moment, Hadji Daoud entre sans frapper ; confus, il se retire aussitôt. Je me dépêche d'enfiler mon meilleur « pyjama » noir et jette sur mes épaules un châle sur lequel une patiente a brodé un bouquet aux couleurs éclatantes. Ce châle est d'ailleurs le plus bel ornement du morne entrepôt qui me sert de chambre à coucher. Toute la journée, je reste d'une excellente humeur, que les bévues les plus stupides de mes élèves ne parviennent pas à entamer. L'après-midi, je fais comme d'habitude mon travail à la clinique. Quand tout est prêt, je commence par servir le thé, accompagné selon la coutume d'amandes et de raisins secs, auxquels j'ajoute les pâtisseries venues de Peshawar.

Hadji Daoud, qui s'occupe de moi comme une bonne d'enfants, me prend soudain à part : « Vous avez un trou sous le bras ! Il faut absolument le réparer ! » Je reste un moment sans comprendre, puis j'éclate de rire : « Voyons, Hadji Daoud, c'est un soutien-gorge ! Ce n'est pas une déchirure, mais un superbe travail de dentelle ! »

Hadji Daoud est un peu confus, mais son intention était bonne : il tient à ce que je sois impeccable, surtout le jour de mon anniversaire. Pendant que la cérémonie du thé se poursuit, les cuisiniers ne chôment pas : il faut plumer sept poulets, et tout préparer pour le festin du soir. En plus des poulets, il y a du riz aux raisins secs, des pommes de terre bouillies et des chips, des boulettes de bœuf parfumées à l'ail et à la menthe, des salades, des aubergines frites accompagnées de yaourt et d'une sauce tomate pimentée... Un luxe éhonté au regard du niveau de vie local — et de nos possibilités financières limitées. Tous les invités sont de joyeuse humeur et bavardent gaiement. Kashmir propose de fêter mon anniversaire chaque année, même s'il faut pour cela interrompre le ramadan. Sa remarque, qui était évidemment une plaisanterie, est accueillie par des éclats de rire.

Une datte suffit

Peu après, il n'y a plus de quoi rire. Le ramadan a commencé. Pendant le neuvième mois du calendrier lunaire islamique, tous les musulmans doivent jeûner du lever au coucher du soleil, pour partager le sort de tous les hommes qui ont faim et soif parce qu'ils sont pauvres. La grande majorité des Afghans observe scrupuleusement le ramadan ; de toute façon, la pression exercée par les familles et les groupes religieux est telle qu'il n'est guère possible d'y échapper. Paradoxalement, c'est pendant cette période de jeûne que beaucoup de gens se livrent à des excès de nourriture qui ont des conséquences néfastes pour la santé. En cette période d'abstinence, la nourriture devient souvent une obsession. Le Coran autorise d'ailleurs les malades, les voyageurs, les femmes qui ont leurs règles ou qui allaitent à ne pas observer le jeûne, mais dans ces régions particulièrement strictes personne n'en est exempté. Pendant le ramadan, nous voyons arriver à la clinique beaucoup de gens qui souffrent des reins — uniquement parce qu'ils ne boivent pas assez. Ils refusent même les tisanes, et tout médicament par voie orale est proscrit. C'est surtout grave pour les patients qui doivent prendre régulièrement des antibiotiques. D'un point de vue médical, le rythme d'absorption de nourriture pendant le ramadan est catastrophique. Tout le monde se réveille à trois heures du matin pour prendre un repas chaud. Encore tout somnolents, ils avalent le maximum de nourriture et de boissons, car ils savent qu'ils ne pourront rien manger ni boire une goutte d'eau pendant toute la journée. Ensuite, c'est la prière, jusqu'aux premières lueurs de l'aube.

Nous avons changé l'horaire de la clinique en conséquence. Tout doit être terminé à dix heures du matin ; ensuite, et jusqu'au crépuscule, c'est le calme absolu. Un autre horaire serait impensable : par manque de sommeil, de nourriture et de boisson, seuls de rares musulmans restent capables de se concentrer sur leur travail. Partout, l'on voit errer des silhouettes alanguies, aux yeux profondément cernés. Lorsque les consultations et les soins sont terminés, nombre de nos collaborateurs vont s'allonger : le sommeil fera paraître le temps moins long. La journée est entrecoupée de prières, et d'exposés sur l'enseigement du Coran, que donne Hadji Daoud, qui est très croyant.

A la cuisine, les préparatifs du repas ont commencé. A partir de six heures du soir, c'est un rituel immuable : l'on allume la radio pour suivre le « compte à rebours » de l'*iftar* — le moment où l'on peut rompre le jeûne. Chacun se met en position, comme s'il attendait le signal de départ d'une course. Sur une table sont préparées des assiettes contenant des hors-d'œuvre et un morceau de galette. Chaque élève reçoit une datte, qu'il garde dans sa main. Le moment venu, c'est avec cette datte qu'il mettra fin à la période d'abstinence quotidienne. Lorsque le mollah annonce que le moment est venu de rompre le jeûne, tous les membres du personnel — du directeur du camp aux médecins et aux aides-cuisiniers — se jettent sur la nourriture. Pour le moment, les élèves doivent se contenter des dattes. Peu après, le mollah du camp, un petit homme légèrement bossu, commence la prière du soir. Les médecins, surtout, ont beaucoup de mal à s'arracher à la nourriture. Le Dr Tahir arrive toujours le dernier ; il vient se joindre au groupe à grandes enjambées, pour participer au moins à la fin de la prière. Celle-ci terminée, les élèves vont eux aussi chercher leurs assiettes, et commencent à s'empiffrer. Seul le sensible Yarmohamad ne participe pas à la ruée ; perdu dans ses pensées, il est accroupi à côté d'une plate-bande de fleurs et inhale voluptueusement la fumée d'une cigarette — car il est également interdit de fumer tant qu'il fait jour.

Pendant ce temps, les médecins, installés dans leur bureau, prennent déjà un second repas. Parfois, la faim rend irascible. Un soir, une violente querelle met aux prises le cuisinier Malang et Kashmir, qui lui reproche de lui avoir servi un mauvais morceau de viande. Pendant le ramadan, il est également prescrit de « ne rien dire ni penser de mal, de ne jamais lever la main »... Pourtant, après les avoir séparés, il faut emmener les deux adversaires à l'infirmerie pour les panser ; dans leur rage, ils se sont battus à coups de pierres et blessé à la tête.

La vengeance du chauffeur

Une équipe d'ouvriers est arrivée ; sous la direction d'un ingénieur, ils doivent construire des logements et des entrepôts. Un soir, pendant une partie de volley-ball, une violente altercation oppose soudain les maçons à notre groupe, auquel s'est joint depuis quelques semaines un oto-rhino-laryngologiste allemand, le Dr Schwarz. Apparemment, le chauffeur de la petite équipe d'ouvriers a mal interprété un geste du médecin allemand. Le Dr Tahir, notre médecin afghan, s'efforce de calmer le chauffeur, en lui expliquant qu'il convient d'être poli envers un hôte étranger. L'incident semble clos. Quinze jours plus tard, l'ingénieur et ses hommes regagnent Peshawar. Comme le Dr Tahir et notre coordinateur, Guldud, doivent également s'y rendre, ils veulent profiter du véhicule. Au dernier moment, le chauffeur refuse d'emmener le Dr Tahir : « Vous avez pris le parti des étrangers, nous ne voulons pas de vous. »

La discussion s'envenime. Le directeur de l'hôpital de Sadda dit sans détours ce qu'il a sur le cœur : « Savez-vous pour qui vous travaillez, vous et votre chef, l'ingénieur ? Qui vois paie, y avez-vous réfléchi ? Nous sommes une organisation humanitaire allemande... Sans oublier que le Dr Schwarz est notre invité. Celui qui est l'ennemi d'un invité est également l'ennemi de celui qui l'accueille. »

S'efforçant de calmer les esprits, l'ingénieur offre une

place dans la jeep au Dr Tahir et à Guldud. Le Dr Tahir ne se laisse pas apaiser : « Merci de votre offre généreuse, mais nous préférons prendre un taxi collectif. »

Frémissant d'indignation, le directeur de l'hôpital ajoute : « Et que ce soit bien clair, monsieur l'ingénieur : vous pouvez revenir avec vos hommes, mais sans le chauffeur. » Sur ce, il tourne les talons.

Quelques jours plus tard, l'ingénieur vient reprendre le travail. Avec le chauffeur. De nouveau, une vive altercation éclate. Le directeur leur refuse l'accès au camp, à moins que le chauffeur ne présente des excuses officielles. Celui-ci est trop fier et trop susceptible pour s'exécuter. Le groupe est obligé de monter sa tente devant le portail pour y passer la nuit, car il est trop tard pour regagner Peshawar. Ils tiennent le coup pendant six heures, puis le chauffeur vient s'excuser en grinçant des dents.

La hache de guerre n'est pas enterrée pour autant. Les Afghans sont souvent très rancuniers, et n'attendent qu'une occasion favorable pour exercer leur vengeance. Celle-ci ne se fait pas attendre. L'équipe du bâtiment doit de nouveau aller à Peshawar. Le Dr Schwarz veut en profiter car leur jeep est plus confortable que le taxi collectif ou le minibus. Consultés, l'ingénieur et le chauffeur ont donné leur accord. Le médecin arrive à l'heure convenue, et est placé à l'arrière ; coincé entre plusieurs ouvriers, c'est tout juste s'il peut respirer. Juste avant le départ, l'ingénieur monte à son tour ; il s'installe confortablement à côté du chauffeur. Tous deux rient sous cape, savourant leur revanche. Je réalise une fois de plus à quel point tout étranger dépend de la protection et du bon vouloir des Afghans.

Sonnez clochettes !

L'*Eit* est le nom donné à la fête qui clôt le ramadan. Les Afghans comme les étrangers attendent avec impatience ce moment, qui mettra fin aux souffrances et aux multiples ennuis du mois de jeûne. Nous regardons avec commisération tous ces gens exténués, hagards, incapables de se concentrer par manque de sommeil. La date du début des fêtes de l'Eit dépend de l'apparition du premier quartier de la nouvelle lune, qui varie selon les lieux ; c'est ainsi que l'Eit commence un jour plus tôt en Afghanistan qu'au Pakistan. La plupart de nos collaborateurs et élèves rentrent chez eux quelques jours auparavant, pour ne pas manquer le début de la fête et participer aux préparatifs. Au camp, il ne reste que quelques élèves, le cuisinier Walli, l'aide-cuisinier Nurasan et trois gardes, qui surveillent le portail jour et nuit. Et moi. Tous s'évertuent à me rendre la vie agréable. Je trône comme une reine sur la pile de coussins qu'ils m'ont apportée. J'ai beau me récrier, ils tiennent absolument à me servir et à me gâter. Je profite du calme et du temps printanier, qui me permet de rester dehors pendant la journée. Aux premiers rayons du soleil, nous prenons le petit déjeuner ensemble. Ensuite, je vais m'occuper des malades ; les élèves qui sont restés m'aident de leur mieux.

Le premier jour de la fête de l'Eit, Walli et son frère Shazada viennent m'inviter. Les Afghans se donnent toujours un mal fou pour bien accueillir leurs hôtes. Un autre membre de la famille vient me chercher dans une vieille jeep qu'il a rafistolée. Nous allons dans une partie du camp de réfugiés que je ne connais pas encore. Pendant le trajet, je regarde avec fascination ce qui m'entoure. Le village et le camp entiers sont en fête. Les jeunes filles sont coiffées de voiles multicolores qui battent comme des ailes de papillon quand elles courent. Les femmes plus âgées, également en habits de fête, forment des taches de couleurs moins éclatantes. Des bracelets en argent s'entrechoquent sur les bras bruns, des clochettes fixées aux corsages tintent continuellement, des colliers auxquels sont accrochées des pièces de monnaie bruissent à chaque pas. Certaines portent des robes ornées d'éclats de miroir, d'autres ont collé sur leur visage des paillettes rouges et bleues. Les hommes ont eux aussi fière apparence ; coiffés de turbans ils marchent d'un pas mesuré, presque majestueux. Ils portent des costumes neufs, ou du moins propres et à leur taille. Manifestement, tous et toutes sont heureux et soulagés que le jeûne soit terminé.

Nous arrivons à la tente des deux frères. Des coussins brodés de motifs évoquant des vagues sont disposés à même le sol. Shazada s'excuse car leur domicile n'est pas entouré de murs ; ils sont trop pauvres pour en construire. Je compatis, mais au fond de moi-même j'en suis ravie car l'absence de barrières me permet de contempler la vallée et les montagnes. Je ressens soudain une incroyable sensation de liberté, qui me fait presque oublier la misère, la faim et la guerre, pourtant omniprésentes. Si le pays connaissait la paix, ce camp n'existerait pas. Je suis bientôt tirée de ces réflexions mélancoliques : à neuf heures du matin, un repas de fête est servi. Les plats sont couverts de ravissants napperons brodés. J'en reçois deux en cadeau.

Malheureusement, je dois prendre congé, car Hadji Daoud m'attend à dix heures. De nouveau, un chauffeur vient me chercher. Quel luxe ; pour un peu, je me prendrais pour une VIP ! Omargul me conduit chez Hadji Daoud, qui habite un nouveau village pakistanais, à une vingtaine de minutes du camp. Apparemment, la maison familiale est tellement surpeuplée qu'il ne nous fait pas entrer. Hadji Daoud, qui prend très au sérieux son rôle de « protecteur attitré », me dit que si jamais « quelque chose s'introduit subrepticement dans ma tête » — il pense au mal du pays — je dois aussitôt dire à Omargul, qui appartient au même clan que lui, d'aller le chercher. Nous nous apprêtons à participer au festin, qui est servi dans une auberge proche, mais je suis soucieuse, car j'ai remarqué que le bazar du village pakistanais était fermé : ici, le ramadan n'est pas encore terminé.

Effectivement, Hadji Daoud nous annonce qu'il ne partagera pas notre repas : « Au Pakistan, c'est toujours le ramadan, et nous respectons les usages locaux. »

Nous le regardons, déçus. « Si tu ne manges pas, je ne mange pas non plus, déclare Omargul pour le provoquer. N'oublie pas que tu es afghan, et pas pakistanais. En Afghanistan, et même à La Mecque, le ramadan est terminé.

— Ce n'est pas à moi d'en juger. » Sur ce, Hadji Daoud part en courant vers le centre du village.

Omargul et moi entrons dans l'auberge. Des plats somptueux sont servis, mais Omargul n'y touche pas. Au bout d'un moment, Hadji Daoud nous rejoint. Hors d'haleine mais radieux, il prend place à nos côtés : « J'ai obtenu l'autorisation de trois membres du conseil des anciens, nous explique-t-il. Je peux partager votre repas sans commettre un péché. » Sur ce, il pioche dans les plats et engouffre la nourriture comme s'il était affamé.

Néanmoins, cet incident a un peu gâché notre journée. Je ne retrouve ma bonne humeur que quand nous avons regagné notre base en début d'après-midi. Sur le côté de la maison, un rosier est en pleine floraison ; ses fleurs d'une couleur inhabituelle me rappellent les lilas de mon enfance. Je trouve un endroit confortable pour m'asseoir, et écoute avec nostalgie les symphonies de Mahler sur une radiocassette que j'avais achetée à Islamabad. Le soir venu, nous dînons paisiblement sous le ciel étoilé. Les brusques changements d'humeur des Afghans me surprennent toujours. Peut-être le cadre naturel de ce pays, tellement contrasté et changeant, influence-t-il l'état d'esprit de ses habitants. C'est du moins ce que je crois.

Le lendemain, nous sommes invités chez Logaraï, un neveu de Hadji Daoud. C'est un jeune homme d'aspect très sérieux, qui éprouve manifestement un grand respect envers son oncle. Logaraï habite un village idyllique tapi dans une étroite vallée d'altitude. La vue est stupéfiante. J'ai besoin de cela : les beaux paysages, la nature intacte, apaisent mes tensions et me donnent la force de continuer.

On nous fait aussitôt entrer dans la salle commune. J'ai droit à la place d'honneur, à savoir l'unique lit. Comme je n'aime pas trôner au-dessus des gens, je ne tarde pas à rejoindre le groupe assis par terre. La famille de Logaraï ne compte pas moins de trente personnes ; tous sont des réfugiés, cela fait dix ans qu'ils vivent ici. Au début, ils habitaient sous la tente dans un camp de réfugiés ; à force de travail, ils ont pu acheter cette modeste maison en torchis dans un village des environs. Ma visite est un grand événement. Logaraï ne tient pas en place, il surveille tout, car tout doit être parfait. Les plats se succèdent, il a organisé un véritable festin. Chaque fois, j'ai honte d'accepter des victuailles tellement rares et coûteuses pour des gens si pauvres, mais un hôte a droit à tous les égards. A un moment donné, les hommes qui ne font pas partie de la famille sont priés de sortir : la sœur de Hadji Daoud et la mère de Logaraï veulent faire notre connaissance. Lorsque les deux femmes se sont installées en face de moi, nous nous regardons avec une curiosité non déguisée. S'enhardissant, la sœur de Hadji Daoud palpe la plante de mes pieds. Elle semble étonnée que des pieds puissent être aussi doux et lisses. Avant de s'en aller, elles m'offrent des friandises enveloppées dans un carré de tissu. De retour à la maison, j'y découvre également quelques œufs durs.

Cette visite m'a donné un bon aperçu de la mentalité des villageois afghans. En Occident, chacun pense en premier lieu à soi ; ici, les gens vivent dans un grand dénuement, mais donnent avec générosité le peu qu'ils possèdent. La comparaison n'est guère flatteuse pour nous. Je ne regrette pas d'être restée ici au lieu d'aller à Peshawar pour les fêtes.

Je suis très reconnaissante à Hadji Daoud, qui a tout organisé à la perfection, et m'a assuré une protection sans faille. Cette impression d'être constamment surveillée est parfois pesante, mais pour une femme seule, étrangère de surcroît, c'est indispensable en Afghanistan. En la personne de Hadji Daoud, j'ai trouvé mon premier ami sûr dans ce pays. Je sais que je peux compter sur lui en toute circonstance.

Les femmes sont transparentes

En Afghanistan, les salutations, souvent débordantes, jouent un rôle très important. J'ai pu en noter diverses variantes. Aux inconnus, on se contente de tendre la main — mais ce n'est que pour effleurer celle de l'autre ; la poignée de mains « à l'occidentale » est extrêmement rare. L'accolade est plus fréquente, et comporte elle aussi plusieurs degrés, qui dépendent de l'amour ou du respect que l'on porte à la personne en question. Parfois, une douce pression des bras permet de préserver une certaine distance, en évitant que les corps ne se touchent. Quand la joie des retrouvailles est grande, par contre, l'arrivant est presque écrasé et soulevé du sol — « étouffer de joie » est une expression courante en Afghanistan. Le baiser sur la joue fait également partie du rituel. J'ai pu observer également le baiser de Judas : l'accolade est donnée, sans doute, on serre l'autre contre son cœur, mais chacun sait que votre plus cher désir serait de lui enfoncer un poignard dans le dos. J'ai souvent vu Hadji Daoud, dont je connais bien les expressions faciales, saluer certaine personnes avec une nette réticence. Sans doute les a-t-il rencontrées par hasard, et ne peut-il faire autrement. Lorsque la joie est sincère, cela se voit aussitôt. Ce cérémonial est accompagné des questions quasi rituelles sur le travail, la santé, la famille...

Pour saluer un nouveau venu, tout le monde se lève, et s'empresse de lui faire une place. Mais quand j'entre dans une pièce où se trouvent des personnes inconnues, c'est comme si je n'existais pas ; il serait inconvenant de regarder une femme que l'on ne connaît pas. En revanche, les personnes de connaissance me tendent la main. Mes collaborateurs et élèves, eux, m'accueillent chaleureusement. On me fait aussitôt asseoir, quelqu'un glisse un coussin derrière mon dos. A mon entrée, les hommes se lèvent ; certains commandants me saluent poliment, même s'il leur arrive de me dire « *good morning* » le soir — ils ne parlent que quelques mots d'anglais.

Lorsqu'un invité prend congé, la coutume veut qu'on l'accompagne un bout de chemin. Ensuite, on lui souhaite bon voyage avec effusion, comme si l'on ne devait plus jamais le revoir. Il est vrai que l'on ne sait jamais ce qui peut arriver en chemin, ni si l'on arrivera vivant à destination. Les routes sont dangereuses, les voyages sont longs et pénibles ; de longs mois peuvent s'écouler avant qu'il ne soit possible de revenir chez les parents ou amis.

La situation politique

Les campagnes et les montagnes de l'Afghanistan sont le domaine des « combattants de la liberté », les moudjahidin. Kaboul et les principales villes sont par contre contrôlées par les forces du président Nadjibullah, mis en place en 1986 par les Soviétiques. Un cadeau d'adieu dont les Afghans se seraient bien passés. Après treize années de guerre, l'Armée rouge avait été contrainte de quitter le pays, mais l'influence soviétique continue à se faire sentir. Aujourd'hui, en 1991, le régime de Kaboul reste d'inspiration communiste, bien que le parti de Nadjibullah se dise maintenant « islamique ». Quoi qu'il en soit, les musulmans rejettent ce gouvernement « athée ». Les Afghans n'ont pas oublié que Nadjibullah a travaillé pour le KGB pendant quatre ans. Une guerre civile a éclaté : les moudjahidin veulent se débarrasser de ce régime honni. Mais comment le faire tomber ? Après le départ des forces soviétiques, les moudjahidin ont commis une erreur lourde de conséquences. Toutes les composantes ethniques et politiques s'étaient unies pour combattre les Russes ; elles avaient remporté la victoire, car l'union fait la force. Ensuite, divers partis, factions et chefs de guerre ont commencé à se battre entre eux. L'ancienne coalition a donc éclaté. Mais tous commencent à réaliser qu'à elle seule aucune de ces factions ne pourra venir à bout des forces gouvernementales puissantes et bien équipées qui tiennent les villes. Les moudjahidin essuyèrent une première défaite majeure devant Jalalabad. Ils ne pouvaient pas faire grand-chose contre les avions de combat et les missiles de Nadjibullah. Du moins en apparence, le régime de Kaboul en sortit renforcé, tandis que les combattants de la liberté, démoralisés, se livraient à d'absurdes luttes fratricides. Le résultat le plus visible de cet état de choses est que le pays revient peu à peu au Moyen Age. Les conduites d'eau et les centrales électriques sont détruites, les forêts sont ravagées par les bombes et par les Scud. Depuis longtemps déjà, l'on ne replante plus d'arbres. Bien au contraire, la déforestation se poursuit : pour un peu d'argent, le bois est vendu au Pakistan, où il est interdit d'abattre des arbres. Les unes après les autres, les écoles ferment. Celles qui subsistent dépendent étroitement de la protection d'un commandant local, qui y recrute ses futurs soldats. Faute d'avoir été scolarisée, une génération entière perd la possibilité d'apprendre un métier. Quant à ceux qui en ont un, ils finissent par en oublier les gestes faute de pouvoir l'exercer. Pour le moment, la seule chose qui compte, c'est de former et de recruter des « combattants de la liberté » pour mener la guerre sainte. Des hommes dotés d'un instinct de bêtes sauvages, capables de trouver leur chemin dans l'obscurité, de marcher des heures durant sans même un morceau de pain, avec de mauvaises chaussures aux pieds. Aucun soldat occidental n'en serait capable.

Le centre du pouvoir politique se trouve à Kaboul. Un gouvernement provisoire est établi à Peshawar, mais aucun des dirigeants en exil n'est capable de former un gouvernement acceptable. Nadjibullah est haï par la majorité des Afghans ; néanmoins, il s'accroche au pouvoir depuis deux ans, et a réussi à se faire connaître à l'étranger. Il a rebaptisé le parti communiste, devenu « parti islamique du peuple ». Les membres du gouvernement en exil constitué au Pakistan poursuivent en majeure partie des objectifs personnels. Il a perdu une grande partie de sa crédibilité car, tout en prêchant le fondamentalisme religieux, il accepte l'argent de l'étranger capitaliste. De même, les très influents leaders religieux que sont les mollahs interdisent les écoles de filles, mais envoient leurs propres filles étudier à l'étranger. Mes collaborateurs Salmei et Sheikh parlent avec amertume des « commandants aux poches pleines », qui n'ont aucun intérêt à ce que l'Afghanistan retrouve la paix. Le Pakistan a profité de la guerre soviéto-afghane, et continue à en profiter.

Beaucoup mettent leurs espoirs en Zaher Chah, l'ancien

roi et « père de la nation » ; âgé de soixante-dix ans, il vit en exil à Rome depuis 1973. Figure symbolique « neutre », il est accepté par tous les partis à l'exception du Hezb-i islami, car, tout au long de l'éternel conflit avec les anciens seigneurs féodaux afghans, il s'est efforcé d'améliorer les conditions de vie du peuple dans ce pays d'une pauvreté extrême.

Malheureusement, le « prince rouge » avait été renversé, notamment à cause de sa position favorable à l'émancipation des femmes. Sous l'égide de Zaher Chah, les partis divisés pourraient peut-être s'unir. Ce serait une grande chance pour l'Afghanistan, mais à ce stade rien n'est certain.

Familles dispersées, familles divisées

Un soir, je suis assise en compagnie de Hadji Daoud. Je sens qu'il a envie de me parler de son histoire et de celle de sa famille. Je bois mon thé en silence, me contentant de le regarder amicalement. Je ne veux pas l'effaroucher par ma curiosité : les Afghans ont beaucoup de mal à parler de sujets personnels à des étrangers. Finalement, il se décide :

« Pour les Afghans, la famille a toujours occupé une place privilégiée. Plusieurs familles forment un clan, une famille élargie qui vit ensemble. Mais cette longue guerre a fini par affaiblir ces liens. » On dirait qu'il récite un manuel scolaire. Un peu déçue, j'attends la suite. « Deux de mes frères sont communistes. Ils sont cantonnés à Gardez. La famille ne parle jamais d'eux, c'est comme s'ils étaient morts. » Hadji Daoud a manifestement du mal à me faire cette confession.

« Ça doit être dur pour vous, en tant que musulman convaincu et adversaire du régime de Kaboul... Pourquoi votre famille est-elle tellement déchirée ? Pourquoi ces divergences d'opinion ? Est-ce seulement à cause de la guerre ? » J'essaie d'imaginer quels idéaux ont attiré ses frères, quelles promesses les ont poussés à agir ainsi.

« Beaucoup des nôtres n'ont même pas de chaussettes à se mettre, ou alors elles sont pleines de trous. Comment peut-on vivre ainsi, à la longue ? Plusieurs de mes parents vivent au Pakistan avec le statut de réfugiés, comme moi. D'autres sont allés en Iran ; travailleurs immigrés, ils essaient de recommencer leur vie. Une partie de la famille est toujours en route pour ailleurs. Pas étonnant que quelques hommes en aient assez de cette existence, qu'ils prennent les armes pour défendre la cause qui leur paraît la plus apte à reconstruire ce pays un jour... »

Le visage de Hadji Daoud trahit une grande tristesse. J'essaie de l'amener à parler de sa famille dans un autre contexte, je ne tiens pas à ce qu'il se lance sur le terrain de la « guerre sainte », notion que j'ai d'ailleurs du mal à saisir : « Vous paraissez toujours tellement bien informé. Comment réussissez-vous à maintenir le contact avec ces parents qui vivent dans des pays parfois si lointains ?

— Un Afghan qui voyage ne va pas à l'hôtel. Où qu'il aille, il est accueilli par la famille ou le clan. Il est impossible d'échapper à ce système. Avec les membres de la famille, on échange des impressions personnelles, des souvenirs, des informations de toute sorte, et même des opinions. Ainsi, tout finit par se savoir. Evidemment, à force de passer de bouche en bouche, les faits s'enrichissent de nombreux détails, ils sont enjolivés... »

Hadji Daoud est décidément un observateur perspicace. Sa remarque me fait rire, et il se joint à moi.

3

Contraintes et libertés

Avec le temps, je comprends de mieux en mieux le tissu de la famille afghane et son fonctionnement. Une personne âgée est toujours accompagnée et servie par une personne plus jeune. Il n'existe pas de chambres séparées, comme chez nous ; ainsi l'Afghan apprend dès l'enfance à s'intégrer à la communauté et à accepter ses aînés. Certaines manifestations d'indépendance sont néanmoins tolérées. Ainsi, celui qui est fatigué s'allonge où il lui plaît, sans rien demander à quiconque. Celui qui a envie de lire ouvre son livre, même si les autres continuent à discuter, et personne n'y trouve à redire. Il est permis de mettre fin à une rencontre en se levant pour sortir, en s'excusant à peine. Le bruit de fond constant empêche de se concentrer, de réfléchir, et même, dans les grandes salles communes, de trouver le sommeil. Au début, cela me paraissait intolérable. Autre problème, celui qui parle est constamment interrompu ; il est pratiquement impossible de terminer une phrase. Lorsque j'ai un entretien important avec un patient, il est presque inévitable que quelqu'un d'autre arrive pour me parler de sa propre maladie ou de je ne sais quel problème. Souvent, le patient que j'interrogeais en profite pour s'éclipser, et je dois aller le « récupérer » dans le couloir ou dans la salle d'attente.

En Afghanistan, il faut sans cesse guetter le moment le plus favorable à un entretien sérieux ; cela s'apprend, bien que cela mette souvent la patience à rude épreuve. Aux yeux des Occidentaux, les règles de politesse afghanes semblent souvent paradoxales. L'Afghan bien élevé doit faire face à son interlocuteur, quel qu'il soit, et l'écouter patiemment même s'il raconte des absurdités. Une discussion à plusieurs devient vite pénible, car chacun tient à exprimer son opinion, même s'il ignore tout du sujet dont il est question. Il faut dire que ce mode de comportement est également fréquent chez nous. Comme les enfants vivent très tôt avec les adultes, ils ont une forte conscience de leur valeur. Les garçons, en particulier, participent à tout. Lorsque nous sommes en réunion avec le commandant, le fils de notre directeur, âgé de cinq ans, est évidemment présent. Parallèlement, cela permet aux enfants d'apprendre à respecter les personnes haut placées. Le commandant n'a pas besoin d'inculquer le sens de la discipline à son groupe de moudjahidin. L'obéissance aveugle existe sans doute, mais il s'agit avant tout d'une acceptation volontaire, qui n'exclut pas la discussion. J'ai souvent remarqué que les objections de toute nature étaient tolérées. Tout cela peut donner une impression de manque de discipline, voire d'anarchie. Ici, il faut du temps et de la patience pour expliquer, pour obtenir l'adhésion. Donner un ordre ne suffit pas. L'essentiel, c'est de convaincre ; autrement l'on n'arrive à rien avec les Afghans.

Je passe de longues heures à réfléchir à la notion de liberté. J'ai pris la « liberté » d'aller dans ce pays. J'ai accepté en toute liberté ce que ce pays me donne, y compris les règles et les coutumes que je dois respecter. Pas un instant je ne l'ai regretté. En échange, j'ai reçu le plus précieux des cadeaux : des impressions et des expériences que tout l'or du monde ne suffirait pas à acheter. Je me sens bien parmi ces hommes et ces femmes, je suis heureuse d'être acceptée par cette société tellement singulière.

Ce n'est pas le confort que je recherche, et je ne le trouverai jamais dans ce pays. Ma principale satisfaction, c'est d'assouvir ma soif d'aventures. Et je ne m'en cache pas. Le moindre voyage est une entreprise fascinante, même s'il ne s'agit que de rendre visite à une famille afghane des environs. Il y a toujours quelque chose de nouveau à voir et à apprendre. A chaque déplacement, à chaque visite, les surprises se succèdent.

Un quintette californien

Un jour, Abdullah Hussein vient au camp se présenter à moi. C'est le nouvel administrateur de l'hôpital de

Chak-e Vardak. Très vite, il me raconte l'histoire de sa vie, qui n'est certes pas banale. Il y a dix ans, il a quitté avec sa femme et sa fille son village natal de Jaghatu, dans la province de Vardak, pour se réfugier au Pakistan. A Peshawar naissent deux autres filles. Peu après, tous émigrent aux Etats-Unis, où Abdullah Hussein, qui est vétérinaire, suit une formation de cadre hospitalier. En Amérique, sa femme lui donne deux autres filles. Le voilà donc père de cinq filles ! A cette idée, les Afghans ne peuvent réprimer un sourire, parfois malveillant. Pas un seul fils ! Mais ne désirons-nous pas tous avoir des descendants mâles ?

Les cinq fillettes vont donc à l'école en Californie, où elles acquièrent des habitudes de vie et une façon de penser américaines. Les parents leur apprennent les principales coutumes afghanes, mais sans leur donner une éducation religieuse tant soit peu approfondie. Tous sont conscients des possibilités que la société américaine offre aux jeunes filles et aux femmes. A cela, il faut ajouter que les cinq jeunes filles sont très jolies. Bref, peu auparavant, la famille entière est revenue au Pakistan. Le père tient à ce que ses filles passent deux ans dans une communauté familiale de Peshawar. Il leur impose sa volonté avec douceur, mais fermeté ; elles ne peuvent qu'élever de faibles protestations. C'est une rupture radicale, un bouleversement inouï. Pour commencer, il faut s'habituer au port de la burqa. Aux Etats-Unis, on les prenait en photo à la moindre occasion. Ici, il est interdit de photographier les femmes. Elles ne comprennent pas. Et pourquoi une femme afghane doit-elle presque toujours rester à la maison ? Pourquoi ne peut-elle sortir dans la rue que revêtue de la burqa, qui cache entièrement le corps et le visage ? Les fillettes ne cessent de secouer la tête avec effarement. Les réponses qu'elles obtiennent ne les satisfont pas. Si c'est cela le Coran, demandent les aînées, quel sera notre sort, en tant que femmes ? Elles ont beaucoup de mal à suivre les cours de l'école des moudjahidin où elles sont inscrites : toutes les matières sont enseignées à l'aide de textes extraits du Coran. L'enseignement est de toute façon axé sur une activité qu'elles détestent, les travaux manuels. Les cinq sœurs ont une seule idée en tête : tenir le coup deux ans avant de retourner aux Etats-Unis. Pendant ce temps, avec l'aide de leur père, je vais transformer en hôpital le dispensaire de Chak-e Vardak.

Pièges

En compagnie du Dr Hussein, de deux de ses filles cadettes — Palwasha, sept ans, et Zergunah, huit ans — et de l'ingénieur Shuwali, je vais à Chak-e Vardak. Le voyage promet d'être assez aventureux. Premier *hic*, je ne peux pas obtenir de visa de transit, car tous les services officiels sont fermés pendant trois jours. En clair, cela signifie que je devrai faire ce long trajet sous la burqa. Mais je commence à avoir l'habitude de cette prison mobile.

Ensuite, il faut faire un grand détour : la route directe, *via* Terramangal et Logar, est trop dangereuse car de violents combats se déroulent à proximité. Nous prenons donc la direction de Waziristan, en passant par Bannu et Wanna, avant de franchir la frontière à Asamorzak. Le docteur veut faire connaître l'Afghanistan à ses deux filles, et les présenter à des membres de la famille restés au pays. Les petites sont vraiment ravissantes. Leurs yeux immenses aux longs cils, soulignés par le khôl, sont étincelants. Elles ne portent qu'un voile blanc, qui laisse le visage libre. Les femmes ne sont contraintes de se cacher entièrement qu'après la puberté : comme moi, sous la burqa plissée qui ne laisse deviner aucune forme féminine.

Chaque fois que nous sommes arrêtés à un poste de contrôle, c'est un moment critique. J'ai appris par cœur la phrase « *Pashtu na pohigam*, Je ne parle pas le pachtou ». A Wanna, la situation devient réellement dangereuse, car nous devons prendre à bord un garde pakistanais. Pendant plus de deux heures, je devrai faire attention à ne pas me trahir. Si je suis découverte, ce sera la prison ; dans le meilleur des cas, je serai expulsée. Enfermée dans ce que j'appelle ma « tente à une place », souffrant de la chaleur et de la poussière, je rumine ma rage. Zergunah, qui est assise à côté de moi, m'apporte une aide précieuse. Sa mère lui a sûrement appris à manier habilement le voile. Avec des mouvements adroits, elle me tend un gobelet d'eau, puis rabat prestement le haut de ma burqa, afin que personne ne puisse entrevoir mon visage pendant que je bois. Quand nous arrivons en Afghanistan, les filles et moi-même prenons le thé à l'écart des hommes. Le père tient apparemment à habituer ses filles à manger « du côté des femmes ». Etant impubères, elles pourraient se mêler aux hommes, tandis qu'en ma qualité de femme à burqa je ne peux même pas me permettre de protester. Le Dr Hussein est visiblement radieux de retrouver son pays et de le faire connaître à ses filles.

Dans les villages que nous traversons, les abricots d'un jaune orangé qui luisent à travers le feuillage nous font venir l'eau à la bouche. Le Dr Hussein en demande quelques-uns pour me les offrir — hospitalité oblige. Ils sont vraiment succulents. Nous arrivons enfin à Chak-e Vardak. Je montre au docteur et à ses filles un canal où ils pourront se rafraîchir — sans se dévêtir, cela va de soi. Malheureusement, je ne peux pas me plonger dans l'eau avec eux : pour une femme adulte, il serait inconvenant de se promener dans une burqa complètement trempée. Il me faudra encore attendre deux jours et deux nuits avant d'obtenir un seau d'eau pour me laver !

Le Dr Hussein se laisse convaincre de laisser ses deux fillettes sous ma garde pendant les heures de consultation et aussi la nuit, pour leur éviter un choc culturel trop brutal. Elles doivent s'habituer progressivement à ce nouveau mode de vie avant d'être confiées à leurs parents. Au contact d'autres Afghans, elles surmonteront peu à peu leur surprise et leurs frayeur.

Palwasha et Zergunah se révèlent de précieuses interprètes, qui m'aident dans mon travail. Il me faut cependant être très prudente, car elles traduisent littéralement tout ce que je dis. Elles sont incapable de juger de ce qu'il vaut mieux taire. A leur âge, elles ne maîtrisent pas encore, comme Hadji Daoud, l'art d'arranger toutes mes déclarations en tenant compte de la mentalité des Afghans. Palwasha ne supporte pas la vue du sang, même lors d'interventions bénignes. Par contre, elle m'aide volontiers à poser des compresses. Enfant, j'aurais aimé avoir cette chance : jouer au docteur avec sa poupée n'est qu'un médiocre substitut à la réalité.

Quand Hadji Daoud n'est pas là, je me sens livrée sans défense à mes hôtes afghans. Je réalise alors à quel point il maîtrise toutes les situations. J'ai besoin de sa protection. En son absence, j'ai des visions de femmes enlevées et maintenues prisonnières, condamnées à végéter misérablement dans des endroits innommables. En fait, je n'ai aucune raison d'avoir peur, mais je ne peux me débarrasser d'un sentiment d'impuissance et de claustrophobie. Parfois, la panique menace — mais je ne la connaîtrai vraiment que plus tard. Un jour, notre cuisinier, Azef, demande au docteur si ses deux filles et moi-même voulons participer aux préparatifs d'un mariage dans la maison de sa famille. Ravies de cette occasion de faire une nouvelle expérience, nous acceptons. Toutes mes craintes se sont envolées. Je conviens avec le Dr Hussein qu'il nous fera chercher trois heures plus tard.

Le chauffeur du pick-up nous conduit jusqu'à une maison assez isolée. De l'extérieur, nous entendons déjà des chants et de la musique. Avant la célébration du mariage, nous explique la mère d'Azef, les membres de la famille et les invités expriment leur joie en chantant et en dansant — hommes et femmes séparés, cela va sans dire. Nous nous joignons au groupe des femmes, et nous laissons enivrer par les danses déchaînées et très expressives de certaines jeunes filles. Les fillettes témoignent d'un grand talent pour l'improvisation et d'un sens très sûr du rythme. Elles s'en donnent à cœur joie au son des tambourins.

Il est de coutume de proposer aux invités de rester pour la nuit. Au terme d'une discussion longue et parfois vive, nous sommes enfin autorisées à partir. Nous leur avons fait comprendre que la camionnette vient nous chercher, que le père veut que ses filles rentrent à la maison. Mais une heure après l'heure convenue, nous ne voyons toujours rien venir. Je suis de plus en plus démoralisée, mais je m'efforce de cacher ma déception. Les femmes nous demandent alors de rester au moins pour le dîner : elles sont allées pêcher du poisson exprès pour nous. Les poissons qu'on trouve dans la région sont petits et pleins d'arêtes, mais peu importe : puisqu'elles ont fait cet effort pour nous plaire, nous ne pouvons qu'accepter leur invitation. Ma mauvaise humeur s'accroît en constatant que le poisson n'était qu'un prétexte, un appât pour nous garder. En réalité, il n'y en a pas au menu ! En notre qualité d'invitées, nous sommes servies les premières. Nous nous forçons à avaler quelques bouchées d'un repas fort banal, avant que les autres femmes se précipitent sur la nourriture.

Le pick-up n'est toujours pas là. Il a déjà trois heures de retard. Ma patience est à bout. Je me lève et, assistée par mes petites interprètes, je déclare que ma présence est absolument indispensable à la clinique, et j'exige un véhicule pour me reconduire. Finalement, une jeep de moudjahidin est mobilisée.

Décidément, ce cauchemar est sans fin. Les deux fillettes, tout émues et fragiles sous leurs voiles blancs, sont coincées entre des moudjahidin barbus, armés de kalachnikovs. Dès que nous avons regagné l'hôpital, je vais me plaindre au père des enfants. Il se renseigne. En fait, le pick-up était arrivé à l'heure dite, mais nos hôtes l'avaient renvoyé en expliquant que nous avions décidé de passer la nuit chez eux ! Je conviens avec le docteur qu'à l'avenir aucun tiers ne devra s'immiscer dans nos accords.

Frayeurs nocturnes, suite

Quelque temps après, nous sommes de nouveau invitées à une fête, organisée dans les jardins d'un village des environs. Et de nouveau je fixe l'heure à laquelle il faudra venir nous chercher. Nous nous promenons toutes les trois parmi les arbres décorés de guirlandes multicolores, chapardant de-ci de-là quelques fruits mûrs. Tout le monde nous souhaite chaleureusement la bienvenue. Zergunah semble s'adapter facilement, tandis que Palwasha se sent étouffée par ces effusions excessives. Pourtant, elle ne dit rien et laisse faire. Bien que les deux fillettes se plaignent déjà d'avoir mal au ventre, les gens les forcent sans cesse à avaler des fruits ou des sucreries. Elles sont sans défense, on dirait deux fragiles orchidées égarées au milieu de robustes fleurs des champs. Des nuées de petites villageoises les entourent et les accablent de compliments, sans doute sincères. Seule Palwasha parvient à les tenir un peu à l'écart par son attitude résolument défensive.

Le pick-up arrive à l'heure convenue. Alors commence l'habituelle et interminable cérémonie des adieux. Dès que c'est possible, je me dégage et monte en voiture. Les deux sœurs ont plus de mal à se libérer des étreintes. Soudain, le pick-up démarre. Je tente de faire comprendre au chauffeur que les deux fillettes sont encore là-bas et qu'il faut les attendre. Mais le chauffeur ne veut rien entendre ; en guise de réponse, il fait simplement claquer sa langue, et accélère. Me sentant responsable des deux enfants, je suis affolée. Parvenus à destination, je me précipite chez leur père : « Ils ont gardé les enfants ! Il faut aller les chercher immédiatement ! » Le brave Dr Hussein se contente de sourire. Il ne partage manifestement pas mes craintes. Les petites filles passeront donc la nuit là-bas. Le lendemain matin, elles doivent de toute manière aller chez des parents, qui habitent à trois heures de route.

Patience, encore et toujours

A mon grand soulagement, les deux sœurs sont arrivées saines et sauves chez leurs parents. Quinze jours plus tard, il faut regagner Peshawar. Nous allons donc les chercher chez le cousin du Dr Hussein qui les a accueillies. Le cousin, un ingénieur qui ne se sépare jamais de ses armes, parle fort bien l'anglais et semble avoir des opinions assez progressistes. Le Dr Hussein et lui ont travaillé ensemble en Inde. Dès que j'entre dans la maison, l'ingénieur me demande instamment de ne photographier aucune femme, sous aucun prétexte. Je n'ignore évidemment pas cet interdit, et suis quelque peu surprise qu'il éprouve le besoin de me le rappeler. Je suis introduite dans le logement des femmes. J'y attends depuis un moment, seule, lorsque la jeune épouse de l'ingénieur entre soudain. Elle me demande aussitôt de prendre une photo d'elle. Je lui fais part de la recommandation de son mari. Le comportement de la jeune femme me trouble. Elle est pourtant bien placée pour savoir que si cette transgression de l'interdit était connue, cela pourrait nuire à son mari. A moins que ce ne soit précisément son intention ?

Je suis malheureusement obligée de passer la nuit dans la même chambre que les autres femmes et jeunes filles. Leur bavardage continuel m'empêche de m'endormir. Je constitue évidemment pour elles un sujet de conversation passionnant ; elles posent toutes sortes de questions à mon sujet aux deux fillettes. Dès que le jour pointe, je m'enfuis de la chambre des femmes pour prendre l'air dans la cour. Il n'est que six heures du matin. Pendant que nous avalons un petit déjeuner frugal composé de galette et de thé, un messager apparaît et me prie de le suivre : des malades m'attendent. Il me conduit à une autre maison. Dans la salle commune, le chef de famille vient me saluer, puis fait entrer les malades. Cela dépasse totalement mes capacités, car les patients souffrent manifestement de maladies internes ou métaboliques. L'un des hommes présente des œdèmes. Il faudrait le soigner sans tarder, mais où trouver les médicaments nécessaires ? Le vétérinaire, qui est venu nous rejoindre, traduit mes recommandations : cet homme est gravement malade ; il doit aller au Pakistan pour se faire examiner par un médecin et prescrire un traitement. Je ne peux pas exaucer les espoirs qu'ils ont mis en moi : je suis une simple infirmière.

Et ce n'est pas fini. L'on m'emmène dans une autre maison, où plusieurs femmes m'attendent. De nouveau, je me sens totalement impuissante. L'une d'elles est gravement malade ; une fois de plus, je ne puis que lui conseiller de consulter un médecin dès que possible. Pourquoi me met-on toujours dans des situations pareilles ?

Je commence à en avoir sérieusement assez. Le lendemain, nous partons à quatre heures du matin, pour un long voyage qui ne manquera pas d'être harassant. Avant le départ, je voudrais au moins pouvoir me laver à fond. J'insiste donc, un peu sèchement, pour retourner chez nos hôtes. Finalement, Palwasha me raccompagne. Même ici, impossible d'être seule ! Assises en demi-cercle autour de moi, les femmes observent le moindre de mes gestes. Si cela continue, je ne pourrai même pas faire ma toilette. Ma patience est à bout. Apparemment, l'expression de mon visage a une signification universelle. Par l'intermédiaire de Palwasha, on me demande si je suis fâchée. Pour ne pas les blesser, je me force à grimacer un sourire et mets ma contariété sur le compte de la chaleur. Cet argument a d'ailleurs un résultat inespéré : on m'indique où se trouve la salle d'eau !

Je m'étais réjouie trop tôt. A la porte m'attend un autre messager, qui me supplie de le suivre. A contrecœur, je m'exécute : la politesse l'exige. Le chemin est assez long. Nous traversons des champs récemment moissonnés, et finissons par arriver à une maison fort coquette, entourée d'un beau jardin. Je suis reçue par un jeune homme qui parle anglais. Il me conduit au chevet de sa mère. Je ne puis que constater qu'elle est hémiplégique. Elle a eu une attaque cérébrale environ un an auparavant. Le jeune homme m'explique qu'elle a été soignée par une doctoresse française, qui lui avait assuré, ce qui était sans doute un tort, qu'elle retrouverait l'usage de tous ses membres au bout de six mois. Toujours est-il qu'elle a un bras et une jambe paralysés.

« Que pouvez-vous conseiller à ma mère ? me demande-t-il avec espoir.

— Je ne peux rien vous promettre... » Il n'existe pas de médicament miracle pour les suites d'une attaque cérébrale.

« Pouvez-vous au moins faire la liste des médicaments nécessaires ? J'irai à Kaboul pour me les procurer, insiste-t-il.

— Comment voulez-vous que je vous aide ? Je ne suis pas médecin. » Combien de fois devrai-je encore le répéter ? « Tout ce que je peux faire, c'est soumettre le cas de votre mère à un médecin de Peshawar, en lui demandant de rédiger une ordonnance. »

Une lueur d'espoir apparaît dans les yeux du jeune homme. Avec prudence, j'essaie de le mettre face à la réalité : « Mais cela m'étonnerait que votre mère puisse réapprendre à marcher. Il faut lui masser régulièrement les bras et les jambes, et les bouger. C'est très important. »

Une fois de plus, sans doute en témoignage de gratitude, le jeune homme et sa mère me pressent de passer la nuit sous leur toit. Je dois insister presque brutalement pour qu'ils me laissent partir. Il me tarde de rentrer, car nous partons demain matin avant l'aube. Le jeune homme ne veut pas me lâcher, jusqu'à ce que je lui dise résolument : « *Bas !* », ce qui signifie à peu près : « Ça suffit comme ça, inutile de discuter ! »

De retour chez nos hôtes, j'apprends que tous mes bagages ont été chargés dans la voiture, car il est temps d'aller dormir ! Cela ne me convient pas du tout : j'ai la ferme intention de faire ma toilette et de me changer avant le départ. J'insiste tellement que l'on finit par décharger mes bagages. Je fouille partout, sans trouver les vêtements que j'avais préparés pour le voyage. Je les avais oubliés dans la chambre des femmes !

Les soupirs du Baron tzigane

Nous sommes ralentis par d'abondantes averses de grêle ; impossible d'atteindre à temps le village où nous avions prévu de passer la nuit. Chinware, notre chauffeur, propose de s'arrêter chez des parents éloignés, qui accepteront certainement de nous héberger. La région que nous traversons est jugée particulièrement dangereuse ; à plusieurs reprises, des véhicules appartenant à des étrangers ont été « réquisitionnés ». Il est donc préférable de suivre son conseil, plutôt que de rouler de nuit.

Le chauffeur s'arrête devant une sorte d'enceinte fortifiée. Chinware s'avance jusqu'au portail et marchande avec les habitants. Il est contraint de reconnaître qu'une étrangère fait partie de notre groupe. Ils finissent par convenir d'un prix. Je reste voilée jusqu'à ce que les deux fillettes et moi soyons prestement amenées « du côté des femmes ». Dans la pénombre, la grande pièce évoque un décor d'opéra. Plusieurs femmes ou jeunes filles sont allongées sur des coussins à la lueur d'une unique lanterne. Quand mes yeux se sont accoutumés à l'obscurité, j'aperçois une femme plus très jeune qui se tient au centre de la pièce. Elle me rappelle irrésistiblement la générale du *Baron tzigane*. En fait, c'est la femme du commandant.

Une fois que les femmes ont satisfait leur curiosité, en posant à Zergunah et à Palwasha mille questions à mon sujet et sur mon métier d'infirmière, cela recommence : toutes me parlent des divers maux dont elles souffrent, et me supplient de leur donner des médicaments. Fatiguée par le pénible voyage, je ne puis guère leur offrir que ma compassion. Finalement, un grand homme coiffé d'un imposant turban vient se joindre à nous. C'est manifestement le mari de la « générale », donc le commandant ou chef de guerre local. Lui aussi se plaint de maux variés, et essaie de me faire comprendre qu'il a besoin de médicaments. Il engage une longue discussion avec sa femme. Comprenant qu'il est question de moi, je commets l'erreur de mentionner que j'ai près de cinquante ans. Comme je suis lasse de toutes leurs questions, j'espère avoir la paix maintenant, eu égard au respect dû aux personnes âgées. Leur discussion reprend de plus belle. Apparemment, je les ai blessés. Peut-être ont-ils pris ma déclaration pour une provocation ; compte tenu de l'espérance de vie moyenne dans ce pays, beaucoup de femmes sont déjà mortes à cet âge. Ou alors, le commandant est dépité parce qu'il a réalisé que je n'avais pas de médicaments à lui donner. Finalement, ils se calment, et le commandant disparaît aussi subitement qu'il est arrivé. Peut-être a-t-il hâte de rejoindre les hommes, car c'est l'heure du repas.

La « générale » est une femme impressionnante, qui a un grand sens de la mise en scène. Quelques mots accompagnés de rares gestes lui suffisent pour se faire obéir. Sa robe traditionnelle est en velours d'un rouge éclatant, dont la vigueur est atténuée par la faible lumière. Lorsqu'elle se déplace, la jupe ample tournoie autour de ses formes robustes, laissant parfois entrevoir des pantalons bouffants, serrés au-dessous du genou et retenus aux chevilles par de minces rubans. Les riches broderies du bustier sont rehaussées par des rangs de petites perles ; des mains étonnamment délicates dépassent des manches amples, également ornées de broderies. Chacun de ses mouvements est accompagné d'une joyeuse musique, due aux nombreuses clochettes et pièces de monnaie qui ornent également le somptueux vêtement. Autour d'elle sont confortablement installées d'autres femmes et jeunes filles ; leurs cheveux d'un noir de jais divisés en minces tresses sont retenus par des peignes et des barrettes de toutes les couleurs. Il semble que le commandant ait deux femmes ; il a également deux filles presque adolescentes, cinq enfants plus jeunes et pour finir un nourrisson.

Pendant ce temps, le repas a été préparé sur un feu allumé en plein air, bien qu'il pleuve. Nous étions comme fascinées par le rouge magique de cette robe de rêve, mais nous revenons progressivement à la réalité. Tout ce qui nous entoure est crasseux, d'une saleté repoussante. Je suis tellement dégoûtée que je ne peux pas avaler une seule bouchée de la cuisse de poulet que l'on m'a servie. Palwasha finit par vomir et ne veut plus rien manger. Nos compagnes sont ravies, car il en reste davantage pour elles. Après avoir rongé les os, elles les jettent simplement par terre. Pourvu que je ne sois pas obligée de me lever cette nuit et de marcher pieds nus là-dessus !

Désireuse d'échapper à leur curiosité, j'exprime le désir de dormir à côté de mes deux petites protégées. Aussitôt, les nattes sont déroulées. Le bavardage des femmes dure encore longtemps. Finalement, les derniers murmures se taisent ; seul le nourrisson crie encore, car il a faim. J'ouvre un œil pour observer les femmes. Bientôt, j'ai de nouveau droit à un spectacle sublime. La « commandante » retire sa cloche de velours et apparaît les seins nus, vêtue uniquement de son pantalon bouffant. Elle drape sur son torse un léger voile de coton, puis s'allonge pour dormir. Après avoir nourri et bercé le bébé, la deuxième épouse procède à la même cérémonie. Un instant, elle révèle une poitrine superbe avant de s'envelopper prestement de son voile. Hélas, cette scène hautement romantique est gâchée par l'odeur de fauve que dégagent les corps.

J'entends le maître de la maison entrer sur la pointe des pieds. Il s'étend sur l'unique lit, qui se trouve tout près de moi. Au bout d'un moment, je l'entends pousser de profonds soupirs, à intervalles réguliers. Et voilà qu'une main commence à me pétrir les fesses ! Je suis tellement abasourdie que je crois d'abord que c'est une des femmes : à cause de leur dur travail, leurs mains sont aussi rêches que celles des hommes. Dans l'obscurité, je repousse la main. Je veux avoir la paix car nous repartons à cinq heures du matin : mon unique souhait est de dormir. Soudain, la main revient, insistante. Cette fois, j'en ai assez ; j'allume un instant ma lampe de poche pour démasquer l'intrus (ou l'intruse). Bien entendu, c'est le maître de maison. Il regagne prestement son lit. J'aurais dû dire que j'avais soixante-dix ans, il ne serait rien arrivé ! Je commence à comprendre de quoi ils parlaient avec tant d'excitation. Je réalise aussi combien il est facile de tomber dans un guet-apens, quel que soit le but poursuivi par l'adversaire. Toujours est-il que je ne suis plus dérangée. Lorsque les premières lueurs du jour me réveillent, j'ai l'impression d'avoir à peine fermé l'œil. Il est temps de se lever. Devant la maison, une vieille femme qui tisonne le feu m'indique un gros tas de bois, derrière lequel je serai tranquille. Elle est en train de faire chauffer l'eau du thé. Une étape de dix-sept heures nous attend, et pendant tout ce temps je ne pourrai presque jamais quitter la burqa.

Le lendemain matin je raconte ma mésaventure nocturne à Abdullah Hussein. Je veux lui faire comprendre qu'il est préférable que j'aie un protecteur masculin pour tenir les autres hommes à distance, même la nuit. Il veut en faire toute une histoire, mais je lui demande de s'en abstenir, car cela risquerait d'avoir des conséquences imprévisibles, ce que je veux absolument éviter. Comme je suis étrangère, il arrive souvent que l'on veuille jouer à ce jeu avec moi, en pensant que « cela » m'intéresse. Les autres hommes présents me donnent raison. En guise de consolation, l'un d'eux me dit qu'à cet égard les hommes afghans sont parfois des animaux : « *They are sexual animals.* »

Coquetterie orientale

Nous arrivons à Ghazni, notre halte intermédiaire, sans incident notable. Notre groupe est accueilli dans un petit ensemble de bâtiments fortifiés, où vivent plusieurs familles. Il y a aussi beaucoup de femmes seules, dont les maris sont morts à la guerre ou travaillent à l'étranger. Le corps de bâtiments situé à l'arrière est partagé par plusieurs femmes, un très vieil homme et quelques moutons. La question de la toilette se pose une fois de plus. Il y a bien un buisson devant la maison, mais il est trop maigre pour me protéger des regards. Heureusement, je tombe sur une femme âgée, à laquelle j'explique mon problème à grand renfort de gestes. Son visage s'éclaire, et elle me conduit aussitôt à une sorte d'alcôve réservée à la toilette des femmes ; elle m'apporte même un seau d'eau chaude !

J'attends qu'elle s'en aille pour me déshabiller, mais elle ne fait pas mine de bouger. Je finis par comprendre qu'elle tient à me dévêtir elle-même. Evidemment, cela va à l'encontre de mon désir de me savonner à fond — et sans témoin. Comme je ne peux tout de même pas la mettre à la porte, ce qui serait le comble de la grossièreté, je finis par me résigner à mon sort. Elle me lave, et me rince soigneusement avec l'eau du seau. C'est, m'explique-t-on peu après, une forme habituelle de l'hospitalité réservée aux hôtes de marque. En dépit du manque d'eau, j'aurai également le privilège de pouvoir me laver un jour sur deux dans la maison des femmes.

Celles-ci m'invitent ensuite à prendre le thé. Comme de coutume, les femmes et les enfants sont assemblés dans une seule grande pièce. Tous et toutes rivalisent pour me glisser un coussin derrière le dos. Ensuite, l'on me sert ce qui peut s'offrir de meilleur à un invité : du lait sucré. Bien que je déteste cette boisson, je souris et en prends une petite gorgée. Pendant ce temps, les femmes se font belles. L'une après l'autre, elles sortent de coffres en bois des robes de fête et du matériel de maquillage. Sans pudeur aucune, elles dénudent leur poitrine pour se maquiller. L'une d'elles est manifestement enceinte. Des gamins arrivent en criant et en se bousculant. Jusqu'à la puberté, les garçons ont accès partout. Je finis par apprendre que les femmes se font belles parce qu'elles vont à un mariage.

Je comprends que les Afghans trouvent leurs femmes adorables et excitantes. Le vêtement traditionnel éveille bien davantage la curiosité et l'imagination que dans nos pays occidentaux, où tant de choses sont offertes au regard. Les petites filles apprennent à utiliser le voile avec grâce. Elles développent très tôt une coquetterie naturelle ; des yeux brillants se révèlent à la vitesse de l'éclair avant de se cacher sous les paupières baissées ou derrière le voile. Les jeunes femmes utilisent habilement ce dernier, le tendant comme un paravent entre elles et leur interlocuteur. Inévitablement, un regard furtif est parfois entrevu. Bien que je sois une femme, ces yeux incandescents ne laissent pas de m'émouvoir. Lorsque c'est la région de la bouche qui est un instant dévoilée, c'est une vision d'une sensualité surprenante — ou parfois une cruelle déception. Il n'est pas moins grisant d'imaginer le bras caché sous la manche ample, qui prolonge une main. Beaucoup de femmes se présentent en burqa à la consultation de chirurgie, bien entendu accompagnées de leur mari ou d'un proche parent. Comme nous avons des assistants afghans, les femmes restent complètement voilées pendant les soins. Je dois avouer que je suis moi aussi curieuse de savoir ce que cache le voile ; souvent, je me surprends à l'imaginer.

Cette dissimulation du corps, tellement émouvante quand la réalité correspond à ce qu'on avait imaginé, peut également avoir des conséquences tragi-comiques. Par exemple lorsque des femmes âgées continuent à jouer à la coquette chastement voilée. Contrairement aux jeunes femmes, il ne leur est pas interdit de montrer leur visage mais, après une vie entière d'habitudes et d'obligations, elles ont du mal à renoncer à cette coquetterie. Dès qu'un inconnu approche, c'est comme si un signal d'alarme retentissait : « Attention, homme ! » Aussitôt, elles rabattent le voile et recommencent à jouer à cache-cache. Peut-être faut-il aussi y voir une certaine arrogance, d'ailleurs fort compréhensibe, à l'égard des hommes. Quant à moi, je pense parfois : « Ma pauvre vieille, qu'as-tu encore à cacher ? »

Ces mêmes vieilles femmes, semblables à des corbeaux décharnés après une dure vie de labeur, veillent jalousement à la vertu des jeunes filles. Je me suis tellement adaptée aux mœurs du pays que, aussitôt les soins terminés, je remets rapidement en place les voiles et les vêtements des jeunes femmes, de sorte qu'on ne voie pas le moindre bout de peau nue, à l'unique exception des mains. Celle qui en révèle un petit peu trop est regardée comme si elle était nue, et l'impudente est rejetée par la société. J'ai même remarqué que les hommes afghans éprouvaient un réel dégoût quand une trop grande partie du corps féminin est dénudée.

Les conceptions tellement différentes des Afghans constituent une fréquente source de problèmes pour les Européens. Un jour, l'amie d'un médecin allemand voyageait en sa compagnie dans un taxi collectif. Elle était maquillée, et le bouton du haut de son corsage était défait. Lorsque je leur fis observer qu'ici il était préférable de s'habiller de façon moins provocante, le médecin répondit qu'il n'y avait aucune raison de priver les Afghans de ce plaisir. Il se trompait du tout au tout. Aux yeux des hommes de ce pays, une tel étalage est vulgaire et indigne d'une femme qui se respecte.

L'amour physique est une prière à Allah

A notre retour à Sadda, nous apprenons que le fils d'un ami de Malik s'est marié pendant notre absence. N'ayant pu assister à la fête, à laquelle nous étions conviés, nous décidons d'aller présenter nos vœux de bonheur aux jeunes mariés. Pour éviter à cette pauvre famille de réfugiés de nous préparer un repas, nous préférons y aller sans prévenir. Un thé suffira. Nous filons dans notre limousine de luxe — une jeep antédiluvienne sans vitres — jusqu'aux misérables tentes où habite le couple. Le chef de famille nous accueille en protestant : notre visite imprévue le prive du plaisir de nous servir du poulet.

Après les effusions habituelles, on me conduit à la tente des femmes pour me présenter l'épousée. Sur un petit brasero, l'eau du thé chauffe déjà. Nadjiba, c'est son nom, est assise le dos tourné et remue les braises avec, me semble-t-il, une certaine lassitude. En se retournant, elle me jette un rapide coup d'œil, puis son visage disparaît derrière le voile brodé tout neuf. Elle a tout au plus quatorze ou quinze ans.

Le thé est servi dans des verres. La mari, Nahim, qui n'a sans doute que deux ans de plus que sa femme, vient se joindre à nous. Il me raconte qu'il a payé 40 000 roupies pour Nadjiba, qui a été amenée d'Afghanistan en voiture à cheval

— c'était compris dans le prix. Pour trouver l'argent, il est allé travailler quatre mois en Arabie Saoudite. Pauvre fille ! Je m'imagine ce qu'a dû être la vie de Nadjiba, et ce qu'elle sera. Tout, dans la triste existence qui l'attend, est réglé d'avance. Déjà, elle se comporte comme si elle était invisible, surtout en présence de son mari. C'est ainsi que doit se conduire une épouse honnête. La fumée me pique les yeux ; je ne tarde pas à rejoindre les hommes assemblés dehors.

Le jeune marié à peine sorti de l'adolescence joue le même jeu que sa femme. Assis au milieu des hommes, il baisse timidement les yeux, comme s'il avait honte, et cajole un jeune coq d'un air embarrassé. Le chef du camp, qui observe la scène, s'efforce de dissiper cette gêne. Il demande à l'époux s'il a honte quand il fait ses prières à Allah. Evidemment pas ! Mahomet, poursuit le sage directeur, a dit que l'union sexuelle des époux était pareille à une prière à Allah. Il n'y a donc aucune raison d'avoir honte ou de faire des manières ! Cette observation judicieuse est saluée par des rires joyeux. Dans les pays occidentaux, ce genre de justification est devenu inutile depuis longtemps. Ici, où la plupart des époux sont très jeunes et encore vierges (mais il existe sûrement des exceptions), ces commentaires du Prophète ont leur utilité.

Le rôle dévolu à Nadjiba est clair : elle prépare les repas et est responsable de tout le domaine qui entoure le foyer et la fontaine. Elle est aussi ce que l'on appelait jadis la « gardienne des clefs ». Tous les ustensiles ménagers, la vaisselle, etc., sont enfermés dans un coffre métallique qu'elle seule a le droit d'ouvrir. Nahim a le devoir de veiller à son bien-être matériel et de la protéger. L'homme afghan doit se marier et avoir des enfants. Il peut prendre plusieurs femmes, quatre au maximum, mais uniquement s'il est capable de pourvoir à leurs besoins à tous les égards. Je me permets de douter que ce soit souvent le cas, et je ne suis pas certaine que cela le rende plus heureux. Quoi qu'il en soit, l'homme a officiellement le droit de vivre avec plusieurs femmes ; à l'inverse, le Prophète a naturellement exclu qu'une femme puisse avoir plus d'un mari.

En Afghanistan, ce sont presque toujours les parents qui trouvent un parti pour leurs enfants. Ce sont eux aussi qui négocient le prix de la fiancée. Jusqu'à la puberté, filles et garçons sont libres de leurs mouvements ; ils jouent — ou gardent les chèvres et les moutons — ensemble. Souvent, donc, les époux se connaissent déjà, et savent s'ils s'entendront bien avec leur compagne ou compagnon de jeux de jadis. Comme les jeunes filles afghanes se marient très jeunes, souvent dès quatorze ans — comme dans le cas de Nadjiba —, elles n'ont été contraintes de porter le voile que peu de temps avant leur mariage. Le jeune homme peut ainsi rêver à son amour d'enfance. Malheureusement, la réalité n'est pas toujours aussi romantique.

Il est courant que la famille de l'homme paie un prix assez élevé pour la future mariée. Pour le dire sans détours, la jeune fille est achetée. L'idée de base, c'est que cette « dot » est gardée pour assurer la subsistance de la femme en cas de décès prématuré du mari. L'argent sert également à lui acheter des vêtements neufs et ce que nous appellerions un trousseau. Le reste de l'argent est habituellement conservé par la famille de la jeune fille. Exceptionnellement, il arrive qu'une jeune fille soit vendue à un étranger. J'ai entendu une histoire qui m'a semblé particulièrement atroce. La sœur d'un de nos aides-soignants avait été vendue par son père à un Arabe, qui n'avait séjourné que six mois en Afghanistan, où il travaillait dans une clinique arabe. Il a pris la fille, puis a regagné son pays sans l'emmener. En Afghanistan, une femme qui n'est plus vierge n'a aucune chance de se remarier. Les nombreuses veuves, souvent très jeunes, qui ont perdu leur mari à la guerre ne peuvent pas davantage recommencer une vie nouvelle. En fait, le Coran n'interdit pas le remariage des femmes, mais les coutumes afghanes sont très rigoureuses. J'ai appris que dans certains cas la veuve est « cédée » à un frère du défunt. Il arrive aussi qu'une jeune femme s'enfuie de chez son mari pour regagner la maison de ses parents — mais elle devra y rester jusqu'à la fin de ses jours.

De nombreuses jeunes filles redoutent le mariage, car cela les oblige à intégrer une autre communauté familiale. Chez elles, elles se sentaient soutenues et protégées, tandis que la famille de leur mari leur est inconnue, et qu'elles y seront placées au plus bas échelon de la hiérarchie. La jeune femme dépend entièrement du bon vouloir de sa belle-mère et du chef de famille. J'ai entendu parler de plusieurs cas où la « méchante belle-mère » insultait et battait la femme de son fils. Mais je connais aussi des femmes fières et indépendantes, qui ont plus de pouvoir que leur mari dans la maison. Il est en tout état de cause certain que de nombreuses femmes dominent moralement leur mari. N'oublions pas que l'islam dans sa version afghane exige que l'homme se consacre en premier lieu à sa famille.

Dans la société afghane, la femme non mariée n'a pratiquement aucun droit. Je ne comprends vraiment ce que cela signifie que le jour où je fais la connaissance de Sheerin. Elle a seize ans et semble très jolie, pour autant que je peux en juger sous la burqa. Mais elle n'est toujours pas mariée. Sa nervosité — elle est irritable, et soudain baignée de sueurs froides — indique une hyperthyroïdie. Je réussis à lui obtenir un rendez-vous dans un hôpital d'Islamabad, où des médecins allemands vont l'examiner. Ils pourront pratiquer les analyses nécessaires avant de prescrire un traitement approprié. Le frère de Sheerin, qui doit se rendre à Peshawar, a promis d'y emmener sa sœur ; de Peshawar, d'autres membres de la famille pourront la conduire à Islamabad. Le moment venu, rien ! Le frère s'en va à Peshawar, la sœur reste à Chak-e Vardak. Je suis outrée. Hadji Daoud fait le point de la situation : « Il est fort probable que seul le mariage améliorera l'état de santé de cette jeune fille. »

J'ai souvent l'impression que les femmes utilisent la maladie pour faire pression sur leur mari, voire comme un moyen de chantage. Il est en tout cas certain que la maladie indique une volonté de fuir, ou de nier, la réalité. En outre, de nombreuses femmes deviennent hystériques pour attirer l'attention. Comme partout, les femmes se plaignent mutuellement des multiples maux qui les affligent. C'est contagieux, et l'interlocutrice ne veut pas être en reste. Celle qui se plaint trouve toujours une oreille attentive. Une visite à la clinique constitue une diversion bienvenue ; c'est une occasion de sortir et de bavarder avec d'autres femmes.

En Afghanistan, il n'existe pas de règles strictes interdisant les unions consanguines. Les mariages entre cousins ne sont pas rares, ce qui explique le grand nombre d'enfants atteints d'anomalies physiques ou mentales. Par ailleurs, cela permet parfois des mariages d'amour, entre membres de la même famille qui se connaissent depuis l'enfance. Notre cuisinier Walli est amoureux d'une de ses cousines ; il lui a envoyé des photos de lui, que j'ai prises. Malheureusement, les parents de la jeune fille exigent un prix trop élevé, Walli ne peut pas réunir une somme pareille. Je soupçonne que c'est délibéré, car les parents de la jeune fille sont opposés à ce mariage. Le nom même de la jeune fille est pour Walli un secret, un gage d'amour caché. Aussi, quand son frère cadet nous le révèle, Walli se met-il très en colère.

Dans des circonstances analogues, j'ai pu observer un brusque changement de personnalité chez un de mes anciens élèves, nommé Tadjomahad. Il avait de fréquentes sautes d'humeur, et prenait sans discrimination un tas d'antidépresseurs — jusqu'au jour où la famille l'informa de son prochain mariage, en lui faisant un portrait détaillé de sa future épouse. Elle était non seulement belle, mais cultivée ; elle avait appris toute seule à lire et à écrire, et était de surcroît très habile de ses mains ; elle connaisait également les usages, et se montrait polie envers tous... A la perspective d'épouser cette perle rare, Tadjomahad changea du tout au tout. Il était tombé amoureux d'une description ! Il n'avait plus besoin de médicaments, et invita tous les membres du personnel à un véritable festin, avec du poulet à volonté.

Départ pour une ville fantôme

Voilà plusieurs mois déjà que je suis en mission itinérante en Afghanistan. Lors d'un passage au camp de réfugiés de Sadda, je reçois un ordre de mission venu de mes supérieurs de Peshawar : je dois me rendre sans tarder à Khost, dans la province de Paktya, pour m'occuper d'un hôpital allemand inutilisé depuis l'époque soviétique. Nous savons que Khost, qui n'a été prise par les moudjahidin que quelques jours auparavant, a été le théâtre de durs combats. La perte de cette ville est la première défaite majeure du régime de Kaboul. Khost avait la réputation d'être une « Moscou miniature ». Sans doute pour des raisons tactiques, les nouveaux maîtres de la ville souhaitent redonner vie à l'hôpital.

Le ramadan tire à sa fin. Dans quelques jours commenceront les fêtes de l'Eit, qui sont aussi importantes pour le musulman que Noël l'est pour nous — en partie sans doute parce qu'elles marquent la fin de la période d'abstinence du ramadan. La nouvelle de notre départ suscite une vive consternation car aucun Afghan ne veut manquer ces réjouissances familiales. J'éprouve moi aussi une certaine réticence, car je sais que ce sera très dur. Finalement, la curiosité l'emporte. Je veux voir de plus près la « petite Moscou ».

Il faut absolument arriver le soir même à Khost. Comme notre unique véhicule est la jeep brinquebalante, dont l'une des portières arrière ne tient que grâce à de la ficelle, nous ne pouvons pas emporter grand-chose. A la hâte, nous emballons un minimum de médicaments et de pansements. Couvertures et sacs de couchage emplissent l'espace restant. A onze heures du matin, nous partons de Sadda. A l'arrière est assis le directeur du camp. Il déteste porter le pakol, le bonnet traditionnel. On l'a forcé à en mettre un, ainsi qu'un patu par-dessus son blouson matelassé. Ce déguisement le fait paraître comique. Les deux aides-soignants Sheikh et Salmi s'installent à côté de lui. J'ai droit à la meilleure place, à côté du chauffeur. Pour ne pas attirer l'attention, je suis vite allée acheter au bazar de Sadda une longue cape brodée de fils d'or. Pareille à une aventurière chevronnée, je suis prête à tout.

Au bout d'une heure de route, nous atteignons, toujours dans la zone tribale, un grand camp de réfugiés, où nous affrêtons un pick-up pour l'escorte armée chargée de nous protéger. Au bord de la route, il y a d'énormes tas de ferraille : ce sont des douilles de projectiles divers, des débris de missiles et de grenades. Après avoir traversé un morne no man's land, le paysage devient plus verdoyant ; il y a même quelques arbres. Toutes les habitations que nous voyons ont été bombardées ; des tours de guet penchées dominent tristement les ruines. Avant la guerre, des coopérants allemands avaient organisé dans la région des programmes de reboisement et de mise en valeur des terres. L'ingénieur Warres, qui nous accompagne depuis le camp de réfugiés pour nous permettre de franchir les contrôles et nous introduire auprès du commandant de Khost, nous montre des sortes de radeaux qui transportaient jadis marchandises et véhicules jusqu'à la rive opposée de la rivière. Maintenant, tous les embarcadères sont détruits.

Il s'est mis à pleuvoir. Trempés et frissonnants, nous nous arrêtons devant une barrière de barbelés. L'ingénieur Warres, qui est très pâle et se plaint de maux de tête, disparaît en direction des collines. Après une longue attente, nous sommes autorisés à le suivre avec la jeep. Nous arrivons à un poste de moudjahidin soigneusement camouflé. Après les présentations et les palabres habituels, un petit officier rondelet monte avec nous pour nous faire passer le poste de contrôle suivant. Cette chaîne ininterrompue de personnes de confiance a pour objet d'éviter l'infiltration d'agents ennemis.

Au crépuscule, nous faisons halte au bord d'une rivière. Après la toilette rituelle et la prière, le jeûne peut être rompu. Les moudjahidin ont apporté des pots de confiture pour accompagner le pain. Les hommes se jettent sur la nourriture et engouffrent tout ce qu'ils peuvent attraper. Dans la mêlée, ils m'ont oubliée. Une fois de plus, j'ai été traitée comme quantité négligeable parce que je suis une femme ! Même les membres de mon équipe ne se soucient guère que je mange ou pas. Peut-être leur égoïsme s'explique-t-il par le fait qu'ils n'ont rien mangé ni bu depuis quatre heures du matin. Je me décide finalement à fendre leur cercle et m'empare d'un morceau de galette que je trempe dans un des pots de confiture. L'ingénieur Warres va de plus en plus mal ; à cause du ramadan, il n'a pas pris ses comprimés. Il vomit tout ce qu'il mange et donc ne peut garder ses médicaments. En réalité, le Coran n'interdit pas aux malades de prendre des médicaments, ni de manger et de boire quand ils sont en voyage. Mais les gens d'ici sont d'une obstination incroyable. Ils sont durs envers eux-mêmes, et veulent le prouver aux autres. Ils ont également peur de se voir reprocher leur faiblesse s'ils sont incapables de se maîtriser.

Dans l'obscurité totale, nous atteignons notre destination provisoire, le nouvel aéroport de Khost. Des moudjahidin nous indiquent un coin de l'immense salle de garnison. Warres nous présente au commandant responsable. Après les grands discours habituels et des échanges de promesses et de serments, un repas est servi. Nous nous asseyons en cercle autour de nappes trouées posées à même le sol. Des coussins en loques assurent notre confort. Le thé est trouble, et ce n'est pas seulement l'effet de l'éclairage déficient. L'ingénieur se précipite vers une fenêtre pour vomir une fois de plus. En revenant, il nous annonce qu'il doit regagner le camp avec ses accompagnateurs : des tâches urgentes l'y attendent. « Tire-au-flanc », me dis-je. Après nous avoir assuré qu'il ferait tout pour nous aider, et m'avoir souhaité un séjour agréable et fructueux, il prend congé. Le directeur de notre camp tire lui aussi son épingle du jeu, en déclarant qu'il veut profiter du véhicule pour aller faire son rapport à Peshawar. Cela fait donc deux déserteurs...

Lorsqu'ils ont disparu dans la nuit, notre petit groupe — mes deux gardes du corps, les aides-soignants Sheikh et Salmei, et moi — gagnons la chambre qui nous a été attribuée. Nous examinons les lieux avec circonspection : deux sommiers douteux, de la poussière et des détritus partout. Heureusement que nous avons amené couvertures et sacs de couchage. Salmei s'installe par terre : il est encore jeune, dit-il pour justifier son choix. Comme il fallait s'y attendre, il n'y a rien pour se laver. Et il fait trop froid pour songer à dormir. Sheikh respire bruyamment à cause d'une pneumonie pas vraiment guérie. Enroulé dans son patu, Salmei ressemble à une momie. Pleinement éveillée, je me tourne en tous sens sur le sommier instable. Puis j'entends un bruit rythmique de cognée, sans doute quelqu'un qui fend du bois, puis des tintements de verres. On prépare le repas nocturne du ramadan. J'attends que l'on vienne chercher mes compagnons pour manger, mais ne vois personne venir.

J'ai dû m'endormir, car je suis réveillée par l'appel du matin, « *Allah Akbar*, Dieu est grand », après lequel le jeûne commence. Je réveille Salmei et Sheikh pour la toilette et la prière du matin. En fait, les moudjahidin les avaient oubliés ; ils n'ont donc rien mangé, et devront rester à jeun jusqu'au soir. L'eau est tellement sale que je ne peux même pas me faire du thé. Vers onze heures, on apporte de l'eau puisée à une source des environs. Je peux enfin boire quelque chose de chaud pour soigner le rhume que j'ai attrapé dans la jeep ouverte à tous les vents.

Le spectacle qui s'offre à nos yeux n'est pas très réjouissant. Le « nouvel » aéroport est criblé d'impacts de balles et d'obus, les bâtiments sont à moitié en ruine. Des éclats de verre ou de métal et des guenilles jonchent le sol. Sur les pistes défoncées, des avions militaires et de transport sont immobilisés à jamais. Sheikh fouille dans des carcasses de voitures, à la recherche de pièces pour réparer notre jeep à bout de souffle. C'est un champion de l'improvisation et du bricolage. Quelque temps après, je le vois, aidé par Salmei, renforcer un essieu de la jeep avec quelques bouts de métal.

Ensuite commence le jeu exténuant de la *shura*. On appelle ainsi l'assemblée des autorités locales ; c'est un peu l'équivalent de nos conseils municipaux. Les patriarches, commandants locaux et chefs religieux sont convoqués pour régler des différends familiaux, donner des autorisations, etc. Une première shura réunie à l'aéroport nous autorise à rester provisoirement dans notre trou de rats. Ensuite, la shura de Khost délibère pour nous donner la permission de commencer notre travail à l'hôpital.

Entre-temps, j'ai tout de même réussi à me laver au moins le visage avec de l'eau de pluie et à me vaporiser un peu de parfum. S'il faut sombrer, faisons-le avec style ! Des draps grisâtres, lavés de frais à Sadda, me procurent une vague sensation de propreté quand je me couche en grelottant dans mes vêtements imprégnés de sueur et couverts de poussière. Par la fenêtre, j'observe les hommes qui gardent l'aéroport. La plupart des soldats sont des enfants, à la solde d'un parti ou d'une faction. Pour 1 000 roupies par mois (environ 300 francs de l'époque), ils risquent leur vie. Ils n'ont guère d'autre possibilité de gagner un peu d'argent pour faire vivre leur famille. Des adolescents de quinze ou seize ans qui brandissent des kalachnikovs, la cartouchière passée autour du costume pachtoun trop ample pour leurs corps amaigris. Les pieds, sans chaussettes, flottent dans des sandales en plastique de pacotille.

En début d'après-midi, nous obtenons l'autorisation de gagner la ville de Khost. Dès que la jeep est prête à démarrer, nous emmenons les deux très jeunes soldats qui nous ont été assignés. Nous traversons d'abord une large « ceinture verte » ; des champs cultivés montrent que l'agriculture continue à fonctionner. Pourtant, les maisons, bien qu'elles paraissent peu endommagées, sont abandonnées. Sheikh crache avec mépris : « C'est la faute aux communistes. » Quant à moi, je me demande qui fera la moisson. Au fur et à mesure que nous approchons du centre, les destructions sont plus visibles. La ville, qui a dû être fort belle, semble vidée de tous ses habitants. Les robustes constructions en pierre criblées d'impacts ressemblent à des cavernes inhabitées. Le bazar totalement dévasté présente un spectacle sinistre. Disparues, les innombrables boutiques et éventaires qui nous paraissent tellement pittoresques, ainsi que l'agitation fébrile des marchés orientaux. Il ne reste plus que débris de bois et de verre, chiffons et ordures. Tout ce qui était utilisable a été emporté par les fugitifs ou pillé par la suite.

Surtout pillé, sans doute, car les habitants ont fui précipitamment, bien heureux d'échapper à la mort. Nos deux jeunes protecteurs nous demandent soudain de faire marche arrière : ils veulent nous montrer quelque chose. Une vision de cauchemar s'offre à nos yeux : un tronc de soldat sans tête, vêtu de restes d'uniforme déchiqueté, est étendu en travers du trottoir. Après un bref coup d'œil, je détourne la tête ; je ne recherche pas ce genre de sensation, et je ne veux pas davantage photographier un tel spectacle — bien que je sache que cela fait partie de la réalité de la guerre. Mais je ne tiens pas à voir cette réalité dans toute son horreur. Je suis parfaitement consciente que c'est par lâcheté que je m'y refuse. Mais dans ce cas, pourquoi suis-je allée dans un pays en guerre pour exercer mon métier d'infirmière ? J'aurais fort bien pu rester en Allemagne, loin de toutes ces abominations.

Nous repartons. Dans le centre, il y a de larges avenues, de magnifiques allées de vieux arbres. J'aperçois un cinéma, une grande banque, d'énormes blindés immobilisés, aux tôles tordues. En dehors des moudjahidin qui occupent les immeubles ou parcourent les rues dans leurs pick-ups, il n'y a pas âme qui vive. Les « combattants de la liberté » nous regardent avec stupéfaction. Il y a de quoi ! Une femme, étrangère de surcroît, accompagnée de deux hommes qui sont probablement les seuls civils à la ronde. C'est à mon tour d'être arrogante : je les fixe comme s'ils étaient transparents. Je ne connais que trop bien le comportement inverse. Pourtant, leurs regards ne sont ni menaçants ni hostiles. Ni même méprisants. Je finis par me sentir à l'aise avec les hommes de mon escorte. Enfin, nous arrivons à l'hôpital.

4

Nostalgie — et un ami borgne

Je ne cacherai pas que je suis émue à l'idée que cet hôpital a été construit et équipé par des compatriotes. Notre mission consiste à lui redonner vie, de nouveau avec des cadres allemands. Au travail !

Après avoir brièvement expliqué la raison de notre présence, nous pouvons visiter les bâtiments. Dans le hall d'entrée, des moudjahidin sont assis par petits groupes. Ils nous regardent passer avec ébahissement. La construction est robuste, les matériaux sont de bonne qualité. Il y a l'eau courante, un éclairage électrique bien conçu, des prises de courant partout ; nous découvrons même des climatiseurs. Les chambres sont grandes, le revêtement de sol est parfaitement droit, ce qui est rare. Le principal bloc opératoire est entièrement carrelé, et équipé de bons stérilisateurs. Un important laboratoire et une salle de radiographie facilitent certainement le diagnostic. Le plafond des couloirs et des bureaux est lambrissé. Evidemment, des tirs de mortiers ont percé le toit et les plafonds en plusieurs endroits, laissant passer la pluie. Sur les flaques, surnagent des déchets divers, mais aussi des objets utilisables, tels que des boîtes en aluminium ou en plastique aux couvercles diversement colorés. Certains instruments indiquent que l'équipement de l'hôpital était de haute qualité. Dans le jardin, deux Afghans font la cuisine ; je remarque qu'ils sont chaussés de bottes de chirurgien vertes et rouges de fabrication récente.

L'aile qui abrite les logements du personnel a une entrée séparée. L'ensemble est entouré d'un jardin qui était certainement très soigné, presque un parc. De vieux mûriers aux troncs noueux répandent une ombre bienfaisante. Il ne fait pas de doute que ce bâtiment mérite d'être remis en état pour accueillir à nouveau des malades. Je suis presque euphorique, bien que je n'ignore pas quelle masse de travail cela exigera. Dans mon exaltation, je ne doute pas que l'Allemagne versera les subventions indispensables. Je suis fermement décidée à faire le nécessaire pour que cet hôpital puisse rouvrir.

Après ce rapide tour des lieux, nous allons visiter un hôpital militaire. La différence est frappante. Partout, des montagnes de détritus, et presque pas de médicaments. Comme ils ont besoin d'argent, les moudjahidin vendent n'importe quoi, y compris les médicaments, qu'ils soient encore utilisables ou périmés depuis longtemps. Tout trouve preneur. Bien que l'Afghanistan ait un besoin urgent de médicaments, ceux-ci sont cédés à vil prix au Pakistan, et, en cas d'urgence absolue, rachetés à un prix excessif. C'est une véritable catastrophe sanitaire.

De retour à l'aéroport, notre *home* provisoire, nous regardons les moudjahidin préparer le repas. Ils ont allumé un feu dans un gros bidon retourné ; sur le fond chauffé par les flammes, ils font cuire de grandes et minces galettes, qui semblent délicieusement croustillantes. Je vais vite m'en chercher une pour le lendemain : comme c'est toujours le ramadan, il n'y aura rien à manger de toute la journée. En même temps, un autre moudjahidin fait cuire du riz et des lentilles à l'intérieur du bidon par une ouverture pratiquée sur le côté. Comme toujours, les casseroles n'ont pas de couvercle, ce qui fait que les plats sont pleins de cendres, et aussi d'eau par temps de pluie.

Un jeune moudjahid arrive en courant avec une botte de petits oignons. Il est simplement allé se servir dans un jardin abandonné par ses propriétaires. Un autre combattant de la liberté, assis à même le sol en béton, démonte patiemment une montre, puis étale soigneusement les innombrables petites pièces sur un bout de tissu. Veut-il essayer de la remonter, s'il en est capable, ou bien se contentera-t-il d'étudier les pièces pour quelque raison mystérieuse ? La plupart des Afghans sont très habiles de leurs mains.

Je fais aussi la connaissance d'un jeune homme qui, fait inhabituel, a des gestes plutôt maladroits. Je finis par réaliser qu'il n'y voit que d'un œil. Il met alternativement un turban rose ou bleu roi, puis se regarde avec satisfaction dans un minuscule miroir de poche — avec force contorsions, car ce n'est pas très facile quand on n'a qu'un œil. On me dit que c'est un gradé, quelque chose comme un commandant.

Enfin, le dîner est prêt. Mes deux compagnons, très attentionnés, exigent que l'on me donne une assiette et une cuiller propres, rien que pour moi. Un bout de papier hygiénique sort comme par magie d'une poche : la serviette de table idéale. Je peux donc manger avec style, « comme au restaurant ».

A mon habitude, je vais me coucher tôt. Mes deux collaborateurs restent encore un moment pour bavarder avec les autres. Soudain, la porte de la chambre s'ouvre ; quelques moudjahidin assez âgés se précipitent à l'intérieur et s'assoient sur les deux lits vacants. Je me rhabille en toute hâte, me coiffe d'un bonnet et jette un patu sur mes épaules. J'appelle au secours Salmei et Sheikh. Renseignements pris, ce n'était que des commandants qui voulaient faire un brin de causette au calme. L'un d'eux m'assure qu'il interviendra en notre faveur à la shura — sans doute espère-t-il obtenir des médicaments en échange de ce petit service. Au terme de longs conciliabules et de compliments excessifs, ils se retirent en maugréant, et le calme revient.

De nouveau, impossible de dormir. Je guette les bruits de la nuit. Au bout d'un moment, je me lève pour voir où en sont les préparatifs du repas. Le thé est prêt. Prévoyante comme toujours, je demande qu'on me remplisse une thermos de thé, et une autre d'eau chaude. Le soldat de garde chante des airs mélancoliques ; il a une belle voix. Je vais réveiller Sheikh et Salmei pour qu'ils fassent leurs ablutions et participent au repas. Il est quatre heures du matin. Mon rhume a empiré, j'ai la fièvre. Quand ils reviennent se coucher, je décide de me lever pour de bon, et vais dans un gigantesque hall en ruine pour me laver avec l'eau chaude de la thermos. A cette heure, je suis presque certaine que personne ne m'épiera.

Entre-temps, la relève de la garde a dû avoir lieu : devant notre chambre est maintenant installé un moudjahid aux traits asiatiques. Il a démonté son fusil pour nettoyer et huiler soigneusement toutes les pièces. Ces jeunes gars se sont habitués à ma présence, et me considèrent avec une certaine sympathie. Mon ami le commandant borgne s'occupe de moi avec sollicitude, et ne manque jamais une occasion de se mettre en valeur. Mes deux fidèles compagnons se lèvent à leur tour et commencent à faire un brin de toilette, en partie parce qu'ils doivent assister à la shura qui se réunit ce matin, en partie parce que nous avons décidé de regagner Sadda aussitôt après, car la grande fête débute dans deux jours.

Il est certain que pour le moment nous ne pouvons ni travailler ni même loger à l'hôpital. Nous ne faisons que traîner oisivement à l'aéroport. Dans ces conditions, pourquoi ne pas permettre à nos collaborateurs afghans de passer les fêtes en famille ; ensuite, nous reviendrons ici, mieux préparés. Cette solution me paraît la meilleure. Ravis d'avoir obtenu cette « permission », Sheikh et Salmei, emplis d'enthousiasme, se repassent rasoir et ciseaux pour tailler leur barbe. Ils n'avaient même pas emporté de vêtements de rechange, comme s'ils avaient pressenti que je n'aurais pas la cruauté de les empêcher de rentrer chez eux. Armé d'un minuscule chiffon imbibé d'eau, Salmei ôte les projections de boue qui ont sali son blouson. Ils sont également passés maîtres dans cet art. Tous deux ont l'air impeccable. Nul ne se douterait qu'ils ont porté ces habits jour et nuit pendant près d'une semaine, dans la poussière et la boue.

Quand ils ont terminé, Salmei et Sheikh vont participer à la shura. Je leur ai donné des instructions très précises. Nous nous comprenons remarquablement bien, compte tenu qu'à eux deux ils ne connaissent guère qu'une vingtaine de mots d'anglais. Bien que l'un et l'autre soient des hommes mûrs, ils me considèrent comme leur chef et n'entreprennent rien sans me consulter.

Ils reviennent vers midi et m'annoncent, radieux, que l'avis de la shura est favorable. Nous sommes officiellement autorisés à remettre sur pied l'hôpital allemand. Le charmant et beau Salmei me regarde avec fierté et demande si je suis « *happy* ». Mais les plus heureux, ce sont sûrement lui et Sheikh, qui vont bientôt revoir leurs femmes et leurs familles bien-aimées.

En route pour Sadda ! A toute vitesse, je range mes affaires dans ma valise en métal. Salmei fait cadeau des médicaments qui restent au moudjahid borgne, qui s'est une fois de plus fait beau. Le moment des adieux est venu. La plupart des visages des jeunes hommes expriment la tristesse. Seuls trois d'entre eux ont le regard brillant. Ils ont obtenu une permission, et vont profiter de notre véhicule pour retrouver leurs proches dans un camp de réfugiés proche de Sadda. Notre groupe élargi part joyeusement. La bonne humeur reste de rigueur lorsque, peu après, nous nous enlisons dans une épaisse couche de boue. Heureusement, nos compagnons de voyage sont vigoureux. Trois heures durant, nous essayons de tirer, de pousser, de soulever la jeep, de mettre des pierres sous les roues... En vain : les pneus sont tellement lisses qu'ils ne font que tourner sur place en projetant de la terre et du gravier en tous sens. Nous sommes couverts de boue, mais nous ne renonçons pas.

Un de nos collaborateurs, qui connaît un peu la région, va chercher de l'aide. Effectivement, un pick-up arrive peu après pour nous tirer de là. Autrement, nous n'y serions jamais arrivés ; faisant rugir son moteur, le pick-up parvient de justesse à dégager la jeep de l'ornière. Il se fait tard. J'essaie de protéger ma tête douloureuse des courants d'air en m'enveloppant d'un épais patu ; il me dissimule également aux gardes-frontière pakistanais.

Epuisés mais heureux, nous retrouvons la paisible Sadda. Walli, le cuisinier, nous a préparé un copieux repas : pommes de terre et boulettes de viande appelées *köfte*. Je claque des dents de fièvre et de froid. Des mains serviables bordent mes couvertures et allument le poêle à pétrole.

L'équipe de l'hôpital

Dans le calme de ces jours de fête, l'équipe de Khost se constitue peu à peu : Max, chargé de diriger l'hôpital ; le Dr Dietrich, qui sera notre chirurgien ; un globe-trotter du nom de Michael ; Paul, cadre d'une autre organisation humanitaire ; les cuisiniers Malang et Nurasan ; et les aides-ménagers Bismela et Iqbal, sans oublier bien sûr Sheikh et Salmei, qui m'accompagnent de nouveau.

Mes propositions détaillées ont été acceptées. Une ambulance réformée de la Bundeswehr est chargée de matériel divers, notamment de réservoirs d'eau. Sur la route de Sadda, le moteur de cette monstruosité commence à prendre feu ; il faudra le réparer. En attendant, Paul emmène les autres étrangers dans sa voiture, en vue d'engager les indispensables pourparlers avec le commandant de Khost. Max ne peut pas s'en charger car il a dû renvoyer à Peshawar son coordinateur, l'ingénieur Shuwali, pour manquement grave à la discipline. Le pick-up ne pourra donc m'amener à Khost, ainsi que Michael, la literie et les bagages, que quand il sera revenu de Peshawar.

Après un solide petit déjeuner avec omelette, l'avant-garde part comme prévu. Peu après, nous voyons déjà revenir le pick-up de Max. Le chauffeur nous annonce qu'il a rencontré Paul en route. Ce dernier va nous attendre pour que nous allions tous ensemble à Khost. Tout le monde s'affaire : nous avions préparé les bagages et le matériel : le pick-up est chargé en quelques minutes. Il ne manque plus que les *dudjak,* les nattes pour dormir. Nous les fixons tant bien que mal par-dessus le reste du chargement. En route, les nattes seront naturellement couvertes de poussière. Max ne tolère pas cette négligence ; en bon mathématicien qu'il est, il aime l'ordre et la logique.

Pour apaiser Max, nos amis afghans apportent une sorte de bâche crasseuse. Comme c'était prévisible, cela ne fait qu'aggraver la situation. La patience de Max est à bout. Il devient livide de rage, hurle des imprécations et gesticule en tapant du pied. Nous ne comprenons pas cette explosion de colère. Il est clair depuis longtemps que nous partirons ainsi, sans même mettre la bâche.

A bord du pick-up, tout le monde est silencieux et tendu. A Alizay, Max se hâte de monter dans la jeep qui nous attendait. Aussitôt, l'ambiance redevient normale. Sans même être escortés par des moudjahidin, nous arrivons sans encombre à l'hôpital de Khost. Dans le hall d'entrée, des chaises ont été disposées à notre intention. Dès que notre équipe au grand complet s'y est installée, un Afghan de petite taille — le « commandant » de la clinique, comme nous ne tarderons pas à l'apprendre — entre en coup de vent et passe entre les rangs en agitant une sorte de bâton, comme un maître de cérémonie. Cela fait, il s'installe sur un haut fauteuil et déverse un torrent de paroles, avant de nous poser un tas de questions ; il parle très vite, en détachant nettement les syllabes. Les réponses semblent le satisfaire. Toujours est-il qu'on me demande de l'accompagner pour aller choisir nos logements. Je me hâte d'emboîter le pas à cet acteur manqué.

Je me retrouve donc seule — pas vraiment seule, en fait, on ne l'est jamais en Afghanistan, mais nous ne sommes accompagnés que de deux moudjahidin — avec le petit commandant, qui m'emmène à l'annexe de l'hôpital. Le bâtiment, qui a déjà servi à loger le personnel, dispose d'une entrée séparée et d'une cour pour garer les voitures. L'arrière donne sur un jardin qui a dû être beau jadis. Le jeune commandant mobilise tout son charme, qui est impressionnant. Il me précède ; ses gestes à la fois puissants et souples sont d'une grande élégance. En d'autres temps, en d'autres lieux, il aurait pu devenir danseur. Il a renoncé à ses gestes théâtraux, et nous discutons de détails matériels.

Mes compatriotes sont allés visiter la ville. Je reste avec mes fidèles assistants pour installer nos quartiers. Plusieurs d'entre nous devront passer la première nuit en plein air, car les chambres sont imprégnées d'une écœurante odeur de moisi. Nous ne parvenons à nettoyer à peu près qu'une seule pièce, ainsi que le couloir central. Nos collaborateurs afghans pourront y installer leur literie sur une grande bâche en plastique. Pour les étrangers, je ramène de l'hôpital quelques lits en bon état, que je fais disposer sur le perron ; mon lit sera installé de l'autre côté du bâtiment, décision que je regretterai amèrement par la suite.

Cela fait, je charge ma petite équipe d'assistants de nettoyer la partie du jardin qui se trouve dans notre champ de vision. Il est encombré de loques et d'ordures, des uniformes déchiquetés et autres guenilles pendent aux branches des arbres. Il m'est intolérable d'avoir sous les yeux ces vestiges de la guerre, avec les images qui leur sont associées. J'aperçois même quelques restes de corps humains. Je n'ai pas le courage d'y regarder de plus près, mais la simple idée de dormir à côté de cadavres me révulse. Je ne me calme que quand tout a été enlevé.

A la nuit tombante, nous nous installons pour dîner sur le sol lavé au balai-brosse. Un sac en plastique fait office de nappe, des mouchoirs brodés de motifs floraux servent autant d'éléments décoratifs que de serviettes. Heureusement, nous avions apporté du bœuf salé et du poulet rôti, ainsi que des galettes. Les excursionnistes arrivent à leur tour ; nous nous asseyons tous par terre. Une bougie en cire (j'en avais gardé quelques-unes, rapportées d'Allemagne) nous éclaire parcimonieusement. Le jardin se perd dans l'obscurité. Un moment, l'atmosphère devient presque romantique.

Nous avons presque fini de manger, lorsque « notre »

commandant apparaît, en compagnie de plusieurs moudjahidin. Se transformant instantanément en serveurs stylés, ces derniers disposent devant nous des plats de riz et de légumes. Le commandant est décidément un amphytrion accompli. Il s'excuse de ne pouvoir nous servir du poulet, le mets de choix par excellence. Raffah, tel est son nom, tente ensuite de nous persuader qu'il est mauvais que nous n'ayons pas de vraies chambres à notre disposition, et nous prie d'accepter son hospitalité. En vain, nous préférons rester dans notre jardin paradisiaque !

Nous buvons encore un peu de thé, et goûtons par politesse aux plats qu'on nous a apportés bien que nous soyons rassasiés depuis longtemps, puis prenons congé pour la nuit. Je disparais derrière le bâtiment, rêvant d'un vaste ciel étoilé et d'un air pur et transparent. Comme si souvent, la réalité est bien différente. Le ciel est couvert, la nuit est impénétrable. Enfant, je n'avais pas peur de l'obscurité. Mais ce soir, mon imagination ne me laisse pas en paix. Les images entrevues dans les rues de Khost sont encore trop présentes. Le moindre bruit devient une menace, y compris le murmure du vent dans les branches. Le bruissement du feuillage n'exprime que souffrance, peur et désespoir. Les branches grincent et soupirent de douleur. L'odeur douceâtre de la mort est restée dans mes narines. Je suis complètement éveillée. Chaque fruit qui tombe devient une détonation, le moindre grincement se transforme en rafale de kalachnikov. Un rien me fait sursauter. Je guette le danger. Par où vont-ils arriver ? Comment vont-ils attaquer ? Tous mes sens sont alertés.

Un chuchotement soudain fait battre mon cœur. Heureusement, ce n'est que Sheikh. Il vient m'annoncer que l'ambulance arrive. Peu après, le lourd véhicule manœuvre bruyamment pour entrer dans la cour. Je vais souhaiter la bienvenue aux passagers. La présence de toutes ces personnes familières me rassure. Dès qu'ils ont trouvé un coin pour dormir, je regagne mon lit, mais le sommeil me fuit toujours. En plus, il commence à pleuvoir. Bientôt, c'est une véritable averse, dont l'avant-toit ne suffit pas à me protéger. Je contourne le bâtiment en courant sous la pluie. Tous dorment paisiblement ; je réveille le premier venu pour qu'il m'aide à porter mon lit à l'intérieur. C'est Paul, qui s'est déjà réfugié dans le couloir depuis un moment. Avec l'aide de Bismela, nous mettons le lit au sec. Dans mes vêtements mouillés, je me glisse sous les couvertures humides. Au bout d'un moment, je décide d'utiliser l'eau tiède qui reste dans la thermos (je l'avais remplie à Sadda) pour me faire un café. J'espère que cela m'éclaircira les idées.

Paul, lui non plus, n'arrive pas à dormir. Il se lève pour de bon, et commence à préparer son petit déjeuner. Egoïste comme tant de vieux garçons (c'est un célibataire endurci), il ne pense pas aux autres. Il m'explique que pour lui le petit déjeuner est le repas le plus important de la journée. En le regardant faire, ma tasse de café à la main, je le crois volontiers. Paul déballe des biscuits et des œufs durs. Il me propose tout de même de me servir. Je commence à éplucher un œuf dur, mais cela me gêne de manger des extras de ce genre en présence des Afghans. Dans une communauté comme la nôtre, cela ne se fait pas. Peu après, un messager vient nous annoncer que nous sommes invités à prendre le petit déjeuner chez le commandant. Fatiguée, pas lavée, le regard trouble, je prends tout comme cela vient.

Une vingtaine de moudjahidin sont assemblés dans une grande salle. Selon la coutume afghane, je m'assieds à la place d'honneur, au milieu du tissu étalé par terre. Les autres prennent place autour de moi, chacun selon son rang. Le reste de notre équipe ne tarde pas à nous rejoindre. En notre honneur, la galette de pain est accompagnée d'une substance sucrée et visqueuse.

Après le petit déjeuner, Max et le Dr Dietrich nous faussent compagnie ; ils doivent rencontrer plusieurs chefs militaires, et veulent en profiter pour mieux voir la ville. Ceux qui restent se remettent au travail. Il faut absolument rendre les lieux à peu près habitables ; je me refuse à passer une nouvelle nuit en plein air. Le cuisinier Malang et son assistant Nurasan sont arrivés ; notre équipe est donc au complet. Ils ont fait des miracles ; un ragoût de pommes de terre et de légumes est prêt pour le déjeuner.

Ayant terminé leur inspection, les cadres allemands retournent à Peshawar. J'ai l'impression qu'ils sont un peu gênés de me laisser seule ici. Mais je suis prête. Un plan de réorganisation de la clinique prend forme dans mon esprit. Malang, Nurasan, Salmei, Sheikh, Bismela et Iqbal sont là pour m'épauler. Notre coordinateur Abdullah Daulat va poursuivre les négociations avec les chefs militaires ; pour le moment du moins, en tant que femme, je ne suis pas une interlocutrice valable. Michael, le globe-trotter suisse, reste encore quelques jours.

Problèmes tribaux

Il a fallu littéralement contraindre Abdullah Daulat à rester à Khost. Il appartient au clan des Tani, établi dans la province de Paktya. Les Tani ont la réputation d'être de beaux parleurs ; plus d'un se serait laissé prendre à leur force de persuasion. Il s'ensuit que de nombreux Afghans se méfient des Tani. Il y a trente ans, Abdullah Daulat avait fait des études au collège technique allemand de Khost ; en principe, s'il n'a pas tout oublié, il parle donc un peu l'allemand et l'anglais. De nombreux membres de son ethnie, ainsi que lui-même, avaient participé à des affrontements armés, et sans doute joué un rôle dans les événements de Khost. Toujours est-il qu'il se refuse énergiquement à rester ici, car il a peur d'être assassiné. Mais nous faisons peu de cas des craintes d'Abdullah Daulat, et lui demandons expressément d'aller voir le général Hakani, qui devra lui confirmer officiellement que l'hôpital est confié à notre comité. L'entretien se déroule à notre entière satisfaction.

Hakani fait parti des « fondamentalistes modérés », et reçoit de l'argent d'Arabie Saoudite. Apparemment, c'est surtout grâce à lui que Khost a pu être prise ; en conséquence, ses hommes occupent la majeure partie de la ville. À Sadda, les gens disent que c'est un homme bon — un homme apte à mener le *djihad*, la guerre sainte. Je ne saurais en juger ; il me suffit de savoir qu'une de ses stratégies consiste à autoriser les Allemands à travailler à l'hôpital. Pour des raisons tactiques, il encourage également d'autres organisations, notamment la Croix-Rouge, à s'établir à Khost ; ainsi, le gouvernement de Kaboul cessera sans doute de bombarder la ville. Dès qu'Abdullah Daulat a obtenu l'engagement écrit de Hakani, il s'empresse de me le remettre pour pouvoir regagner Peshawar. Ne voyant aucune raison pressante de le garder à Khost et supposant que tout est en règle, je ne m'y oppose pas. Je réaliserai plus tard que c'était une erreur.

Sheikh, qui est depuis deux ans mon protecteur attitré, appartient au clan des Mangal, également établi dans la province de Paktya. Le commandant de l'hôpital, ainsi que ses deux frères qui lui servent de gardes du corps, sont également des Mangal. Sheikh constitue donc un intermédiaire précieux, ne serait-ce que pour éclairer ses compatriotes sur mes fonctions précises. On dit beaucoup de mal des Mangal, qui seraient « capables de vendre leur propre grand-mère », ce qui n'est bien entendu qu'une image. A en croire la rumeur, ils seraient rusés, sournois et malhonnêtes. Sheikh est sans doute une exception. Il ne détournerait jamais le moindre sou.

Il n'en va pas de même du commandant Raffah, le charmant danseur étoile. Les autres commandants mangal font eux aussi honneur à leur réputation. Un beau jour, il leur vient l'idée de nous vendre l'hôpital, matériel compris. Ils nous font comprendre que si nous ne sommes pas d'accord, ils n'auront plus besoin de nos services. Nous leur montrons le document signé par le général Hakani ; en vain : il n'a aucune valeur, prétendent-ils. Il est en tout cas certain que divers objets ont disparu depuis notre première visite. Il manque notamment un microscope, des tabourets de salle d'opération en parfait état, et des récipients en aluminium. Abdullah Daulat a également repéré dans un cantonnement de moudjahidin du mobilier appartenant à l'hôpital, en particulier des lits.

Salmei fait partie du clan des Geogi. Il a été envoyé à Khost parce qu'il n'est affilié à aucun parti. Dès le début de la guerre, il a gagné le Pakistan et s'est installé, comme la plupart des réfugiés, dans un des camps établis près de la frontière. Hadji Daoud, mon fidèle assistant et interprète lorsque je formais des secouristes en Afghanistan, appartient au même clan. Les Geogi sont droits et intègres ; ils prennent très au sérieux les règles de leur religion et le code d'honneur qui en est inséparable. Je sais par expérience que je peux compter sur eux en toute circonstance. L'aide-cuisinier Nurasan, lui, vient du Hazarajat. Les Hazara descendent des Mongols, comme en témoigne leur type physique. Les Pachtoun, qui constituent l'ethnie la plus nombreuse du pays, les considèrent comme des inférieurs. Je ne partage pas ce préjugé. J'ai toujours trouvé les Hazara amicaux, polis et très propres.

Il existe en Afghanistan de nombreux nomades, appelés Koutchi. Ils parcourent le pays avec leurs troupeaux, toujours en quête de pâturages. Lorsque Nurasan apprend qu'il y a des Koutchi à proximité de Khost, ses petits yeux se plissent, et il fait le geste de se trancher la gorge, ce qui signifie en clair que les Koutchi détestent les Hazara et n'hésitent pas à les tuer. Pour quelle raison, je ne l'ai jamais appris. Toujours est-il que notre aide-cuisinier a peur de se faire tirer dessus. Nurasan lui-même n'est d'ailleurs pas exempt de préjugés. A Sadda, il me disait souvent en hochant la tête avec dégoût : « Ces réfugiés sont d'une saleté... » — en oubliant que ces déshérités n'avaient même pas d'eau dans leur camp. De même, il s'était laissé allé à médire des Mangal en présence de mon protecteur Sheikh, avec lequel il s'était lié d'amitié, en ignorant que Sheikh était lui-même un Mangal. Nurasan a d'ailleurs fini par reconnaître que les Koutchi ne lui voulaient pas de mal.

« Commandant Karla »

Le bâtiment en fer à cheval peut accueillir quelque quatre-vingts patients. Le matériel témoigne des interventions qui étaient le plus fréquemment pratiquées. La clinique est bien équipée dans le domaine de la traumatologie. Il y a une excellente table d'extension ; je découvre aussi une petite réserve de clous chirurgicaux.

Lorsque les forces soviétiques avaient attaqué l'Afghanistan en 1978, les Allemands étaient partis en laissant tout sur place. Depuis lors, l'hôpital est pratiquement resté inactif, en particulier faute de médecin. Pendant la période de transition présoviétique, sous le régime communiste du président Taraki, en 1978-1979, le service de gynécologie fonctionnait peut-être encore, car nous avons trouvé une grande quantité de contraceptifs oraux. Seuls les communistes avaient pu en ordonner l'usage, car les musulmans stricts sont opposés à toute forme de contraception. Il est étrange de constater que pendant tant d'années ces médicaments et bien d'autres sont restés inutilisés. Dans quelques petites pièces sont entreposés des dossiers et des médicaments de fabrication hongroise, polonaise ou soviétique. Certains proviennent même de l'UNICEF. Nous découvrons aussi d'importantes réserves de sérum glucosé pour perfusions.

Encore tout récemment, la ville encerclée par les moudjahidin était coupée du monde ; le seul lien avec l'extérieur était un pont aérien, d'ailleurs assez efficace. Les blessés étaient soignés à l'hôpital militaire de Khost ou évacués sur

Kaboul. Aucun responsable n'avait songé à utiliser l'hôpital allemand, pourtant remarquablement bien équipé pour les interventions chirurgicales. Et maintenant les moudjahidin, devenus maîtres de la ville, nous demandent de rouvrir l'hôpital en leur nom.

Les trois premières semaines sont très dures. Salmei, Sheikh, Bismela, Iqbal, Malang, Nurasan et moi-même nous sommes attelés à une tâche gigantesque, dont nous craignons de ne jamais venir à bout. Malang et Nurasan sont tellement occupés à préparer les repas et à faire cuire le pain qu'ils ne peuvent pas participer à l'opération de nettoyage. Nous nous y attaquons méthodiquement, une pièce après l'autre, en commençant par les locaux d'habitation avant de passer à l'hôpital proprement dit. Je contrôle la date d'expiration de centaines, de milliers de boîtes de médicaments ; la plupart vont droit à la poubelle. Lorsque je suis à proximité, Sheikh tousse aussi fort qu'il peut ; il veut éveiller ma pitié pour que je le fasse travailler moins dur. Iqbal, lui, souffre d'une maladie professionnelle très répandue, mélange de peur et de stress. Je reste impitoyable, et coupe court à cette fuite dans la maladie avec des *Maris nishta* (« Il n'y a aucune maladie ») ou des *Bas* catégoriques.

Provisoirement, je fais porter les meubles en bon état dans l'aile résidentielle, où ils seront au moins à l'abri des voleurs. Derrière la grande salle commune, plusieurs armoires pas trop abîmées servent à entreposer pansements et matériel de perfusion. Je renonce à ma chambre, qui est idéale pour ranger les appareils de laboratoire encore utilisables. Une autre pièce pleine de placards devient la pharmacie. Une grande salle est divisée en bureaux et en salle du personnel. Un large couloir généreusement éclairé fera office de salle de soins. Un autre servira de dispensaire chirurgical. Nous mettons également de l'ordre dans quelques chambres de l'hôpital, afin de pouvoir accueillir des patients non ambulatoires.

Comme d'habitude, nous avons un permis de séjour — mais pas d'autorisation de travail. Avec l'aide de Salmei et de Sheikh, je dois consulter le commandant Raffah jour après jour. Tout est sujet à controverse, jusques et y compris la destruction des médicaments périmés et autres déchets. Au début, il fallait les laisser devant l'hôpital. Au terme de longues discussions, nous sommes enfin autorisés à emmener les sacs-poubelles à la lisière de la ville pour les brûler.

De nombreux moudjahidin nous accompagnent. Je tolère leur présence, car ils pourront faire savoir qu'il n'y a plus rien à voler. De plus personne ne pourra m'accuser d'utiliser des médicaments de l'hôpital à des fins personnelles.

Un jour, le commandant Raffah arrive à l'hôpital avec son escorte : il veut savoir quels appareils et autres objets nous pourrions donner aux moudjahidin. Je leur fais faire le tour des salles, en montrant tout ce qui est inutilisable, du moins pour nous. Les moudjahidin se hâtent de tout emporter. Pour eux, tout est utilisable ou vendable.

Entre-temps, j'avais demandé à l'organisation humanitaire dont je dépends de m'envoyer un nouveau coordinateur. Omardin, puisque tel est son nom, se révèle calme et opiniâtre. Sa principale tâche consiste à bavarder avec les commandants et à les tenir informés de tout. Or, il y a de nombreux commandants dans la ville, et tous veulent avoir leur mot à dire et se mêler de notre travail. Comme beaucoup d'entre eux sont des Mangal, le projet de nous vendre l'hôpital et son contenu refait régulièrement surface. De même, des questions résolues depuis longtemps sont de nouveau soulevées par les commandants. On nous reproche par exemple d'avoir « osé » brûler des médicaments périmés et autres déchets.

Comme je tiens absolument à terminer la remise en état de l'hôpital, je pousse mes assistants à travailler sans répit. Je n'ai pas dormi depuis plusieurs nuits et je suis à bout de nerfs. Aussi, lorsque Omardin, Sheikh et Salmei me demandent l'autorisation de s'absenter au beau milieu de la journée pour assister à une shura qui doit prendre je ne sais quelle décision, je réagis avec véhémence, en m'écriant : « Commandant, non ! Travail oui ! » Effrayés, les trois hommes battent en retraite et se remettent à la tâche sans protester. En fait, j'apprends que la shura peut aussi bien se réunir dans la soirée. Les trois hommes avaient simplement trouvé un prétexte pour échapper au rythme infernal que je leur impose.

Un jour, je prends un thé bienfaisant après le travail en laissant vagabonder mes pensées, lorsque je vois arriver quelques vieux moudjahidin tout décharnés. Ils me tiennent tous en même temps des discours incompréhensibles, dont je ne saisis qu'un seul mot, sans cesse répété : « *chicken, chicken...* » Dans ma naïveté, je m'imagine qu'ils veulent m'offrir des poulets. Je leur souris avec gentillesse, jusqu'à ce que

Salmei éclaire ma lanterne. Il ne s'agissait pas de « *chicken* », mais de « *checking* », ce qui est nettement moins agréable. Les petits commandants veulent que je fasse le jour même l'inventaire de tout ce que contient l'hôpital, et que je leur remette les « *check-lists* » correspondantes. Je leur lance un regard noir, et leur dis qu'il ne saurait en être question : mon directeur est à Peshawar, je suis responsable à son égard, et je ne remettrai de telles listes qu'à lui seul.

La suite ne se fait pas attendre. Le lendemain, nous sommes en train d'examiner divers ustensiles métalliques dans le couloir, lorsque nous recevons des commandants l'ordre d'arrêter immédiatement le travail. Je m'y refuse énergiquement. Il faut au moins finir de trier les instruments, et ranger ceux qui sont en bon état. Je demande à parler à Raffah, le commandant responsable de notre clinique ; je voudrais savoir ce qu'il en pense. Résignés, mes fidèles assistants, qui espéraient avoir un moment de répit, se remettent à la tâche.

Dans la soirée, je suis informée que Raffah a été remplacé. Le nouveau commandant de la clinique est déjà sur place ; Omardin va se présenter à lui. A son retour, il m'assure que le nouveau commandant est nettement plus compréhensif ; avec lui, il n'y aura pas de problèmes. Je l'espère. A la première difficulté, je suis résolue à tout arrêter tant qu'un accord définitif ne sera pas conclu entre le nouveau commandant et Peshawar. J'en ai assez de cette guerre des nerfs.

Le Dr Dietrich, notre chirurgien, revient de Peshawar au moment opportun. Il est de taille (littéralement aussi, car il mesure près de deux mètres) à faire face aux commandants. Contrairement à Omardin, il va droit au fait, et il exige que la shura prenne une décision sans tarder. Les commandants lui assurent que l'assemblée se réunira le soir même. Le Dr Dietrich leur remet une lettre en pachtou, dont il ressort clairement qu'il est absolument exclu que nous achetions les bâtiments et le matériel dont l'Allemagne avait fait don au peuple afghan avant l'invasion soviétique. Faute d'obtenir satisfaction, et si l'on continue à intervenir dans notre travail, nous arrêtons tout et repartons immédiatement.

Les moudjahidin devront se retirer de l'hôpital ; seules deux petites pièces resteront à leur disposition. Nous demandons en outre la nomination d'un commandant permanent — le changement constant nous gêne dans nos travaux —, ainsi que quelques hommes chargés d'assurer notre sécurité. Nous portons l'entière responsabilité des patients, et d'éventuelles inspections ne pourront être effectuées qu'avec notre accord formel. La lettre précise également que nous sommes indépendants de toute faction ou parti politiques. Nos conditions sont acceptées.

Le lendemain, nous travaillons à un rythme effréné, à la stupéfaction des commandants. Un mur quasi impénétrable sépare désormais les moudjahidin de la clinique et de nos logements. Le Dr Dietrich, qui regagne Peshawar peu après, est porteur de bonnes nouvelles. La coopération avec les commandants et les moudjahidin s'est sensiblement améliorée. Je suis également devenue une « interlocutrice valable », jugée digne de participer aux négociations. On m'appelle en plaisantant « Commandant Karla ». Pour les hommes afghans, il est au plus haut point étrange d'être dirigés par une femme. Je n'oublierai jamais l'expression abasourdie d'une sentinelle, qui demandait qui était notre chef, lorsque mes compagnons lui ont dit que c'était moi. On n'avait jamais vu ça !

Un seul mort, c'est comme s'il n'y avait pas de mort du tout

La situation devient préoccupante, car les hostilités ont recommencé : les forces gouvernementales de Nadjibullah essaient de reprendre Khost. Les nuits sont régulièrement troublées par des bruits angoissants. Un soir, tout près de notre hôpital, nous entendons un vacarme infernal. Aux salves d'armes automatiques se mêlent des explosions de grenades et des tirs de roquettes. J'imagine une fois de plus des ennemis surgissant de la nuit en brandissant leurs armes meurtrières, lorsque j'entends une voix s'exclamer « Allah ! ». Peu après, Sheikh frappe avec insistance à la porte. Ça y est, me dis-je, les premiers blessés arrivent. Lorsque je sors dans le couloir, Sheikh esquisse une danse guerrière et m'annonce joyeusement : « Gardez est à nous ! Gardez est tombée ! » Les bruits de guerre n'étaient donc que des salves triomphales saluant la prise par les moudjahidin de la ville de Gardez, située à une centaine de kilomètres de Khost.

Le lendemain, il se révèle que c'était une fausse nouvelle. Quelqu'un avait sans doute entendu parler de préparatifs d'assaut, et quelqu'un d'autre en avait conclu que Gardez était déjà conquise. On ignore qui fut à l'origine de cette rumeur : elle n'avait pu être propagée par l'ennemi, car Khost était entièrement verrouillée par les moudjahidin.

Quelque temps après, de violents affrontements opposent des partisans du Hezb-e islami, un parti fondamentaliste dirigé par le vieux Gulbuddin Hekmatyar, à un groupe de moudjahidin. Il y a plus de cent morts. Par la suite, des querelles éclatent non seulement entre les partisans des différents partis, mais aussi entre divers clans ou ethnies, surtout entre Pachtoun et Hazara. Comme toujours, hélas, les Afghans ont tendance à vouloir régler tous leurs différends par les armes.

Les forces soviétiques avaient déjà bombardé et détruit une grande partie du pays, le ramenant au Moyen Age. Maintenant, les Afghans parachèvent cette œuvre de destruction en se déchirant entre eux. La situation devient de plus en plus chaotique. Le régime de Kaboul dispose de Scud et d'autres missiles à moyenne portée. Il a la maîtrise de l'espace aérien et effectue des bombardements massifs. A cette puissance militaire, les moudjahidin ne peuvent guère opposer que des hommes. Les renforts ne manquent pas, car les familles afghanes ont beaucoup d'enfants. La plupart des familles n'ont d'autre choix que de sacrifier leurs fils en échange d'un peu d'argent. Souvent les soldats ne se battent pas par conviction religieuse ou politique, mais parce que le besoin les a poussés à devenir mercenaires. Et, comme si souvent, les « combattants de la liberté », ou de la « guerre sainte », sont entourés de l'aura des héros. Chaque jour nous rappelle combien cette guerre est stupide et insensée, comme l'est d'ailleurs tout conflit armé. Sheikh m'a raconté que, dans les villes, le nombre des communistes convaincus est en fait très faible ; n'étaient la terreur et diverses formes de contrainte, beaucoup se soulèveraient contre le « parti islamique du peuple » de Nadjibullah. Cette situation me paraît comparable à l'ère hitlérienne. A l'époque, tous les Allemands n'étaient pas nationaux-socialistes. Certains « suivaient le mouvement » parce qu'ils y trouvaient leur avantage. Beaucoup d'autres fermaient sciemment les yeux sur ce qui se passait. D'autres encore étaient obligés de se taire pour ne pas mettre leurs proches en danger. En deux mots, il existait de nombreuses raisons pour emboîter passivement le pas au régime. Sheikh m'apprend également que dans toutes les villes qui sont aux mains des hommes de Kaboul, les moudjahidin ont de la famille. Chaque camp est par conséquent infiltré par l'autre. L'année dernière, par exemple, un maçon de Kaboul était venu travailler à notre hôpital de Chak-e Vardak. Il avait obtenu l'autorisation de quitter Kaboul parce qu'il racontait à qui voulait l'entendre que les amis qu'il allait voir étaient pro-communistes. C'était évidemment faux, mais il agissait ainsi parce que cela lui procurait un avantage. De même, l'acheteur de matériaux de construction, un homme assez jeune, avait la possibilité de faire des affaires avec les entreprises de Kaboul parce qu'il savait à qui s'adresser, et à qui graisser la patte. Depuis que le monde est monde, l'individu n'hésite pas à manipuler les religions, les idéologies et les hommes dès lors qu'il y trouve son profit.

Nadjibullah ne se résigne pas à la perte de Khost. Quotidiennement, Radio-Kaboul proclame son intention de reprendre la ville. A titre de représailles, il lance régulièrement sur la proche localité de Kunar quelques Scud de modèle récent, qui causent des dégâts considérables dans un grand périmètre. Un missile a touché le bazar. Bilan : plus de cinq cents morts et au moins mille blessés. Depuis quelques semaines, des moudjahidin venant de Chak et d'autres régions nous informent que les principales voies de communication sont bombardées. Yarmohamad, notre coordinateur de Chak, serait arrivé à Peshawar dans un état indescriptible. En chemin, il aurait vu des hélicoptères gouvernementaux s'acharner sur les véhicules enlisés dans les chemins boueux. Toutes ces nouvelles sont fort préoccupantes.

A Khost, les commandants nous racontent que soixante familles ont décidé de quitter la ville pour s'établir ailleurs. Elles veulent donc vendre leurs maisons, mais pour le moment la shura s'y oppose. L'assemblée veut d'abord s'assurer que les acheteurs potentiels ne sont pas des communistes ou des espions infiltrés.

Vers la fin du mois d'avril, enfin une bonne nouvelle : un petit salon de thé a ouvert ses portes dans les ruines du bazar de Khost. Quelques semaines plus tard, cinq magasins se sont installés à divers carrefours de la ville. On y trouve presque de tout, y compris des légumes frais ! Les tomates d'un rouge lumineux, formant des taches de couleur bienvenues au milieu des décombres grisâtres, semblent annoncer le retour à une vie plus normale. Ces produits viennent de la ville marchande pakistanaise de Miramshah, à un peu plus d'une heure de voiture.

Cet après-midi, un « oiseau de Kaboul » argenté tourne longtemps au-dessus de la ville. De toute évidence, c'est un avion de reconnaissance qui prend des photos pour repérer des cibles. Le lendemain matin, comme il était prévisible, les bombardements commencent. Le sol tremble sous nos pieds, les murs sont ébranlés... Instinctivement, je prends la main du chauffeur Aziz Achmed, qui travaille à côté de moi. Conscient, même dans cette situation, qu'une main de femme s'est emparée de la sienne, il essaie aussitôt de se libérer. Nous, les femmes, n'avons pas le droit de toucher les hommes ; nous ne pouvons qu'accepter la main qui nous est tendue.

La seconde vague de bombardements débute peu avant minuit. Je me cramponne aux montants du lit, craignant à tout moment qu'une bombe tombe sur l'hôpital, nous enterrant sous les décombres. Le tout ne dure que quelques minutes, mais cela me paraît interminable. En proie à la panique, je me sens terriblement seule. Je regrette de ne pas avoir mis mon lit dans la grande salle où dorment les autres, pour être entourée de visages familiers. Mais ce serait transgresser un interdit : une femme doit rester à l'écart des hommes. Je suis donc condamnée à la solitude.

Lors du raid aérien suivant, je sors dans le jardin, où je tombe sur Sheikh, qui me prend spontanément la main pour me rassurer. Le rugissement des Mig volant à basse altitude est l'un des bruits les plus effroyables que je connaisse. Un des avions passe juste au-dessus de la clinique ; la tête rentrée dans les épaules, nous attendons l'explosion. Le choc est terrifiant, la bombe a dû tomber tout près. Michael, notre globe-trotter et homme à tout faire, a fait son service dans l'armée de l'air suisse. Ce vacarme assourdissant lui est donc familier, mais il reconnaît que ce n'est pas du tout la même chose quand on se trouve du côté des victimes. Il a hâte de partir en compagnie d'Abdullah Daulat, qui a prolongé son séjour à Khost pour des raisons mystérieuses, car il n'est plus notre coordinateur depuis longtemps.

Les moudjahidin ont sans doute pris Khost, mais le gouvernement de Kaboul reste maître des airs, et le fait douloureusement sentir. L'aéroport, qui avait été notre premier refuge, a subi de violents bombardements ; on déplore même un mort. Non loin de l'hôpital, des éclats de bombes ont fait une autre victime. Sheikh s'efforce de me rasséréner : « Un seul mort, c'est comme s'il n'y avait pas de mort du tout. » Etrange philosophie, et curieuse consolation.

Depuis plusieurs semaines, les moudjahidin s'apprêtent effectivement à donner l'assaut à la ville de Gardez. Il y a de forts mouvements de troupes ; toutes les nuits, des colonnes de camions traversent la ville. Nombre de moudjahidin cantonnés à Khost sont envoyés sur le front de Gardez. Beaucoup ne reviendront pas. Je suis hantée par l'image de ces jeunes hommes allant à la mort. Une nuit, je suis sûre d'avoir entendu cinq impacts de missiles, à proximité immédiate. Je me lève pour accueillir les blessés qui ne vont pas tarder à arriver. J'attends en vain. Le matin venu, je me renseigne. Sheikh secoue la tête : « Il y a eu un seul blessé. » J'ai envie de lui crier que c'est important, qu'un blessé suffit, de même qu'une seule bombe c'est déjà trop ! Mais je me tais : il voulait seulement me rassurer, cela partait d'un bon sentiment. Les forces de Kaboul soumettent Khost à une terreur incessante. Pour la première fois de ma vie sans doute, je souhaite qu'il fasse mauvais, que le ciel se couvre pour que les avions ne viennent pas faute de pouvoir repérer leurs objectifs. Un orage éclate ; paradoxalement, le grondement du tonnerre exerce sur moi un effet apaisant, et les éclairs me paraissent presque amicaux.

Salmei est rappelé à Sadda, où il restera trois semaines. J'autorise Iqbal, l'assistant ménager, à l'accompagner : il est tellement angoissé qu'il ne cesse de vomir. Le cuisinier Malang, par contre, préfère vivre en Afghanistan qu'au Pakistan. « Karla, me dit-il à tout propos avec une pointe de fanatisme, Khost, bon ; Afghanistan, bon ; Pakistan, pas bon ! » Il souligne ces mots de gestes démonstratifs. Je suppose que tous ceux qui restent ici ont besoin d'une certaine dose de fanatisme — de quelque nature qu'il soit — pour tenir le coup. L'aide-cuisinier Nurasan reste fermement à son poste et peste contre les « tire-au-flanc ». Sheikh est partagé. D'une part, il aimerait rester ; de l'autre, il préférerait tout de même être à Sadda, près de sa famille. Nous avons maintenant un nombre suffisant de nouveaux collaborateurs pour que l'hôpital puisse démarrer. Il est donc inutile de contraindre ceux qui n'y tiennent pas à rester à Khost. Parmi les nouveaux venus, je retrouve trois de mes anciens élèves, devenus d'excellents aides-soignants : Mohammad, Irangul et Logoraï.

Chaque membre de l'équipe accepte de faire n'importe quel travail, ce qui est rare chez les Afghans. Traditionnellement, un chauffeur conduit la voiture, un aide-soignant s'occupe des malades, un cuisinier fait la cuisine — et rien d'autre. Maintenant, nous nous partageons la plupart des tâches, ce qui fait l'étonnement de toute la ville. Beaucoup de gens, aussi, ne savent pas trop dans quelle catégorie me ranger. Est-ce une femme ? Ou un homme ? Je suis habillée en homme et porte la cape traditionnelle. Par ailleurs, mon visage est trop rond, trop lisse, et sans le moindre soupçon de barbe. Pour échapper à ce dilemme, plus d'un me considère sans doute comme un être neutre, asexué. Cela permet aux commandants de me recevoir sans problème, et nous pouvons nous entretenir sans contrainte.

Les Chevaliers à la rose

Nous sommes en mai, c'est la saison des roses. Dans le jardin abandonné, les rosiers sont en pleine floraison. Tous les moudjahidin cueillent les fleurs odorantes. Ils en ornent leurs vêtements, ou les offrent aux femmes, aux enfants, et même aux vieillards. La rose est vraiment la fleur des Afghans. Cela me ravit, et j'en viens à oublier que ces Chevaliers à la rose sont des soldats.

Le matin, alors que les premiers rayons du soleil dissipent la rosée nocturne, c'est la relève de la garde. Les moudjahidin qui quittent leur poste se sont visiblement servis. Une rose tenue entre les dents retombe sur une luxuriante barbe noire, une autre est passée derrière l'oreille. Les jeunes hommes portent souvent une guirlande de roses autour de leur pakol, le bonnet de laine des Pachtoun. Souvent, aussi, une rose ou un bouquet de fleurs épanouies sont enfoncés dans le canon du fusil. Et tous en tiennent une à la main, dont ils respirent longuement le parfum, ou qu'ils hument à la dérobée au cours d'une conversation. Les huiles essentielles des fleurs semblent également éloigner les mouches et les moustiques.

Le spectacle frais et joyeux de ces hommes séduisants ne cesse de me ravir. Peut-être le parfum des roses agit-il inconsciemment sur le psychisme, en dissipant cette désolante atmosphère de guerre. L'effet est euphorisant, et même franchement érotique. Comme je suis une femme, et connue de tous, l'on ne cesse de m'offrir des roses. Je tiens toujours une fleur rouge, jaune ou blanche à la main, et ma petite chambre est pleine de bouquets. Leur arôme puissant agit parfois sur moi comme une véritable drogue.

Un jour, l'aide-cuisinier Nurasan m'accueille avec une rose splendide à la porte d'une maison abandonnée proche de l'hôpital. Malang et lui y ont découvert un excellent four, dans lequel ils font cuire quotidiennement de croustillantes galettes. Lorsque je vais les voir un jour de congé, je suis récompensée par cette fleur d'un magnifique rose soutenu.

Les premiers patients

Quelques jours après l'ouverture de l'hôpital, on nous amène un homme qui a été victime d'un accident de la circulation. « Il dort, il ne parle pas », expliquent ses compagnons. Effectivement, son état est préoccupant. Il s'agit sans doute d'une hémorragie méningée. Comme nous ne sommes pas encore équipés pour traiter des cas aussi difficiles, je le fais immédiatement transporter à Peshawar, *via* Miramshah. Les trois autres passagers du véhicule s'en sont tirés avec des égratignures, mais ils ont mobilisé tout le personnel par leurs réactions hystériques.

J'ai souvent observé que dès qu'ils ont le moindre petit bobo, les Afghans en font toute une histoire. Par contre, lorqu'ils sont gravement blessés, ils endurent tout avec stoïcisme, de même qu'ils supportent de longues privations. Je le vérifie une fois de plus. Un des hommes a une minuscule plaie au menton, un filet de sang a coulé sur sa barbe. Pendant que nous la désinfectons, il ne cesse de gémir et d'invoquer la barbe du Prophète. Bien entendu, il n'est pas question de le raser, ni même de couper un seul poil de sa barbe laineuse d'un blanc jaunâtre. Un des autres accidentés me semble mériter un examen plus attentif. Apparemment, il a pris un coup assez violent dans la région du foie. Il faudra faire quelques analyses.

Salmei me présente toujours comme la responsable du

service. Je lui en suis très reconnaissante : il ne doit pas être facile pour lui de céder le pas à une femme.

Pendant que nous nous occupons des accidentés, une quarantaine de moudjahidin armés jusqu'aux dents, avec des grenades d'aspect redoutable passées à la ceinture, viennent nous entourer. Ils sont venus exprès pour nous voir travailler.

Lorsque le pick-up arrive pour évacuer l'homme qui a perdu connaissance (le nouveau commandant a aidé à l'installer sur un brancard), ses trois compagnons décident de l'accompagner. Je suis soulagée d'être débarrassée d'eux. Comme il n'y a plus rien à voir, les moudjahidin se dispersent également. Je ne tolérerai pas que cela se renouvelle. Il faut installer au plus vite une salle de soins fermée.

La nuit suivante, il y a de nouveaux bombardements. Nous voyons arriver quatre blessés, deux hommes et deux enfants, des garçons. Les enfants sont brûlés au visage ; d'énormes cloques se forment à vue d'œil. Un des hommes présente une brûlure au deuxième degré. Nous leur prodiguons les premiers soins à la lumière de lampes à pétrole et de torches électriques. Le lendemain, nous décidons de les faire hospitaliser à Peshawar.

Safi, un laborantin de Sadda, vient passer une semaine à l'hôpital pour vérifier et nettoyer le matériel de laboratoire. Salmei l'aide à trier les produits périmés, dont beaucoup ont sûrement plus de douze ans, et qui sont extrêmement toxiques. Tous deux emportent les flacons et bidons rejetés à la lisière de la ville et les enfouissent dans un endroit qui leur paraît approprié : il faut absolument éviter de polluer la nappe phréatique. Au cours du dîner, le chauffeur Aziz Achmed nous raconte en souriant que des moudjahidin ont déterré les flacons et se les sont triomphalement appropriés. Safi est atterré par tant de bêtise. Nous chargeons Aziz Achmed et Sheikh de retrouver les moudjahidin en question pour leur faire comprendre à quel point ce qu'ils ont fait est dangereux.

Sur ces entrefaites, des moudjahidin nous amènent un de leurs camarades dont la main a été déchiquetée suite au déclenchement accidentel d'une grenade. Il faudrait l'amputer sans tarder, mais notre chirurgien, le Dr Dietrich, est absent jusqu'à la fin de la semaine. Une fois encore, nous ne pouvons que stopper l'hémorragie en attendant d'évacuer le patient.

La nuit est déjà bien avancée. Nous nous apprêtons à prendre quelques heures de sommeil, lorsqu'une violente attaque aérienne commence. Toutes les quinze minutes environ, des bombes sont larguées en pleine ville. Le premier choc passé, nous nous précipitons dehors ; une épaisse colonne de fumée s'élève vers le ciel, apparemment à l'endroit où se trouve le siège du commandement militaire. Les avions reviennent sans cesse à l'attaque. L'attente devient intolérable, chacun se demande avec angoisse où va tomber la prochaine bombe. Après une explosion particulièrement violente, je me colle contre un mur pour me protéger des éclats. D'étranges images de mon enfance et de mes débuts d'infirmière traversent rapidement mon esprit, comme des séquences de film décousues.

Un blessé arrive sur une civière. C'est un jeune moudjahid gravement blessé à l'abdomen. Nous nous hâtons de tout préparer pour l'opérer d'urgence, lorsque Logaraï nous annonce laconiquement : « C'est terminé. » On nous demande instamment de « le recoudre » pour qu'il puisse être ramené à sa famille. Sa tête repose sur des rameaux feuillus.

Irangul et moi avons beaucoup de mal à refermer l'énorme plaie. « C'est vraiment de la chirurgie de guerre... » Irangul se demande ce qui a pu causer cette affreuse blessure. « La table d'op n'est pas à la bonne hauteur... » Je me concentre moi aussi sur les aspects pratiques de la tâche pour refouler la terreur qui monte en moi.

« Quand on pense à tout ce qu'ont dû endurer les habitants de Beyrouth... » Ce n'est sûrement pas sans raison qu'Irangul choisit ce moment pour se remémorer les horreurs de cette guerre tellement lointaine.

Agenouillés par terre à côté du corps, nous nous dépêchons de finir. Lorsque Logaraï et Mohammed Azym nous apportent d'autres instruments enveloppés dans un tissu, je suis tellement excédée que je leur crie : « Ils ne sont pas stériles ! », ce qui est parfaitement absurde.

De nouveaux bombardiers survolent l'hôpital. Les explosions qui se succèdent font trembler les murs. Sans nous laisser distraire, nous nous occupons maintenant de la main droite déchiquetée de la jeune victime, coupant tout ce qui ne tient pas. Logaraï voudrait comprendre ce qui s'est passé.

« Pourquoi a-t-il également été blessé à la main ?
— Peut-être se tenait-il le ventre au moment où il a été touché. » C'est une explication plausible, en tout cas la seule qui me vienne à l'esprit. Je panse soigneusement le moignon pour épargner ce spectacle affreux aux parents. Quand tout est terminé, nous remettons le corps aux moudjahidin qui attendaient devant la porte. Mohammed Azym et Nurasan montent dans le pick-up pour terminer la toilette du mort. Je leur suis reconnaissante de m'éviter cette corvée. Ils lui bandent la tête pour éviter que le menton retombe, et aussi les pieds..

Le soir venu, je ne m'attarde pas en compagnie des autres. Je sors dans le jardin et me mets à pleurer. L'héroïsme n'est pas mon fort, et je ne supporte pas le spectacle de la mort. Une remarque que Logaraï a faite avant le dîner m'apaise un peu : « Moi aussi, j'ai peur. Celui qui n'a pas peur dans une telle situation est stupide. »

Mohammed Azym me tire de ces tristes réflexions sur les horreurs de la guerre, mais ce n'est pas pour m'annoncer une bonne nouvelle : « Viens vite ! Il y a un autre blessé. Il a eu un bras arraché. Et aussi un mort. » Nous finissons par apprendre que ce jour-là une grande shura devait se réunir à Khost ; les huit cents participants avaient prévu de discuter de l'attaque contre Gardez. Selon toute probabilité, un espion en avait informé Kaboul. Les bombardements, qui visaient notamment le QG, étaient certainement une réponse à ce projet.

Lorsque j'arrive à la clinique le lendemain matin, le commandant m'offre une rose splendide ; j'en ai rarement vu une aussi grande.

5

Prisonniers

Le Gelam Jam est l'unité la mieux entraînée de l'armée de Kaboul, et la plus redoutée. Elle combat en première ligne, fait prisonniers des moudjahidin et oblige ces soldats à se battre contre les leurs.

Au début de la guerre, les prisonniers étaient tous massacrés. Mais les deux camps ont fini par se rendre compte qu'il était plus utile de les faire travailler. Chez nous, deux prisonniers des forces gouvernementales sont employés aux cuisines. A Khost, d'autres sont chargés de trier du matériel de guerre pris à l'ennemi, y compris des explosifs. De temps à autre, un obus ou une grenade explosent, occasionnant de terrifiantes blessures, surtout aux mains.

A l'occasion d'une fête, j'accorde un jour de congé à toute l'équipe. Les hommes pourront se reposer ou faire une grande lessive. L'après-midi, nous avions prévu de faire une excursion en commun. Il n'en sera rien.

Juste après le déjeuner suivi d'un petit début de sieste, on nous appelle d'urgence. Un blessé est arrivé, accompagné de plusieurs personnes. Le nouveau règlement veut que seul un proche puisse rester au bloc opératoire avec le patient. Péremptoirement, le commandant met tous les autres dehors. Le blessé se cramponne à l'homme, qui est probablement un ami. L'une de ses mains est déchiquetée : une fois de plus une grenade qui a explosé prématurément. Il a perdu beaucoup de sang, la souffrance doit être atroce. Nous posons immédiatement une perfusion avec un puissant analgésique. Après avoir jeté un bref coup d'œil à sa main, je mets un bandage compressif. Il faut avant tout stopper l'hémorragie. L'ami le tient par les épaules et s'efforce de le calmer. De surcroît, le visage du patient est rouge et enflé ; il a dû être brûlé par la chaleur de l'explosion. Je demande à mes assistants de trouver au plus vite une ambulance ou une camionnette pour emmener le blessé au Pakistan.

« Nous ne l'opérons pas ici ? demande Irangul, qui n'hésite devant rien.

— Non », réponds-je sèchement. Je n'ai jamais pratiqué délibérément une intervention aussi grave. Je connais mes limites, et ne le ferais qu'en cas d'extrême urgence. Mieux vaut être une bonne infirmière qu'un mauvais médecin.

« Je sais comment il faut scier l'os », insiste Irangul. J'ai la chair de poule à la seule idée qu'il pourrait effectuer cette opération.

« Non. » Cette fois, mon ton est irrévocable. Irangul est manifestement déçu que je freine son élan.

Je ne vois toujours aucune voiture arriver. Je répète qu'il est essentiel que le patient soit opéré sans tarder, dans un service chirurgical bien équipé. Pendant que nous attendons, je me demande si l'homme allongé sur la table d'opération ne serait pas un *ascar*, un soldat capturé par les forces de Kaboul et contraint de se battre contre les moudjahidin avant d'être refait prisonnier par ces derniers. C'est effectivement le cas. Je regarde mes collaborateurs. Le coordinateur Omardin et les aides-soignants feignent l'indifférence. Je finis par comprendre qu'ils ne feront aucun effort pour aider un blessé tellement « inférieur », un vulgaire prisonnier. Furieuse, je déclare à Omardin que, s'il ne trouve pas immédiatement une voiture, il faudra le transporter au Pakistan dans notre propre pick-up.

« Nous ne sommes pas des ambulanciers », rétorque Omardin avec hauteur. Il ne me reste plus qu'à envoyer Safi chez le commandant, qui après tout est responsable du patient.

Finalement, une jeep s'arrête devant l'hôpital. Quelques moudjahidin se précipitent pour emmener le blessé dans le véhicule. Naïve comme toujours, je m'imagine que tout est réglé, et renouvelle mes remerciements. Je n'ai toujours pas compris ce qui se passait. Accroupi devant la jeep, le prisonnier blessé hurle de douleur. Il ne veut pas lâcher la main de son ami, mais les moudjahidin le fourrent de force dans la jeep, qui démarre aussitôt. Je vois une main jeter un tube par la portière : ils lui ont arraché sa perfusion. Rétrospectivement, je réalise avec épouvante que le pauvre homme ne voulait pas monter dans la jeep parce qu'il avait peur d'être tué par les moudjahidin. Je n'ai plus jamais entendu parler de lui. Il a sans doute été abattu. Aux yeux des moudjahidin, ce blessé ne méritait pas tant d'histoires, d'autant plus qu'avec une seule main il était devenu inutile. Mes efforts pour lui venir en aide n'avaient sans doute fait que hâter sa mort.

Je n'étais plus du tout d'humeur à partir en excursion.

Routine quotidienne

Au début, nous soignons surtout des moudjahidin. Le portier de l'hôpital est chargé de garder les kalachnikovs, car il est interdit de les emporter dans les salles de soins. Sans leurs armes, ces fiers guerriers paraissent carrément pitoyables. Au bout d'un mois, nous voyons arriver beaucoup de gens atteints de paludisme. Khost grouille d'anophèles, les moustiques vecteurs de cette maladie. Compte tenu de la mauvaise qualité de l'eau, il y a également de nombreux cas de diarrhée. Nous traitons aussi des Koutchi ; en cherchant des objets utilisables dans des maisons abandonnées lors des combats, il arrive qu'une grenade leur explose dans la main.

En dépit de cette surcharge de travail, nous cherchons un endroit où il serait possible d'évacuer l'hôpital en cas de réel danger. Nous trouvons une position de repli à une dizaine de kilomètres de Khost. Pas un seul cratère de bombe ou d'obus en vue ; jusqu'à présent, cette zone semble avoir échappé aux combats. Mais qui peut nous assurer que l'endroit est réellement sûr ? On m'a assuré qu'il y avait de l'eau ; je pensais à de l'eau courante ou à une source, mais je ne découvre qu'une mare infestée de larves d'anophèles. Quoi qu'il en soit, nous allons nettoyer les lieux et y apporter un minimum de matériel pour parer à toute éventualité.

Nous continuons également à déblayer le sous-sol de l'hôpital. Il faudrait se débarrasser au plus vite des montagnes de gravats et de détritus de toute sorte. Omardin réussit à mobiliser des réserves insoupçonnées. Quatre prisonniers sont mis à notre disposition, et quelques moudjahidin nous donnent même un coup de main ! Avec les innombrables chargements de déchets, nous pourrons remplir de nombreux cratères de bombes aux alentours de la ville.

Nous sommes tous devenus allergiques à la crasse et à la poussière. Nos visages sont entourés de plusieurs couches de gaze, qui ne laissent libres que les yeux. Nous enduisons le pourtour de ces derniers de *khôl*, produit de maquillage utilisé dans tout l'Orient qui a également un effet protecteur. Seule une « douche » — avec deux petites thermos d'eau — me débarrasse un peu de la poussière collante dont je suis couverte.

Un jour, à midi, un courrier venant de Peshawar me remet une lettre de Max. Il m'ordonne — le mot n'est pas trop fort — de regagner immédiatement Chak-e Vardak pour surveiller la construction du nouvel hôpital. Le ton de la lettre est digne d'un général d'armée. Il est fort possible qu'en me faisant partir d'ici Max se soucie avant tout de mon bien-être, mais il n'a pas besoin de le faire sous cette forme autoritaire, qui ne me laisse aucune liberté de choix.

Je me remets au travail avec rage. Je ne partirai pas avant que tout soit propre et rangé. Je tiens à terminer la tâche que je me suis fixée. Même les chauffeurs nous aident à déblayer les gravats. Pas plus que moi, ils ne veulent partir avant que tout soit en ordre. Exténués mais satisfaits, nous en venons finalement à bout. Le lendemain matin, je convoque une dernière réunion du personnel. Je suis triste de partir, mais au fond je me réjouis d'aller dans un endroit plus paisible. Ces dernières nuits m'ont tout de même pas mal secouée. « Khost est une ville agréable, me murmure Logaraï au moment des adieux. Dommage qu'elle soit bombardée de temps en temps. »

Scènes bibliques

Le long ruban vert qui s'étire entre les collines arides du district de Chak m'émerveille toujours. Dans cette oasis poussent de vieux pommiers, de nombreux abricotiers et encore plus de mûriers. Dans les jardins familiaux mûrissent concombres, tomates et oignons. Les champs sont plantés de riz, de pommes de terre et d'orge, dont on fait le pain traditionnel en forme de galette. Quand les fruits et les légumes sont mûrs, on peut s'en gorger. Mais aussitôt la saison terminée, il n'y a plus rien, le commerce étant pratiquement paralysé à cause de la guerre. Les champs sont couverts de coquelicots et de bleuets. Le long de l'unique route, des commerçants ont étalé leur marchandise, des ânes tirent des carrioles lourdement chargées de bois, suivis de ribambelles d'enfants qui se précipitent pour ramasser le crottin, engrais apprécié. Une femme en burqa de couleur, un enfant dans les bras, chevauche un mulet, suivie à quelques pas du mari qui tient une baguette pour diriger l'animal. Toujours, la femme est en selle et l'homme marche derrière — on croirait une scène biblique, figée entre passé et présent.

Le présent, la modernité sont représentés par une Toyota rouge vif, qui roule avec prudence sur la route encombrée. Des hommes apparaissent ou disparaissent au loin, toujours par deux ou par trois. Presque personne ne parcourt de grandes distances seul. Ne serait-ce que pour des raisons de sécurité, les gens vont toujours en groupe ; beaucoup sont armés. Les chaînes et les ridelles métalliques des camions font un vacarme infernal. Des pick-ups, dans lesquels des moudjahidin armés jusqu'aux dents sont ballottés en tous sens, soulèvent d'épais nuages de poussière. Des enfants poussent deux ou trois vaches devant eux. D'autres font paître de petits troupeaux de moutons et de chèvres.

Dans l'ensemble, le climat de Chak est sain et agréable. L'été, il fait une chaleur sèche, mais les nuits sont fraîches. Les hivers sont très froids ; souvent la neige interdit l'accès à la vallée. Pour en sortir, il faut alors marcher plusieurs jours en prenant par les collines, accompagnés par les loups, que l'on entend hurler la nuit. Ceux qui sont mal chaussés risquent des gelures.

Les habitants de la région sont dans l'ensemble accueillants, ouverts et relativement cultivés — bien qu'il n'y ait pas, et qu'il n'y ait jamais eu, d'école de filles. Avant la guerre, la proximité de Kaboul permettait de scolariser quelques fillettes privilégiées, et de nombreux Vardaki (Chak se trouve dans la province de Vardak) y allaient au lycée et même à l'université. Maintenant, seuls quelques-uns font des études secondaires à Peshawar, mais leur formation s'arrêtera là, la plupart des universités pakistanaises n'acceptant pas les Afghans. Le manque de spécialistes se fait cruellement sentir dans tous les domaines.

Depuis notre dernier séjour, le barrage et les canaux sont plus que jamais envasés. Rien n'a été fait pour les nettoyer ou pour les entretenir. Les crevettes d'eau douce et les grenouilles semblent néanmoins se plaire dans ce marécage, de même que les petits poissons pleins d'arêtes qui viennent améliorer notre ordinaire. Heureusement, les robustes bâtiments n'ont pas été bombardés.

A l'époque de notre première mission, nos responsables s'étaient demandé si Chak-e Vardak ne serait pas un endroit idéal pour construire un hôpital : il y avait de l'eau en abondance, ainsi que l'électricité fournie par la centrale hydraulique. La shura avait donné son accord au projet, et avait fait défricher l'endroit retenu, allant jusqu'à arracher des pommiers en pleine production — alors qu'aux yeux des Afghans abattre un arbre fruitier est un péché.

Ma nouvelle mission consiste, en coopération avec les médecins affectés à Chak, à concevoir le nouvel hôpital. Il existe déjà un projet, mais nous le rejetons unanimement car il nous paraît totalement inadapté aux conditions locales et à nos besoins réels. J'essaie d'expliquer ma conception d'un hôpital réellement fonctionnel à deux médecins afghans. Nous sommes installés dans un jardin planté de concombres, où fleurit également un superbe rosier tardif — pas besoin de table de conférence ni de planche à dessin. Nous discutons fiévreusement. Notre ardeur est contagieuse ; bientôt, tous nos collaborateurs se mettent à ébaucher des bâtiments plus ou moins fantaisistes. Il finit par en sortir quelque chose, un plan qui tient également compte des exigences concrètes d'un hôpital. Il faut par exemple une salle pour se changer près du bloc opératoire. Et aussi, l'expérience nous l'a appris, de vastes fenêtres éclairant généreusement les locaux, pour que tout ne s'arrête pas en cas de panne de courant. Saus oublier une aile réservée aux femmes, avec entrée séparée et salles d'eau indépendantes.

Après le dîner, je vais passer un moment dans mon coin préféré, au bord de la rivière. Le ciel est plein d'étoiles scintillantes, tout est paisible. Quelques Afghans arrivent pour dire la prière du soir. L'aide-soignant Ayup vient nous servir du thé. Soudain, un jeune homme beau et vigoureux grimpe sur un pommier et emplit son patu de fruits rouges et brillants. Une belle fin pour une journée bien remplie.

Des hommes influents

Je constate encore et toujours que les étrangers, et en particulier les Allemands, sous-estiment le rôle joué par les dignitaires afghans. Dans un pays comme l'Afghanistan, l'on n'arrive à rien sans le soutien d'hommes influents.

Le directeur afghan de notre organisation humanitaire, basé à Peshawar, appartient à une vieille famille très respectée. A l'époque du roi, son père jouait un grand rôle politique à Kaboul. Cette famille possède toujours un important réseau de contacts dans de nombreuses provinces du pays. Si l'on s'oppose à un quelconque membre de ce clan familial, les conséquences risquent d'être désastreuses, surtout compte tenu de la situation actuelle du pays. Ledit directeur afghan est responsable de toutes les missions confiées au personnel autochtone, ainsi que de l'organisation des voyages et des conditions de séjour des collaborateurs étrangers.

Entre le directeur afghan et la direction allemande survient un profond désaccord, et c'est la rupture. La raison : non seulement le directeur allemand fait cavalier seul, « oubliant » de consulter son partenaire afghan, mais il s'oppose ouvertement à celui-ci — en poursuivant de surcroît des intérêts personnels. Par exemple, il a confié la construction de l'hôpital de Chak-e Vardak au jeune Rahmat Gul, dont il était très proche. Au début de la guerre soviéto-afghane, Rahmat Gul avait quatorze ans ; après avoir quitté l'école, il avait été envoyé chez les moudjahidin pour les espionner. Rahmat Gul parlait très bien l'anglais, qu'il avait appris tout seul. Cela lui avait valu d'être embauché par l'organisation humanitaire, et il avait fini par devenir l'homme de confiance du directeur allemand. Avec des conséquences négatives : Rahmat Gul devint de plus en plus arrogant, au point d'oublier la loyauté qu'il devait à son supérieur afghan. Apparemment, il y avait eu des irrégularités dans la construction de l'hôpital. Cela avait fini par se savoir. Les commandants locaux se demandaient pourquoi aucun architecte n'avait été consulté. L'adduction d'eau et la fourniture d'électricité soulevaient également des doutes. Et ce n'était pas tout. Les ouvriers du chantier venaient pour la plupart du clan du jeune chef de chantier et non, comme il avait été convenu, de la région de Chak. Les matériaux commandés étaient à la fois de mauvaise qualité et, pensait-on, beaucoup trop chers. Pour finir, le rusé Rahmat Gul essayait maintenant de court-circuiter le directeur afghan. Comment les responsables de notre organisation auraient-ils pu s'en rendre compte ? Peshawar est loin de l'Allemagne, Chak encore plus, et pendant l'hiver, qui était proche, une inspection était de toute manière impossible. Pourtant, les manigances de Rahmat Gul échouèrent. Il avait sous-estimé la puissance du directeur afghan. Ce dernier demanda simplement à tous les commandants de boycotter l'hôpital. Le chantier s'arrêta. Rahmat Gul fut congédié sans préavis, et tous les autres comités et organisations reçurent une circulaire les avisant de ne pas faire appel à ses services.

Ces événements eurent lieu un an avant mon arrivée à Chak-e Vardak. En apprenant ce qui s'est passé, je comprends mieux pourquoi l'on m'a chargée de mener cette entreprise à son terme. Pour le moment, il n'existe guère que des fondations, et encore... Mais nous sommes tous fermement décidés à relancer le projet. Je fais venir Yarmohamad, qui avait été un de mes premiers élèves au « Medical Training Center » de Sadda. Nous avions été frappés par le sens des responsabilités et par l'autorité naturelle de Yarmohamad, qui avait étudié avant la guerre à l'école militaire. Tous les élèves le considéraient comme leur chef. A Chak, il doit s'occuper des formalités administratives, et veiller à ce que les plans modifiés soient effectivement réalisés. Comme nous recevons moins de subventions que prévu, il faut supprimer une aile du bâtiment, et par conséquent redistribuer les volumes intérieurs.

Tout en améliorant les plans et en surveillant les travaux, nous commençons à réfléchir au personnel qui sera nécessaire pour faire fonctionner le futur hôpital. Naturellement, je tiens à ce que le fidèle Sheikh vienne de nouveau m'épauler. Il amène Tajmohamad, dont la famille est de Chak, et l'initie aux mystères du rangement et de la conservation des médicaments. Tajmohamad est un grand homme fortement charpenté, qui souffre malheureusement d'un strabisme prononcé. Pendant les discussions, il a tellement de mal à fixer son interlocuteur qu'il ne trouve plus ses mots. Pourtant, en cas de nécessité, il est capable de se frayer un chemin, comme un bulldozer, en renversant tous les obstacles. Pendant la guerre contre les Russes, il était fréquemment chargé de transporter de l'argent entre Peshawar et diverses cliniques afghanes dépendant de l'organisation humanitaire. A d'autres occasions, armé d'une kalachnikov, il acheminait des armes destinées aux moudjahidin. Un de ces convois avait été attaqué par les forces gouvernementales aux environs de Ghazni. Blessé par balle, Tajmohamad souffre depuis d'une fistule qui ne cicatrise pas. A l'hôpital, il pourra faire un travail moins stressant.

Un autre nouveau venu est Selim. Pour le distinguer des nombreux autres Selim, nous l'avons baptisé « Selim-radio » ; il a en effet suivi une formation d'assistant-radiologue à Peshawar. Lorsque je raconte à mes collaborateurs de Chak qu'il était le meilleur élève de son cours, tous se moquent gentiment de lui. Comment se débrouillait-il, puisque ses deux yeux regardent dans des directions différentes ? Il faut préciser que notre Selim est le frère de Tajmohamad, et qu'il louche presque autant que lui. Je leur explique que ce n'est pas lui qui interprète les radios, mais les médecins.

J'ai fait la connaissance de Seb Noor deux ans auparavant à Sadda, où il était également un de mes élèves. Il se faisait remarquer par sa méticulosité. Je me souviens qu'il tenait absolument à ce que ses chaussures soient impeccablement cirées. Maintenant, pour souligner sa dignité et son sérieux, il ne porte que des blouses immaculées et repassées de frais. Depuis un an, pourtant, il partage le sort des réfugiés. Son village du district de Maidan, à une quarantaine de kilomètres d'ici, a été occupé par des partisans du régime de Kaboul. Seb Noor raconte que toute sa famille a été contrainte de fuir précipitamment, en abandonnant maison et magasin. Ils n'ont rien pu emporter. Maintenant, les trente-cinq membres du clan familial se partagent un minuscule logement de Chak ; certains dorment sur le toit. Le salaire de Seb Noor doit suffire à nourrir toute la famille. Pas étonnant qu'on le voie souvent hocher la tête avec fatalisme.

Seb Noor s'entend particulièrement bien avec « Selim-anesthésie », comme nous l'appelons pour ne pas le confondre avec « Selim-radio ». Ce jeune homme de petite taille essaie de se grandir en portant d'énormes chaussures de trekking dénichées je ne sais où ; lui aussi a beaucoup souffert de la guerre. Depuis onze ans, son père est prisonnier politique à Kaboul. Ils sont sans nouvelles de lui, et ne savent même pas s'il vit encore. Peut-être a-t-il succombé depuis longtemps aux tortures physiques et psychologiques. La très jeune femme de Selim souffre d'épilepsie depuis la naissance de son premier enfant. Hier, il m'a avoué tristement qu'elle avait maintenant deux crises par jour, parfois aussi la nuit ; ces crises sont déclenchées par les tirs de kalachnikovs, car les moudjahidin ont un centre d'entraînement tout près de leur maison. Malheureusement, ils n'ont aucun parent âgé qui pourrait l'accompagner à Kaboul pour qu'elle se fasse soigner dans une clinique spécialisée. Lui-même et son frère sont trop jeunes pour franchir les postes de contrôle gouvernementaux ; ils seraient aussitôt recrutés de force, sans compter que le nom de leur père n'est pas inconnu.

Le Dr Gulap est un médecin afghan, qui travaillait déjà à la clinique de Chak avant mon arrivée. Il possède toutes les qualités et tous les défauts d'un musulman cultivé. D'épais cheveux noirs et une barbe qui n'est jamais taillée contribuent autant à son rayonnement que son regard ardent. Tantôt il est en proie à une profonde résignation, tantôt, quand il a été impuissant à sauver une vie humaine, il se révolte comme un fauve qui se refuse à accepter la défaite. Après m'avoir ignorée avec arrogance, il est devenu plus attentif et naturel. Pourtant, son attitude à l'égard de la femme reste marquée par le fondamentalisme islamique. Seules mes capacités et mon dévouement l'ont amadoué.

L'ingénieur Mahmoud Khorram possède lui aussi un grand magnétisme. Il est toujours très « chic », ce qui signifie que les couleurs de son blouson et de son patu sont en harmonie avec le reste de son habillement. L'ingénieur Mahmoud adore jouer à l'homme du monde. D'une politesse exquise, il se tient au courant de tout. Parfois, il est tellement occupé à se faire valoir qu'il devient nécessaire de l'exhorter à ne pas négliger son travail. Avant la guerre, il avait eu l'occasion d'aller en Bulgarie pour y apprendre le métier d'électricien, ce qui lui vaut en Afghanistan le titre d'« ingénieur ». Durant son séjour en Bulgarie, il est également allé à Moscou, et a appris à s'exprimer à peu près correctement en anglais. Pour le moment, l'ingénieur Mahmoud habite chez sa famille à Peshawar, mais il s'apprête à regagner sa demeure fortifiée flanquée de fières tourelles, non loin de Chak. Avant les guerres successives, il était sans doute une sorte de *gentleman-farmer*, possédant de nombreux chevaux et de riches plantations.

Il y a aussi le laborantin Fazil Elahi. Formé à Peshawar, le sec et nerveux Fazil est un jeune homme dynamique et très intelligent. Ses maigres perspectives d'avenir le mettent hors de lui, mais toute la jeune génération afghane en est là. Son père était pilote dans l'armée de l'air. Sa carrière s'est achevée au début de la guerre, lorsque les communistes ont pris le pouvoir.

Celui-là ressemble en tous points à sa cuisine : Azef n'a de propre sur lui que ses yeux clairs. Et ses menus sont au plus haut point monotones : un jour, il nous sert des lentilles avec du riz ; le lendemain, c'est du riz accompagné de lentilles. Le seul changement, c'est que le dal est tantôt trop cuit et brûlé, tantôt à peine assez cuit et indigeste. Azef n'en est pas moins un homme gentil et serviable. Il m'a pris en amitié ; je peux lui demander à tout moment du thé ou de l'eau chaude.

Pour des consultations externes, le personnel est suffisant, mais pour un hôpital digne de ce nom, il faudra l'étoffer un peu. Il faut également terminer les travaux. Malheureusement, les artisans et ouvriers spécialisés sont rares. Nous avons par exemple fait appel à l'unique plombier réellement compétent de toute la province. Il a réussi à installer un réseau de distribution d'eau qui fonctionne correctement. L'homme est déjà fort âgé, mais il est aidé par un jeune qui apprend le métier, et qui pourra entretenir et réparer canalisations et robinets. Il a fallu faire venir de Kaboul d'autres ouvriers du bâtiment. Leur présence à Chak n'est tolérée que parce que nous avons absolument besoin d'eux, et que sur place personne n'a les capacités nécessaires. Considérés comme des communistes, ils se trouvent ici en pays ennemi, entourés de moudjahidin dont ils se méfient. Ils ne prennent ce risque que parce qu'ils ne trouvent pas de travail à Kaboul.

Dangereuse Kaboul

Comme il est difficile de trouver quoi que ce soit ! Le bazar de Chak est tout petit, et les échanges commerciaux sont très irréguliers à cause des bombardements. On ne sait jamais à l'avance quand les camions de livraison arriveront. Selon l'état des routes et la situation militaire, les itinéraires sont choisis au dernier moment, voire changés en cours de route. Entre le territoire contrôlé par les moudjahidin et la région de Kaboul, les transports sont particulièrement risqués, car les fronts se déplacent sans cesse. Notre administrateur Yarmohamad tente de nous persuader que le bois et les autres matériaux de construction sont moins chers à

Kaboul. Sans compter que bien des choses sont introuvables ailleurs. Il faut donc monter une expédition pour aller s'y approvisionner. Sorbe, un ex-officier, s'occupe des fournitures. Un de ses frères vit à Kaboul : il pourra habiter chez lui et trouver plus facilement les matériaux et autres objets qu'il nous faut. Nous commençons à établir une liste. Par exemple, notre laborantin Fazil Elahi veut faire souder un serpentin au couvercle d'un autocuiseur, ce qui ne peut se faire qu'à Kaboul ; ce dispositif doit lui permettre d'obtenir de l'eau distillée. Le menuisier calcule ce qu'il lui faut comme bois de charpente. Le plombier sera du voyage, car les différents diamètres de tuyaux lui posent des problèmes ; il veut consulter des collègues et se procurer les raccords nécessaires.

Seules les personnes d'un certain âge peuvent actuellement se rendre à Kaboul, ce qui me rappelle les dispositions en vigueur dans l'ex-RDA, où seuls les retraités étaient autorisés à aller à l'Ouest. L'unique différence c'est qu'ici les jeunes qui se font prendre à l'entrée de la ville ne sont pas fusillés, mais contraints de prendre un fusil et de tirer sur les autres. Habillés de vêtements lavés à fond pour l'occasion et arborant de superbes turbans neufs, nos deux « vieux » se mettent en route après la prière du matin, accompagnés de nos vœux de réussite. Comme il n'existe aucune liaison directe entre Chak et Kaboul, ils devront changer de car quelque part en route — ils ne savent pas exactement où, l'itinéraire change constamment, selon la situation militaire. Depuis deux mois, la route directe *via* Sheikhabad est fermée ; il faut donc faire un détour par la province de Logar. Ils ne reviendront que dans six ou sept jours, avec les fournitures indispensables. Pendant ce temps, le chantier tournera au ralenti.

Un jour, en fin d'après-midi, nous apprenons qu'un car vient d'arriver de Kaboul. Nous allons vite voir si nos deux acheteurs sont parmi les passagers. Ils sont là, effectivement, mais les nouvelles ne sont pas bonnes. Nous écoutons leur récit avec consternation :

« Nous étions en route depuis plus d'un jour, lorsque nous avons été arrêtés à un barrage routier. Les sentinelles du régime de Kaboul se sont mises à maltraiter les gens qui venaient du territoire des moudjahidin, commence Sorbe, dont le regard trahit encore la frayeur. Ils nous ont insultés, humiliés, frappés... »

Le plombier prend le relais d'une voix incrédule : « Certains d'entre eux prenaient l'argent que les voyageurs avaient en poche, ils leur arrachaient leur montre... Un homme s'est fait voler tout son matériel, une machine à coudre avec plein de bobines de fil...

— Nous ne pouvions que nous laisser faire, nous étions impuissants contre ces gens.

— En plus, il a été impossible de trouver un camion. Il a fallu reprendre le car. Nous n'avons pas pu ramener beaucoup de bois ni de tuyaux, juste ce qui tenait sur le toit du car sans trop attirer l'attention... »

Nous sommes atterrés, mais qu'y faire ?

Le chauffeur et ses assistants déchargent les bagages, les voyageurs profitent de l'occasion pour se dégourdir les jambes ou se reposer un moment sur le talus. Il y a surtout de vieux hommes à la barbe grise. Quelques femmes me regardent avec curiosité, mais le grillage de leur burqa m'empêche de déterminer leur âge. Cachées par leurs voiles, les femmes peuvent se rendre à Kaboul même si elles sont jeunes. Finalement, j'aperçois une Afghane qui fait faire pipi à son bébé sur le bord de la route ; elles soulève légèrement le haut de sa burqa. Quand elle me voit, son visage juvénile exprime une vive surprise.

Nous contemplons avec respect les chevrons bien rabotés et les tuyaux de cuivre brillant. Ces matériaux sont d'autant plus précieux qu'il a fallu braver tant de dangers pour les ramener. Les deux vieux hommes se contentent de hocher la tête d'un air réprobateur : ils sont mécontents de n'avoir pu faire mieux. Mais lorsque je les remercie de s'être lancés dans cette aventure périlleuse, leurs visages s'éclairent et ils redressent la tête avec fierté.

Ils ont payé les marchandises avec de l'argent liquide, que j'avais dû emprunter. Comment trouver de l'argent, en effet ? C'est une denrée tellement rare que les gens attendent souvent pendant des mois avant de recevoir leur dû. En l'absence de banques, l'argent arrive irrégulièrement, par porteur spécial.

Il y a déjà trois semaines que Yarmohamad est allé à Peshawar pour chercher une fois de plus des fonds. Il s'était fait accompagner d'un autre homme ; seul, le voyage aurait été trop dangereux. Ils doivent ramener des roupies pakistanaises, car l'afghani est victime d'une inflation galopante. Yarmohamad comptait mettre en tout moins de quinze jours : il a déjà une semaine de retard. Compte tenu des mésaventures de nos deux « négociateurs », je commence à me faire du souci. Ils ont sûrement eu des problèmes en chemin. Aussi est-ce avec soulagement que nous voyons arriver Yarmohamad et son compagnon de route, le soir du même jour. Ils avaient mis plus longtemps que prévu pour échanger au marché noir les afghanis qui leur avaient été versés contre des roupies pakistanaises. Personne ne veut d'une devise aussi faible. En tout état de cause, les caisses sont de nouveau pleines, nous n'avons plus besoin de vivre à crédit.

Un hôpital de campagne américain

Nous sommes fiers de proclamer que l'hôpital de Chak est construit à la main et sur mesure ! Faute d'électricité (il y en a, mais très peu), il est impossible d'utiliser des machines. Il n'y a pas de bétonneuse, chaque pierre est taillée à la main. La moindre porte, la moindre fenêtre sont fabriquées ainsi par notre menuisier. Les tables et les armoires sont réalisées d'après nos dessins ; c'est presque du design.

Pour équiper l'hôpital, nous avons reçu une aide précieuse, un don des Américains : un hôpital de campagne complet, inutilisé depuis vingt-cinq ans. Tout est emballé dans de grandes caisses. En les ouvrant, nous découvrons des lits de camp, pour la plupart en bon état. Ceux qui ne sont pas réparables serviront à d'autres usages. Nous bricolons par exemple des sièges pour la salle d'attente. Des sommiers métalliques superposés deviendront de solides placards pour notre pharmacie quand notre menuisier y aura mis des tablettes en bois ; le résultat est presque élégant. Les robustes caisses en bois sont elles aussi mises à profit. Je demande au menuisier d'en faire des étagères pour notre logement. Il y en a tellement que les murs d'une des salles sont couverts de rayonnages jusqu'au plafond ; cela fait très moderne, très professionnel, tout en étant personnalisé et réalisé avec amour.

Une des caisses contenait des sortes de casaques sans manches, en pur coton. Qui pourrait porter cela ? Sûrement pas les Afghanes ! J'ai une idée : cela fera d'excellents champs opératoires, il suffit de découdre les côtés. D'autres, au contraire, seront cousues pour former des sacs qui recevront les instruments destinés à être stérilisés. Nous nous mettons aussitôt au travail.

Chaque jour quelqu'un a une nouvelle idée, qui est aussitôt mise en pratique par ceux qui ont les compétences requises. Peu à peu, nous voyons « notre hôpital » prendre forme sous nos yeux. C'est réellement une création collective.

Grondements de la guerre

Aucune région de l'Afghanistan n'est à l'abri de la guerre. Plus maintenant. Durant l'été, le front n'a cessé de se rapprocher de Chak-e Vardak. L'automne est là, et il n'est plus qu'à trente-cinq kilomètres. Les districts de Maidan et de Jaghatu, où les moudjahidin ont établi des bases importantes, sont les plus durement touchés. Pour prodiguer les premiers soins, les moudjahidin ont leurs propres secouristes, pas très nombreux à vrai dire. Nous avions pris l'habitude d'envoyer sur le front deux de nos aides-soignants, qui se relayaient toutes les semaines. Comme nous manquons nous-mêmes de personnel, je mets fin à ce service. Si les moudjahidin ont des blessés, ils peuvent nous les amener. Des ambulances de la Croix-Rouge et du Croissant-Rouge arabe assurent également l'évacuation des blessés sur Peshawar.

En règle générale, chaque camp est responsable de l'évacuation de ses blessés et de ses morts. Dans l'ensemble, ce système fonctionne assez bien, encore que selon nos critères les blessés soient très mal pris en charge. Souvent, allongés à même la plate-forme métallique d'un pick-up, sans avoir reçu de médicaments analgésiques, ils sont transportés des heures durant sur des routes défoncées. Pourtant, je ne veux plus envoyer mes aides-soignants sur le front ; j'ai trop besoin d'eux ici. Tous les jours, j'espère que cette guerre insensée prendra bientôt fin.

En réalité, la situation ne fait qu'empirer. Après un week-end selon la tradition islamique, autrement dit un samedi matin, le laborantin Fazil Elahi arrive en retard au travail, visiblement très perturbé. S'interrompant souvent pour pousser de profonds soupirs, il nous raconte que son village a subi de violents bombardements ; il y a même eu des morts. Quand il a voulu venir en aide aux victimes, le souffle d'une déflagration l'a projeté dans un fossé. Il a perdu connaissance, mais ne sait pas combien de temps il est resté évanoui. Quand il a repris ses esprits, il a aidé à amener des blessés jusqu'à une unité de soins mobile.

Mercredi, l'ingénieur Mahmoud était lui aussi parti pour un week-end prolongé en famille. Il avait promis de revenir aujourd'hui, samedi, car Yarmohamad doit de nouveau aller chercher de l'argent à Peshawar. L'ingénieur pourra remplacer Yarmohamad, et surveiller les ouvriers à sa place. Mais l'ingénieur Mahmoud n'est pas là. Le lendemain, toujours aucun signe de lui. C'est d'autant plus préoccupant que Yarmohamad ne peut pas partir.

Deux semaines passent, sans la moindre nouvelle. Il est certainement arrivé un malheur. Mahmoud ne s'absenterait pas aussi longtemps sans raison pressante. Comme il habite assez loin, le Dr Gulap et moi-même essayons de dénicher une moto pour aller voir ce qu'il devient. Peut-être a-t-il besoin d'aide. Mais impossible de trouver un moyen de transport ; et à pied, nous mettrions trois jours. Les dernières informations ne sont pas réconfortantes. Jaghatu et Ghazni, où vivent les proches de l'ingénieur, subissent des bombardements quotidiens. Nous imaginons déjà le pire, des images d'épouvante nous obsèdent.

Au bout de trois semaines, Yarmohamad se décide à aller voir sur place ce qu'il en est réellement. Pendant son absence, les ouvriers sont renvoyés chez eux. Quelque temps après le départ de Yarmohamad, nous découvrons l'ingénieur recroquevillé devant l'entrée de l'hôpital. Il nous raconte que son village a été bombardé. Il a dû accompagner sa famille ainsi que le bétail chez des parents qui les ont recueillis. Les attaques aériennes se succédaient sans répit, les habitants s'enfuyaient, terrorisés. En route, il avait rencontré des nomades qui pleuraient et se lamentaient. Il ne pouvait rien faire pour eux, leur avait-il dit ; ces stupides pilotes étaient incapables de distinguer les nomades des moudjahidin. Maigre consolation...

L'ingénieur Mahmoud est revenu depuis deux jours lorsque nous apprenons que la localité où il avait mis sa famille en sécurité, croyait-il, a été bombardée à son tour. Il est tellement inquiet pour sa femme et ses enfants que je le laisse rejoindre les siens. Toute cette région a subi de violentes attaques aériennes parce que Kaboul a appris qu'une formation de moudjahidin se dirigeait vers la capitale avec trente blindés.

Depuis trois jours, Tangi Seidan, un bourg situé à seulement trente-cinq kilomètres de Chak, est bombardé. C'est là que se trouve l'unique hôpital de la région, dirigé par des Arabes, où il est possible d'opérer les moudjahidin gravement blessés. Des patients terrorisés viennent se réfugier chez nous. Après ce que j'ai vécu à Khost, je me recroqueville de peur chaque fois que j'entends le grondement assourdissant d'un avion volant à basse altitude. Comme nous nous trouvons juste sur l'itinéraire des avions, nous pouvons prévoir quand une attaque aura lieu, et dans quelle direction. Parfois, la cible est tellement proche que l'on entend les explosions. De plus en plus souvent, je me demande quand ce sera le tour de Chak. Automatiquement, je me blottis contre le mur.

De temps en temps, aussi, un avion de reconnaissance nous survole. « Très mauvais ! commente Yarmohamad. Ils prennent des photos. » Il règle aussitôt sa radio sur la fréquence utilisée par les avions, pour épier ce que disent les pilotes. Comme il a fréquenté l'école militaire, il connaît la tactique et essaie de prévoir les mouvements de l'adversaire. Des moudjahidin blessés et leurs accompagnateurs nous informent également des victoires et des défaites, des bombardements et du nombre des victimes, pour lesquelles nous disons une prière.

Le lendemain d'un autre week-end, j'attends en vain le Dr Gulap. Il n'arrive qu'en milieu d'après-midi. Faute d'avoir trouvé un véhicule, il a dû marcher pendant six heures. Jadis, cet itinéraire était très fréquenté. Depuis la fermeture de la route Ghazni-Kaboul, il n'y a pratiquement plus de camions ni de voitures.

Qu'est-ce qui fait qu'un homme est méchant ?

Près de douze mois se sont écoulés. A l'hôpital, nous avons trouvé un *modus vivendi* à peu près satisfaisant. Seul l'infirmier Amin continue à poser des problèmes. Son arrogance agace tout le monde. Il adore les cancans, néglige son travail et manifeste son mécontentement chronique de façon on ne peut plus déplaisante. Par exemple, il a lourdement insisté pour que les deux filles du vétérinaire Hussein lui parlent de la misère aux Etats-Unis. Un autre jour, les instruments et médicaments de la salle de soins étaient dans un désordre indescriptible. J'ai vite tout nettoyé et remis de l'ordre mais, peu de temps après, tout était de nouveau sens dessus dessous. Impossible de trouver une seule compresse stérile, un seul pansement chirurgical utilisable !

Amin aime jouer le rôle du médecin qui distribue généreusement des médicaments. Beaucoup de patients apprécient le « Dr Amin », car il leur donne tout ce qu'ils demandent. Il bénéficie d'ailleurs de puissantes protections. Le Dr Gulap, médecin relativement inexpérimenté, tolère le comportement d'Amin, notamment parce qu'il compte sur lui pour le remplacer quand il va passer le week-end dans sa famille. Par ailleurs, il bénéficie du soutien des membres du Hezb-i islami, dont il partage les convictions fondamentalistes — les « Hezb » sont en effet les intégristes musulmans les plus intransigeants. Cette attitude extrémiste explique d'ailleurs son attitude de supériorité arrogante à mon égard — une femme, et de surcroît étrangère. Son comportement ne m'impressionne pas, et je ne me gêne pas pour le remettre à sa place, ni pour faire savoir aux autres ce que je pense de lui. Un médecin allemand actuellement en mission dans notre hôpital, le Dr Schilling, partage ma mauvaise opinion d'Amin. Ils sont en perpétuel conflit, et Amin l'a prévenu que cela pourrait devenir dangereux pour lui. La plupart des Afghans ne l'aiment pas davantage, mais n'osent pas s'opposer à lui de peur des conséquences. Il est probable que les Hezb le soutiennent car il rend de grands services au parti.

J'ai parfois l'impression que l'hôpital est contrôlé par les partisans du Hezb. Le comité local du parti nous envoie régulièrement des lettres demandant notre aide à divers propos. Personne n'ose rejeter leurs exigences. Dans une de ces missives ils nous demandaient de transporter d'urgence dans notre pick-up un moudjahid blessé à Sheikhabad, d'où une ambulance de la Croix-Rouge pourrait le conduire à Peshawar. A première vue, il n'y avait rien à redire ; en fait, cela cachait une pure et simple démonstration de force. Pour commencer, chaque parti ou faction est responsable du transport de ses propres blessés. Ensuite, je savais que ce jour-là deux jeeps étaient disponibles au bureau du Hezb. Et pour finir, le blessé nous avait été amené par le propre pick-up des Hezb, qui aurait fort bien pu l'emmener jusqu'à Sheikhabad. Mais le patient nous faisait pitié : il avait un pied déchiqueté par une mine. Nous ne voulions pas prolonger ses souffrances uniquement pour jouer nous aussi aux plus forts. Les rivalités politiques ne nous concernaient pas.

Un matin, je m'aperçois que plusieurs de nos collaborateurs sont absents. Non sans mal, je finis par apprendre qu'ils sont allés sur le front de Maidan, et ne reviendront que dans une semaine. De nouveau, une lettre du Hezb. Amin avait choisi plusieurs hommes et leur avait ordonné d'aller se battre. Personne ne s'était donné la peine de m'en informer. Je convoque aussitôt une réunion, et j'exige de faire savoir par écrit au Hezb que, compte tenu de notre manque chronique de personnel, cela ne devra pas se reproduire. Sans oublier qu'il faudrait au préalable obtenir l'autorisation de nos supérieurs de Peshawar.

Sur ces entrefaites, les responsables de notre organisation, conscients du problème, s'étaient demandé comment se débarrasser d'Amin. Quelqu'un avait proposé de le muter à Khost, en supposant qu'il refuserait d'y aller. Le refus d'une mission constitue une cause de renvoi. Mais nous n'avons pas été informés de la date à laquelle cette mutation prendra effet.

En grinçant des dents, nous continuons donc à tolérer les agissements d'Amin. Un jour, il me vient à l'idée d'informer celui-ci que nous n'avons pas besoin de ses services à la clinique, mais aucun de mes collaborateurs n'a le courage de lui transmettre ce message catégorique. Pourtant, je n'ai pas l'intention de supporter plus longtemps son comportement éhonté. Je fais comprendre à Yarmohamad que si j'aperçois Amin à l'hôpital, je m'en vais sur-le-champ, et ne reviendrai que quand il aura disparu. On s'efforce de me calmer et de convaincre poliment Amin d'accepter sa mutation à Khost. Mais un homme tel que lui ne comprend pas ce langage. Jour après jour, il revient à l'hôpital avec une assurance qui confine à la stupidité.

Fidèle à ma promesse, je quitte donc l'hôpital, tout en sachant fort bien que Yarmohamad et mes autres collaborateurs ne s'en tireront pas sans moi. Je ne sais trop comment, ils parviennent à sortir Amin de l'hôpital, puis viennent me chercher pour que j'assure la consultation. Le travail terminé, je suis informée que deux commandants m'attendent dans un bureau. C'est le beau Sedique, du parti islamique Jamniat, accompagné de son frère. Sur le modèle du Prophète, Sedique porte une longue barbe grisonnante qui lui mange le visage. Ses yeux bleus lancent des éclairs tantôt exaltés, tantôt glacials. Ses propos sont accompagnés de hochements énergiques de la tête surmontée d'un haut turban. Il souligne la gravité de la situation par les gestes péremptoires de ses mains étonnamment petites, qui contrastent étrangement avec son énorme cartouchière. En fait, Sedique et son frère, un ancien officier, sont venus me dire qu'ils s'étonnent que je tolère la présence de cet Amin. Comment leur expliquer ma situation ?

« Je sais qu'Amin est un méchant homme, mais je ne peux quand même pas le chasser avec une kalachnikov ! » Ma réponse semble satisfaire les deux commandants, qui prennent congé.

Amin n'en continue pas moins à venir à l'hôpital selon son bon plaisir. Un jour, il commet cependant une erreur fatale. Au début de la fête de l'Eit, il emporte la clef de la clinique. Résultat, lorsqu'on nous amène une urgence, nous ne pouvons pas entrer dans les locaux. Le lendemain, je dois de nouveau recevoir une délégation — cette fois, à ma surprise, ce sont des représentants du Hezb. Ils sont huit ou neuf, dont quelques instituteurs. Ils s'efforcent de me persuader de réserver un bon accueil à Amin, qui est après tout un bon « docteur ». Je rejette catégoriquement leurs arguments, en m'appuyant sur des exemples tirés de la vie quotidienne des moudjahidin. Je leur explique que je ne veux ni ne peux porter de jugements sur ces derniers, décréter que tel ou tel est bon, ou au contraire mauvais. Par contre, je connais mon métier, et je peux affirmer qu'Amin est un mauvais infirmier, qui commet de graves erreurs à l'égard des patients. Notamment en emportant la clef de hôpital, ce qui nous a empêchés de nous occuper de cas urgents. C'est exactement comme si un moudjahid s'endormait à son poste pendant une attaque ennemie, mettant ainsi ses camarades en danger de mort. J'illustre mon propos par quelques règles de comportement mentionnées dans le Coran, que j'avais étudié à Sadda. Mes interlocuteurs sont manifestement impressionnés par ma démonstration. Certains m'écoutent avec attention mais leur regard reste impénétrable. Un autre approuve énergiquement du chef — sans doute n'était-il pas vraiment convaincu du bien-fondé de sa mission. Je leur fais également comprendre que je me refuse à écrire une quelconque lettre de recommandation en faveur d'Amin. « Bon discours », me dit Yarmohamad, mon bras droit. Il est content de moi.

La routine quotidienne de l'hôpital reprend comme s'il ne s'était rien passé. J'apprends en passant qu'un patient refuse de se laisser piquer par un de nos infirmiers, Fazil Karim, mais je n'y accorde pas grande importance. Deux ou trois jours plus tard, un vacarme de voix interrompt mon travail. Dans le couloir, j'aperçois une bande d'adolescents armés de bâtons. Le groupe est dominé par un instituteur au regard sombre. Je demande ce que cela signifie. « Ils sont venus pour me tabasser », m'explique Fazil Karim d'une voix tremblante de rage. Je suis révoltée, tout en me demandant ce qui se passe réellement. Pensant qu'ils n'oseront pas s'attaquer à moi, je me mets devant Fazil Karim. Aidée par Yarmohamad et par le frère de Fazil Karim, que nous avons engagé comme menuisier, je réussis à les mettre dehors.

Cette fois, la coupe est pleine. Je vais de salle en salle pour annoncer que les patients qui sont là seront soignés jusqu'au bout ; ensuite, je ferme l'hôpital. Je tiens à faire comprendre à tous que je ne tolérerai en aucun cas qu'un de nos collaborateurs se fasse rosser au sein même de l'hôpital. Tous les membres de l'équipe sont d'accord avec moi : ils ne reprendront pas le travail tant que notre sécurité ne sera pas garantie.

Après cet incident, une shura est convoquée.

Je commence par exprimer clairement mon sentiment : « Je suis profondément déçue et consternée. Il est inconcevable que l'on utilise des écoliers, des jeunes qui représentent l'avenir de l'Afghanistan, pour régler des différends. J'aimerais d'ailleurs savoir pour quelle raison Fazil Karim devait subir la bastonnade ?

— C'est un méchant homme, répond en hésitant un membre de la shura. C'est à cause de cette Française, une certaine Catherine... »

Maintenant, je comprends tout. Entre Amin et Fazil Karim, il existe une rivalité bien connue. Et cela ne date pas d'hier. Amin a peur que, maintenant que sa présence est devenue indésirable à l'hôpital, Fazil Karim prenne sa place. Par conséquent, il répand des rumeurs selon lesquelles ce dernier aurait eu avec une femme médecin française des « relations », quoi que l'on entende par là.

Ensuite, j'apprends également que deux des instituteurs sont des parents d'Amin. Celui-ci les a mobilisés, ainsi que leurs élèves, pour se débarrasser de Fazil Karim. Les écoliers avaient déjà été utilisés pour empêcher ce dernier d'aller au travail. Lorsque Amin a finalement été chassé de l'hôpital, cela a déclenché cet incident majeur. Mais aucun des participants n'avait prévu notre réaction. Depuis que nous avons décidé de fermer l'hôpital, les instituteurs ont peur — d'autant qu'ils ont agi sans l'accord des commandants. Ils nous supplient de revenir sur notre décision, mais nous restons inébranlables : l'hôpital ne rouvrira que si la shura se porte garante de notre sécurité.

Trois jours après cette première réunion de la shura, je suis informée du résultat de ses délibérations : l'accès de l'hôpital est désormais interdit à Amin — ainsi qu'à Fazil Karim. La rumeur selon laquelle il aurait eu des relations avec une étrangère lui a fait perdre la face, la société afghane le rejette. A Chak, il n'a plus une chance. Il faudra qu'il aille chercher du travail ailleurs, loin de sa famille. S'il vient rendre visite aux siens, il ne devra pas se montrer hors de la maison familiale. Fazil Karim ne peut que s'incliner devant la décision de la shura.

Nous rouvrons donc l'hôpital. Ma position est renforcée et, grâce à cet incident regrettable, je suis devenue une interlocutrice valable. Le timing est d'ailleurs parfait. Nous profitons de ce beau début d'été pour déménager : nous quittons enfin la centrale électrique pour nous installer dans les nouveaux bâtiments de l'hôpital. Nous réussissons à tout transporter en un seul jour. Pour fêter ce grand événement, nous organisons une fête à laquelle tout le monde est invité. Nous allons dans un petit village perdu pour choisir une belle chèvre dans le troupeau. L'achat est scellé devant une tasse de thé accompagnée de yaourt.

Le lendemain, nous faisons bombance : kebab, köfte et « riz à la Kaboul », avec épices, raisins secs et morceaux de carotte macérés dans un sirop de sucre. Pour finir, le thé rituel, avec diverses pâtisseries afghanes et des amandes enrobées de caramel. Je regarde avec attendrissement le

Dr Gulap, vêtu d'une blouse immaculée, aller avec fierté de groupe en groupe.

Et parfois l'impuissance

Il fait déjà nuit lorsqu'on nous amène un vieil homme qui a reçu sept coups de couteau. Des moudjahidin lui ont tendu un piège. Il a eu de la chance : aucun organe vital n'est touché. Entouré de nombreux membres de sa famille, il offre un spectacle pitoyable et lance des regards accusateurs à la ronde. Nous le gardons jusqu'au lendemain. Ses proches me racontent l'histoire de sa vie — et celle de la centrale hydraulique.

J'avais toujours trouvé surprenant que la centrale, située en plein territoire contrôlé par les moudjahidin, ne soit pas bombardée. Et maintenant, j'apprends non sans surprise que tout le personnel de la centrale est payé par le régime communiste en place à Kaboul. J'avais sans doute remarqué que les ouvriers de la centrale étaient isolés, exclus de la communauté de Chak, et que, quand ils venaient se faire soigner, ils restaient étrangement taciturnes — mais je n'avais jamais vraiment posé de questions à ce sujet.

Le blessé est précisément un de ces ouvriers dont la présence est tout juste tolérée. Suite à je ne sais quels démêlés, les moudjahidin ont voulu lui donner un avertissement, d'une manière à vrai dire pas très honorable. Guetter un vieil homme dans l'obscurité n'est pas à proprement parler un acte héroïque.

Sans même parler de ces urgences, nous ne chômons pas. Chaque jour, pas moins de cent trente personnes se présentent à la consultation de médecine interne. Le diagnostic le plus fréquent est la dysenterie amibienne. Malheureusement, les gens boivent n'importe quelle eau, ou ne la font pas bouillir assez longtemps. Pour les enfants l'amibiase a souvent des conséquences dramatiques, voire mortelles pour les tout-petits. Beaucoup d'enfants amaigris et déshydratés viennent se faire soigner trop tard. De surcroît, les parents ne respectent pas toujours le dosage des médicaments, de sorte qu'ils restent inefficaces.

Selon cet islam rigoureux, une femme ne peut pas être examinée par un homme autre que son mari. En cas d'urgence, c'est donc moi que les médecins appellent à la rescousse. Certains cas sont tragiques, et dépassent mes capacités. Un jour, je dois venir m'occuper d'une femme en couches qui ne peut plus pousser. Les contractions ont commencé il y a au moins vingt heures. Après l'avoir examinée, je dis au Dr Gulap qu'il faut absolument provoquer l'accouchement, car le placenta s'est probablement déplacé. Le médecin estime qu'il est préférable que le bébé naisse naturellement. Certaine d'avoir raison, je demande alors au mari d'autoriser le Dr Gulap à examiner la parturiente — bien entendu en présence du mari lui-même et de sa mère. J'ai souvent constaté que le Dr Gulap ne demande qu'à aider les femmes, mais qu'il respecte rigoureusement les règles de comportement traditionnelles de l'islam. Avec l'accord du mari, il finit par pratiquer l'examen en personne. Il confirme mon diagnostic, et provoque sans tarder l'accouchement. Complètement exténuée, la femme met au monde un garçon en parfaite santé. Heureux et soulagés, tous oublient que la « sage-femme » était un homme.

Le soir du même jour, un autre cas urgent requiert ma présence. La patiente, âgée de quarante ans et enceinte de six mois, saigne abondamment depuis deux jours. Elle est tellement affaiblie qu'il n'est même pas possible de prendre sa tension. La pauvre femme, qui a déjà été enceinte à dix reprises, a fait de nombreuses fausses couches ; elle n'a pu mettre au monde que deux enfants vivants. Nous lui posons une perfusion, et organisons son transport immédiat à l'hôpital de Tangi Seidan, où une transfusion de bras à bras est possible. Son frère l'accompagnera pour lui donner son sang. Quelque temps après j'apprends qu'elle a perdu l'enfant, et ne pourra pas en avoir d'autre.

Une autre fois, nous sommes en présence d'une femme dont le placenta s'est rompu. Au village, quelqu'un lui a fait une piqûre de Methergin, avec pour conséquence que l'utérus contracté a retenu une partie du placenta. Mon rôle se borne cette fois à convaincre le mari et la famille qu'il faut la transporter d'urgence à Tangi Seidan. Dans un cas comme celui-ci, c'est ce qu'il y a de mieux à faire. Souvent je suis amenée à prendre des décisions dans l'urgence, sans avoir le temps de réfléchir longuement au problème. Et ensuite, je suis profondément angoissée par mon incertitude et par mon impuissance.

Une noce en décembre : du côté des femmes

Au plus fort de l'hiver, en décembre, une noce est annoncée : le frère du Dr Gulap se marie ; nous sommes tous invités. Et moi, me marierai-je un jour ? Ce sujet éveille toujours chez moi des sentiments mitigés. Ma mère a perdu son premier mari pendant la guerre. Le second a décampé sans prévenir, l'abandonnant avec quatre enfants et des montagnes de dettes. Assoiffé d'aventures, il est parti pour l'Amérique du Sud, où il était encore possible de se faire oublier. Bien plus tard, je suis allée le voir à Sao Paulo, au prix d'une traversée de dix-huit jours. Je voulais lui demander des explications, car non seulement il nous avait lâchement plaqués mais il me battait sans pitié ; il a paru vaguement gêné de me voir, sans plus. Après cette rencontre infructueuse, je pus au moins consacrer toute mon énergie à mes clientes millionnaires.

Quoi qu'il en soit, les maris qui veulent tout diriger en ne pensant qu'à leurs propres intérêts ne sont pas pour moi. Je n'ai jamais su obéir. Sinon, je me serais peut-être faite nonne, ayant été éduquée dans une école de sœurs catholiques. Mais leurs innombrables règles, sans compter l'obligation de porter cette drôle de coiffe appelée cornette, me répugnaient. Et me voici au pays des femmes voilées, en route pour un mariage ! Nous prenons la vieille ambulance. Comme s'il pressentait le sort qui l'attend, le mouton que nous amenons en guise de cadeau ne cesse de bêler pitoyablement. Nous arrivons au village où a lieu le mariage ; l'on nous souhaite joyeusement la bienvenue. Fait inhabituel, au lieu d'être obligée de manger avec les femmes, je suis autorisée à rester parmi les hommes. Après le délicieux repas, deux moudjahidin dansent au son des flûtes et des tambourins, avec force gestes expressifs et éloquents. Je finis par être gênée, car tous les assistants guettent mes réactions. A ma demande, le Dr Gulap m'accompagne en souriant à la salle des femmes.

Dès qu'elles m'aperçoivent, des femmes maquillées et chargées de bijoux viennent m'entourer, suivies par une ribambelle d'enfants. Une dame d'un certain âge, sans doute la mère du Dr Gulap, a beaucoup de mal à m'arracher à leurs étreintes. Au fond de la pièce, une femme danse, mais je la vois à peine car personne ne se pousse pour me permettre d'approcher. Au bout de quelques minutes, je renonce, et réussis à m'échapper. Le Dr Gulap m'attend devant la porte, comme s'il s'était douté que je ne me plairais pas « du côté des femmes ». Sentant ma gêne, il me dit simplement : « Vous êtes fatiguée, c'est naturel. » Il me conduit à une chambre calme et joliment décorée, où je pourrai dormir seule.

Après un petit déjeuner copieux, nous prenons congé. Au moment de monter en voiture, l'ingénieur Mahmoud me dit joyeusement : « Ils espèrent que cela vous a plu, et que vous reviendrez les voir. »

Tous mes collaborateurs savent que mon contrat avec l'organisation humanitaire qui m'a envoyée en Afghanistan, le DAK, expire à la fin du mois. Je vais regagner l'Allemagne pour passer de nouveaux examens organisés par le service allemand d'aide aux pays en voie de développement. Mon plan est le suivant : je voudrais retourner à Chak-e Vardak, non plus à titre d'« infirmière-chef », mais en tant que directrice de projet, avec tous les pouvoirs nécessaires. Une autre raison est que j'ai besoin de vacances ; dans ce triste pays, l'hiver est intolérable.

6

1992. Hôpital de Chak-e Vardak, suite : portrait de groupe avec dame

Je n'osais trop y croire, mais tout s'est passé comme je le souhaitais. Le service d'aide aux pays en voie de développement me renvoie en Afghanistan en qualité de responsable de projet. Qui plus est, je suis affectée à Chak ! Quand ils me voient préparer une fois de plus mon sac de marin, mes amis allemands ne sont pas à proprement parler enthousiastes. Mais ils connaissent depuis longtemps mon obstination, ma volonté farouche de m'affirmer en tant que femme. Ce n'est pourtant pas de gaieté de cœur que je mets fin à ce bref intermède, renonçant une fois de plus au confort et à la « civilisation ». Si je le fais, me dis-je, c'est pour l'Afghanistan, pour aider ses habitants que j'ai appris à aimer. On n'abandonne pas des hommes et des femmes qui ont besoin d'aide.

Je choisis aussi des cadeaux pour mes nombreux amis et amies. Dans un pays comme l'Afghanistan, il ne suffit pas d'apporter la santé ; la beauté a également son importance. Dans une existence qui offre si peu d'occasions de s'exprimer, les cosmétiques sont davantage qu'un simple « maquillage ». Je compose avec amour de petites trousses contenant rouges à lèvres, fards à paupières, mascara et crème de soins pour la peau. Le choix des couleurs exige toute mon attention ; des rouges à lèvres rouge foncé et des fards à paupières bleus vont bien aux Européennes à la peau claire, mais pour des femmes orientales au teint bistre ou olivâtre et aux yeux noirs, il convient d'éviter ces couleurs. Pour les commandants, je choisis des portefeuilles et des serviettes en cuir. Je me réjouis de leur faire ce plaisir.

En mars, tout est prêt pour le départ. Accompagnée par mon amie Margarete, j'arrive à l'aéroport de Francfort avec mes cent trente-cinq kilos de bagages. Avant de me présenter à l'embarquement, j'attends l'arrivée d'un messager de l'organisation humanitaire pour laquelle je travaille. Il doit m'apporter de l'argent. Quand il arrive enfin, il me remet dix épais dossiers, mais pas un seul mark. Je sais ce que je dois en penser. Je commence à soupçonner que tout était prémédité : on m'utilise comme un simple instrument, dénué de pouvoir réel. Pour toute mission à l'étranger, les organisations humanitaires allemandes doivent envoyer sur place au moins un Allemand. Connaissant sans doute ma nature généreuse et mon apparente docilité, la communauté germano-afghane a tout organisé en conséquence.

Je prends donc l'avion sans un sou en poche. Un verre de champagne me met de meilleure humeur. A Karachi, le changement d'avion se passe relativement bien, malgré mes nombreux bagages. A Peshawar, je suis accueillie par Mustafa, le représentant afghan du DAK, et par Monika, une inspectrice allemande de l'Union européenne.

Au fil des jours, j'apprends à mieux connaître Monika. Elle veut que je lui apprenne tout ce que je sais, ni plus, ni moins. Cela ne me plaît pas beaucoup ; après tout, j'ai investi trois années de dur travail pour acquérir cette expérience. Qui plus est, au lieu de discuter agréablement des sujets qui l'intéressent, elle me pose des questions sur un ton autoritaire : c'est un véritable interrogatoire. Cela me plaît encore moins. Je repousse ses exigences, en faisant valoir qu'il serait préférable d'attendre l'arrivée du directeur allemand, qui me donnera des instructions détaillées.

Lorsque le directeur arrive enfin à Peshawar, que fait Monika ? Elle va droit à son hôtel et lui présente sa démission, en expliquant que la coopération avec son organisation lui paraît trop difficile, et que de surcroît je ne lui ai apporté aucun soutien. Monika renonce donc. Contrairement à moi, elle n'a pas encore laissé son cœur en Afghanistan.

Aveuglée par mon amour du prochain, et fort naïve, je continue à travailler, bien que mes supérieurs ne m'autorisent même pas à assister aux réunions. Je ne suis informée des décisions que partiellement et avec du retard. Une fois de plus, je trouve des excuses à ce comportement invraisemblable — je suis acceptée, me dis-je pour me rasséréner, inutile de me faire du souci. A Chak, je retrouverai mon indépendance.

Lorsqu'un représentant de l'Union européenne essaie de m'interroger sur Mustafa, mon supérieur afghan, je protège ce dernier ; j'affirme ne rien pouvoir lui dire, car je ne sais rien. Ce qui est faux. En Allemagne, Mustafa, qui est naturalisé allemand, a bénéficié pendant deux ans de l'aide sociale. Auparavant, il possédait une entreprise de transports, qu'il a dû fermer à cause d'affaires troubles. J'apprendrai plus tard que la contrebande de munitions et de drogue n'y était pas pour rien. Je me demande vraiment pour quelle raison je l'ai couvert ainsi. Dès le lendemain, il m'inflige une nouvelle humiliation.

Mustafa nous convie tous à une dernière conférence, car le responsable allemand repart dans quelques jours. Le dîner de travail sera consacré à la répartition des tâches, sujet qui m'intéresse particulièrement. Les présentations terminées, je suis aimablement invitée à aller rejoindre les femmes et les enfants, qui mangent dans une salle séparée. Je suis surprise et quelque peu indignée : comme il s'agit autant d'une réunion de travail que d'un repas, ma place devrait être aux côtés des hommes. Je m'exécute à contrecœur. A la fin du repas, lorsqu'on nous sert le thé traditionnel accompagné d'amandes et de raisins secs, je me permets de demander quand je pourrai participer aux discussions. L'épouse de Mustafa envoie aussitôt quelqu'un chez les hommes. Peu après, Mustafa arrive en personne et me dit d'une voix doucereuse, avec son plus charmant sourire » : « Allons, Karla... vous travaillez avec votre cœur, pas avec votre autorité. » Tout devient clair : la réunion est terminée et ils ont décidé de mon sort en mon absence. Je serre très fort mon sac à main, dans lequel j'ai précieusement conservé l'attestation spécifiant que le personnel de Chak était placé sous ma direction.

Vient le jour du départ du directeur allemand.

J'insiste pour l'accompagner à l'aéroport. Bien qu'il m'assure que c'est inutile, cela me semble aller de soi : je suis sa collaboratrice, après tout. C'est une soirée lourde et brumeuse. Nous sommes réunis dans le hall à la lumière parcimonieuse de quelques néons : portrait de groupe avec dame. Beaucoup de non-dits nous séparent ; nous sommes tous embarrassés et un peu fiévreux. Au moment de prendre congé, le directeur me souhaite bonne chance, mais il est tellement gêné que sa voix s'étrangle.

« Ils ne connaissent pas encore ma détermination, me dis-je le lendemain en commençant à tout organiser pour l'hôpital de Chak. Pas question qu'un quelconque directeur me dicte ce que je dois faire ! » Je rallie à ma cause Martine, une femme médecin originaire de Bordeaux dont j'avais fait la connaissance lors de mes derniers séjours à Peshawar ; elle travaille pour l'organisation humanitaire française Avicenne. Avec son aide, je voudrais lancer à Chak un programme de vaccinations, notamment contre la poliomyélite et le tétanos. Grâce à son dynamisme et à son rayonnement, elle réussit à obtenir des vaccins gratuitement, et même du personnel compétent qui nous aidera pendant la campagne de vaccination. De surcroît, une gynécologue afghane viendra — probablement, mais ce n'est pas encore certain — travailler deux jours par semaine à Chak. De son côté, le *Swedish Committee* mettra à notre disposition des infirmiers et des aides-soignants, tandis que le DAP (*Disabled People*, une organisation des Nations unies chargée de l'aide aux handicapés) nous propose un kinésithérapeute. L'Union européenne contribuera au financement. Notre petit dispensaire est en passe de devenir un véritable hôpital.

Tournant politique

En mars 1992, les événements se précipitent. Le président Nadjibullah démissionne et un gouvernement de transition est mis en place. En attendant (en principe) des élections libres, ce gouvernement provisoire sera composé de représentants des principaux groupes de moudjahidin. Les réfugiés sont fous de joie, surtout au Pakistan, mais aussi en Afghanistan, où beaucoup de gens ont dû quitter leur domicile suite aux bombardements ou à l'occupation des villes par les forces procommunistes. Beaucoup se voient déjà de retour à Kaboul, surtout ceux qui appartenaient jadis aux « couches supérieures » de la société et jouaient un rôle important dans la capitale. Tous forgent des plans et sont impatients de se mettre en route.

Je suis témoin de cette excitation dans la maison de Mohammed Rassuhl, où je suis logée à Peshawar. Le chef de famille, Mohammed, dont le père exerçait d'importantes fonctions politiques sous la monarchie, était étudiant en agronomie lorsque la guerre a éclaté. En collaboration avec des étudiants allemands, il avait également fondé une organisation d'entraide. Il a rencontré sa femme Mariam en Allemagne, où elle avait émigré. Ce fut le coup de foudre. Tous deux avaient regagné le Pakistan par voie de terre, et vécu dans des conditions difficiles, surtout au début, dans un camp de réfugiés. C'était particulièrement dur pour sa femme. Mariam, parente éloignée de la famille royale et de l'ex-président Daoud, avait l'habitude d'une certaine aisance. Il lui fallut s'accommoder de conditions de vie primitives, et accepter que les réfugiés ne soient pas mieux considérés que des mendiants. A Kaboul, elle avait également pris l'habitude d'une certaine liberté, que la société islamique de l'époque autorisait. Maintenant, elle se trouve reléguée dans l'anonymat de la burqa.

Un an après leur arrivée au Pakistan, Mohammed Rassuhl eut l'occasion d'organiser depuis Peshawar des missions humanitaires en Afghanistan. Pour lui et sa famille, c'était une chance inespérée d'échapper à l'existence misérable des réfugiés et à leur isolement. Ils reprenaient littéralement vie. Mariam se voyait déjà retrouver son statut social d'antan, et mettait tous ses espoirs en Mohammed Rassuhl : « Il a pris un nouveau départ, il va de nouveau gagner de l'argent ! » Mais qu'en était-il réellement ? Pour réussir, ici comme partout dans le monde, il faut des relations. Et celui qui ne répond pas aux attentes retombe vite dans l'oubli. Mariam vivait dans la crainte que son mari ne présume trop de ses capacités, et qu'ils ne soient menacés d'un nouvel exil.

Mariam connaît trop bien son Mohammed, qui donne l'impression d'être un ours maladroit, un brave garçon un peu fanfaron. Mohammed se croit très malin, alors qu'en réalité il est plutôt naïf. Il est persuadé qu'un bon repas, une conversation agréable et quelques jouets offerts aux enfants suffisent à s'assurer la sympathie et le soutien des gens. Plus lucide que lui, Mariam réalise que pour réussir il faut davantage que cela. Au début du bouleversement politique, Mohammed Rassuhl connaît un regain d'optimisme. Il essaie fiévreusement de nouer des relations avec ceux qui pourraient bientôt avoir leur mot à dire. Mais ce n'est pas si simple. La politique est un jeu trompeur. Comment savoir qui va réellement jouer un rôle important ? En attendant, il faut « voir et se faire voir », comme dit le proverbe. Mohammed Rassuhl est en quête d'idées, de projets susceptibles de le faire connaître. Son premier plan consiste à venir en aide aux Kaboulis les plus déshérités. Il le rejette rapidement, de peur que cela ne lui vaille une réputation de « communiste ». Ensuite, il envisage une aide alimentaire d'urgence, en faisant venir du Pakistan des milliers de tonnes de céréales ; en effet, selon la radio afghane elle-même, la population a froid et ne trouve plus rien à manger. Pour le moment du moins, cela se révèle irréalisable compte tenu des complexes rapports de forces et de la situation confuse du pays ; les témoignages faisant état d'attaques et de pillages se succèdent sans répit. L'enthousiasme des premiers jours cède la place au découragement, voire à l'effroi.

On sait maintenant que Nadjibullah a été contraint de démissionner par ses propres partisans. L'on apprend également qu'Ahmad Chah Massoud, le chef du Jamniat, un des principaux partis islamiques, a eu pendant la guerre des contacts au plus haut niveau avec le régime de Kaboul, comme en témoigne le fait qu'il ait pu franchir à plusieurs reprises le col de Salang, point de passage entre l'Afghanistan et l'ex-Union soviétique, en vue de pourparlers secrets. Décidé à assurer lui-même la succession de Nadjibullah, Massoud prend Kaboul par la force des armes. Peu après, il dissout le gouvernement de transition. Cela met fin aux espoirs d'union entre les différentes composantes du pays. Il n'est plus question d'élections libres. De nombreux hommes politiques afghans sont outrés, de même que la population, quand Massoud s'allie avec le Gelam Jam, la milice universellement haïe de l'ancien gouvernement de Kaboul.

Gulbuddin Hekmatjar, le chef du parti fondamentaliste Hezb-e islami, voit croître son influence, bien qu'au début son islamisme radical trouve peu de partisans en Afghanistan. Principal adversaire de Massoud, Hekmatjar est implanté aux environs de Kaboul, et bombarde les quartiers sud de la ville, où sont cantonnées des unités du Gelam Jam. Il ne s'agit plus du djihad, « guerre sainte » servant de prétexte à des objectifs politiques, mais d'une simple lutte pour le pouvoir. Une ville après l'autre tombe aux mains de diverses factions — « comme des raisins trop mûrs », écrit d'une façon imagée le *Frontier Post*. Des combats éclatent un peu partout, les transfuges de diverses couleurs politiques ne sont pas rares. Un conflit ethnique menace entre les Pachtoun et les tribus parlant le farsi. Les Pachtoun, qui représentent alors plus de la moitié de la population afghane, n'accepteront jamais la domination d'autres groupes. Peu à peu, la joie et l'espoir se changent en résignation. Mohammed Rassuhl est maintenant persuadé que, dans tous les cas de figure, il sera perdant. Que ce soit sous Massoud ou sous Hekmatjar, il n'a aucune chance de se faire une place au soleil à Kaboul. Un moment, il reprend espoir : le professeur Moudjaddidi, homme politique « neutre », revient sur le devant de la scène. Or, le professeur a des ancêtres hazara, comme Mohammed Rassuhl lui-même. Jadis, celui-ci se cachait d'être un Hazara, car les Pachtoun se moquaient volontiers de cette ethnie jugée « inférieure ». A présent, il s'efforce de renouer d'anciennes relations.

Moudjaddidi a été désigné pour faire partie du gouvernement de transition, ou « Conseil provisoire ». Accompagné de membres de sa famille et d'une escorte armée, il s'est aussitôt mis en route pour Kaboul : un combattant solitaire, qui a toutefois de l'argent et bénéficie du soutien d'Etats étrangers. Pour des raisons de sécurité, les autres membres du Conseil ont préféré rester à Peshawar. L'aéroport de Kaboul étant contrôlé par le Gelam Jam — « la milice », comme l'appellent les moudjahidin — qui menaçait d'abattre tout avion qui tenterait de s'y poser, Moudjaddidi fit le trajet en jeep, *via* Jalalabad. Arrivé dans la capitale, ses activités se limitèrent d'aileurs à prononcer des discours diplomatiques.

Pendant ce temps, Hekmatjar combattait avec acharnement la milice — et les forces de Massoud. Les miliciens du Gelam Jam ont une réputation terrifiante. Ils parcourent les rues en tuant et en se livrant au pillage. Des maisons sont incendiées, de nombreux Kaboulis s'enfuient chez des parents établis en province. Kaboul ne connaît plus de lois, aucune police n'assure l'ordre. C'est une deuxième Beyrouth. Le chaos, la panique, l'angoisse sont le lot quotidien des citadins. Les différents quartiers sont dominés par autant de factions. Les Afghans en exil connaissent eux aussi le deuil, l'impuissance, la dépression. Dans les camps de réfugiés, personne ne comprend que des luttes fratricides aussi meurtrières aient pu succéder au djihad, qui est en principe terminé. Comment ces fondamentalistes peuvent-ils justifier l'assassinat d'autres musulmans au nom de l'islam, alors qu'il est écrit dans le Coran « Celui qui tuera un autre croyant sera précipité en enfer pour l'éternité »... Le premier enthousiasme passé, personne ne veut retourner dans une ville en proie au fanatisme.

Mohammed Rassuhl et Mariam aspirent à la paix, à une vie tranquille. Ils envisagent de vendre toutes leurs possessions pour aller s'établir au Tadjikistan ou en Ouzbekistan. Ce sont également des pays musulmans, se disent-ils pour se donner du courage, la langue y est analogue et la vie, bon marché. Mais, dans la confusion générale, ils sont incapables de prendre une décision.

Traversée d'un pays ravagé par les bombes

En dépit de la situation politique très instable, je prépare d'arrache-pied mon départ pour Chak-e Vardak. Même la nouvelle qu'un médecin norvégien travaillant pour la Croix-Rouge internationale a été abattu par un moudjahid alors qu'il accompagnait des blessés n'entame pas ma résolution. Interrogé, le moudjahid qui avait tiré déclara qu'il y avait été contraint par un mollah, lequel justifiait ce meurtre par le fait que cet homme n'était pas musulman. Par la suite, l'on apprit que l'ordre émanait probablement d'Arabes. En tout état de cause, il est actuellement impossible de savoir avec certitude quelle sera la réaction à l'égard d'étrangers. Je n'en suis pas moins certaine que je serai en sécurité à Chak, car j'ai une entière confiance en mes vieux compagnons.

Le 28 avril 1992, nous partons enfin pour Chak. Notre convoi, composé de deux pick-ups et d'un camion, transporte non seulement du personnel pour l'hôpital, mais aussi des ouvriers et du matériel. Il ne manque rien. Une fois de plus, c'est un saut dans l'inconnu. Je ne suis pas très rassurée ; il n'est pas facile d'oublier les nombreuses mises en garde. Sans compter que je me sens responsable de la sécurité de mes collaborateurs.

Nous faisons halte pour la nuit à Sadda. On nous a préparé un repas somptueux — poulet, riz à la Kaboul, aubergines frites accompagnées d'une sauce au yaourt — mais l'ambiance est morose. Tous les convives sont perdus dans leurs pensées, la tête basse, le regard terne. Ils pensent aux amis ou aux parents dont ils sont sans nouvelles depuis longtemps, et dont les villages se trouvent peut-être dans la zone des combats. Cette incertitude constante ne permet pas d'oublier ne serait-ce qu'un instant le contexte politique. Les hommes ne cessent de porter la main à leur pakol comme pour se gratter la tête, geste exprimant la perplexité et l'impuissance face aux événements.

A Sadda, je suis heureuse de retrouver Hadji Daoud. Mon garde du corps personnel m'est devenu très proche. D'emblée, il me dit avec quelque reproche que j'aurais mieux fait d'attendre une ou deux semaines pour entreprendre ce voyage : d'ici là, la situation se serait peut-être un peu éclaircie. Il me raconte ensuite l'histoire d'un célèbre commandant qui s'était toujours battu héroïquement pour son pays, et dont tout le monde ne disait que du bien. Mais lorsqu'il tomba au combat, il fut vite oublié et personne ne vint en aide à la famille endeuillée...

Nous repartons le lendemain matin. Nous avons changé de formation ; cette fois, un des pick-ups précède de un kilomètre les autres véhicules ; en cas de danger, il pourra avertir les autres, qui auront le temps de faire demi-tour. Notre itinéraire traverse d'abord le district de Khost. L'ombre des nuages dessine des motifs fascinants sur les collines. Je découvre avec joie des tapis d'orge encore verte. Les champs ont donc été ensemencés, ce qui est bon signe. La ville même de Khost semble elle aussi renaître à la civilisation. Nous déjeunons dans un petit restaurant du bazar. Un sentiment d'insécurité profondément ancré me pousse à m'installer dans une encoignure, cachée par mes compagnons, bien que les clients palabrent comme dans les temps anciens, à grand renfort de gestes et de mimiques. Cela me rappelle les conteurs de jadis, impression renforcée par la pénombre qui règne dans le bazar, par les longues barbes et les turbans. Rien n'a changé depuis des siècles, à cela près que les caravanes de chameaux ont été remplacées par des jeeps, des pick-ups et des camions.

Nous traversons maintenant une région dévastée par des décennies de combats et de bombardements, car le district de Tani se trouve sur la route de Kaboul. Tout est désert, pas une seule tache de vert. Le système d'irrigation est entièrement détruit. La situation militaire a été modifiée depuis si peu de temps que j'ai d'abord du mal à croire que nous pouvons passer par ici sans avoir constamment peur des bombardiers. Nous arrivons au carrefour de la route de Sormat, déviation que nous devions toujours emprunter pour ne pas tomber aux mains des forces gouvernementales. Aujourd'hui, nous pouvons continuer à suivre la route principale. Sans rencontrer un seul poste de contrôle, nous arrivons à Gardez dans l'après-midi.

Nous n'en croyons pas nos yeux. Cette très jolie ville, tapie au milieu des collines, est maintenant entourée de champs de mines. Le bazar est complètement détruit ; le peu qui restait a été pillé. Gardez a été systématiquement mise à sac. Tout a probablement disparu dans les poches des moudjahidin, ou a été vendu au Pakistan. Les vainqueurs paradent triomphalement : le détesté Nadjibullah est en effet né dans la région. Assise dans le pick-up, je dissimule de mon mieux mon visage imberbe ; mais je ne peux résister à l'envie de prendre une photo au téléobjectif en me penchant par la portière.

Nous repartons. En route, nous rencontrons des connaissances qui viennent de Kaboul. Elles nous conseillent de passer par Logar : la route reliant Gardez à Sormat n'est pas très bonne, et il n'est pas certain qu'elle ait été déminée. Nous croisons des camions de moudjahidin, qui remorquent une ambulance intacte et un autobus. Même nos compagnons afghans hochent la tête devant ce pillage éhonté.

La route de Logar, entourée de versants enneigés, est superbement goudronnée. Nous pouvons faire du quatre-vingts à l'heure ! Grisés par la vitesse, sensation si rare dans ces pays, nous rions et plaisantons. Bientôt, de nouvelles images d'horreur gâchent notre bonne humeur. Nous passons devant l'épave d'un camion qui a sauté sur une mine ; à en juger par son aspect, c'est arrivé récemment. Des deux côtés de la route, des postes militaires calcinés sont visibles. Les traces de la guerre sont partout. Les moudjahidin vainqueurs semblent se préparer au départ. Ils chargent des munitions, des hommes montent dans des camions avec leur paquetage... Tout cela est un peu incompréhensible et inquiétant, je sens mon cœur se serrer.

Le soleil est déjà couché lorsque nous arrivons à Sheikhabad, où nous avons prévu de dîner. Le directeur médical de l'organisation humanitaire préfère que je ne quitte pas le pick-up. J'accepte, mais je suis tout de même un peu déçue. Heureusement, mes compagnons dénichent une auberge où nous pouvons nous attabler ensemble. Le repas est assez cher, car le cours de l'afghani a beaucoup augmenté depuis le changement politique. A minuit passé, nous arrivons enfin à Chak-e Vardak, après avoir roulé pendant dix-sept heures. L'accueil est amical et chaleureux, mais les visages expriment une douloureuse interrogation : « Que va-t-il se passer à Kaboul ? »

Kaboul — des femmes sans voiles

C'est clair : il faut aller à Kaboul. Nous voulons voir de nos propres yeux ce qui se passe dans cette ville qui fut jadis une grande métropole. L'on signale encore des combats sporadiques ; même le fait que des véhicules soient parfois réquisitionnés ne suffit pas à nous décourager. Pareils à des papillons attirés par la lumière, nous tenons à voir la capitale de l'Afghanistan, dont l'accès nous a été interdit pendant tant d'années. Pour plus de sûreté, nous attendons d'avoir des laissez-passer tamponnés par les diverses autorités compétentes.

Je tiens à visiter Kaboul en compagnie de mes amis et collaborateurs afghans. Intégrée à leur groupe, je pourrai mieux découvrir la ville et sentir son ambiance. Lorsque les documents arrivent enfin, nous programmons l'excursion pour une fin de semaine. Nous partirons un jeudi après-midi — c'est alors que commence le week-end dans les pays musulmans —, après avoir veillé à ce que les patients ne manquent de rien.

Le Dr Gulap nous apprend qu'un de ses amis possède un minibus : exactement ce qu'il nous faut ! Cela nous évitera de prendre plusieurs voitures. Le propriétaire du bus est d'accord, d'autant que cela lui permettra de voir Kaboul, où il n'est jamais allé. Nous n'aurons à payer que le carburant diesel. Parfait. Le jour convenu, il s'aperçoit qu'il n'a pas la clef de contact ! Son frère était parti à Kaboul en l'emportant par mégarde. Nous sommes terriblement déçus ; nos visages s'allongent à vue d'œil. Pas question de renoncer. Je demande à l'ingénieur Mahmoud de faire tout son possible pour démarrer le bus. Finalement, une bonne nouvelle :

après avoir cherché partout, quelqu'un a déniché la clef de rechange. Plus rien ne s'oppose à notre départ. Nous faisons nos bagages à toute vitesse, puis avalons l'habituel repas de riz et de lentilles, lorsque nous entendons des coups de klaxon impérieux : le bus est là, en route !

Sur le toit du bus ont pris place trois moudjahidin armés de kalachnikovs. L'un d'eux, qui semble sympathique, a une main droite artificielle, ce qui ne l'empêche pas de manier son arme avec une grande habileté. Curieuse, je demande à l'ingénieur Mahmoud qui sont ces hommes.

« Des amis à lui », répond-il en montrant de la tête le chauffeur du bus.

En cours de route, nous nous arrêtons régulièrement pour rajouter de l'eau dans le radiateur de la voiture, et en profitons pour nous rafraîchir. Quelqu'un a apporté un poste de radio, qui diffuse de la musique afghane, le son réglé au maximum. Nous sommes heureux. Le cliquetis et les halètements du moteur ne font que renforcer notre impression d'être en vacances.

Nous arrivons sur la route de Kaboul. Des années durant, c'est ici que s'arrêtait notre horizon. Au-delà, il n'y avait que le rugissement des blindés et les explosions des bombes, que l'on entendait parfois jusqu'à Chak. Pour de nombreux réfugiés, cette route représentait le seul espoir d'échapper aux combats et aux malheurs de la guerre. Elle paraissait pourtant dans un état d'abandon total, comme si elle avait été oubliée des hommes pendant toutes ces tristes années. Depuis peu, on recommence à s'en occuper ; ici et là des tronçons ont été goudronnés, des entonnoirs de bombes ou des endroits défoncés par les chars ont été comblés avec de la pierraille.

Nous approchons de la « zone de la mort » de Maidan. Des deux côtés de la route, les collines sont truffées de mines ; parfois on voit l'un de ces engins de mort briller au soleil. Pas le moindre signe d'activité humaine dans la fertile vallée de Maidan, jadis réputée pour ses pommes douces et parfumées. Seuls quelques squelettes d'arbres calcinés, des murs de maisons en ruine rompent tristement la monotonie du paysage. Nous approchons de Maidan Shar ; c'est dans cette ville que le médecin norvégien de la Croix-Rouge a été tué. Je m'enroule dans mon patu et rabats la cape sur mon visage. Personne ne doit voir que je suis une étrangère. Les façades criblées d'impacts témoignent de la violence des combats. Nous traversons sans encombre le quartier du bazar. Quelques commerçants ont rouvert boutique, il y a même des maisons de thé. Maidan Shar et son bazar sont un point de passage obligé pour aller à Kaboul, ce qui explique cette timide reprise de l'activité commerciale.

Nous continuons à suivre la route principale ; où que l'on regarde, il y a des épaves de chars et de véhicules militaires. De temps à autre, des postes de contrôle soutenus par des blindés vérifient toutes les voitures.

Soudain, le paysage change : une vaste plaine s'ouvre devant nous, limitée au loin par des montagnes aux sommets enneigés. C'est le district de Paghman, m'apprennent mes compagnons, tout joyeux. Avant la guerre soviéto-afghane, c'était une destination touristique très fréquentée.

Peu de temps après, les premiers toits de Kaboul apparaissent. Emus, nous nous arrêtons. C'est l'heure de la prière de l'après-midi ; aujourd'hui, elle sera empreinte de reconnaissance. Au passage, nous apercevons la résidence de l'ex-président Daoud sur une hauteur. Entourée de vergers et de beaux jardins, elle domine toute la région. Bientôt, c'est la banlieue de Kaboul. Divers groupes de moudjahidin ont installé leurs camps, défendus par des blindés, à croire que la ville reste en état de siège. Au crépuscule, notre bus brinquebalant entre dans les faubourgs de la capitale. L'ingénieur Mahmoud et moi cherchons un taxi pour aller chez des parents de celui-ci, qui ont accepté de nous accueillir. Nos compagnons de voyage sont hébergés par des parents de Karim, notre chauffeur. Le couvre-feu, toujours en vigueur à Kaboul, empêche ce projet de se réaliser, car toute circulation de véhicules privés est interdite. Mahoud et moi sommes donc contraints de demander l'hospitalité à la famille de Karim. Heureusement, dans la partie de la maison réservée aux femmes, on met à ma disposition une chambre où je pourrai dormir seule. Mes compagnons de voyage — ils sont tout de même quinze en tout — devront se partager la salle commune.

Kaboul est une grande ville, mais le monde est petit, comme on dit : le lendemain matin, nous rencontrons dans la rue Mudir Sharif, le principal dirigeant du Hezb à Chak. Il nous invite à suivre sa jeep jusqu'au QG des moudjahidin, où tous les groupes de la province de Vardak sont représentés. Je me résigne déjà à rester dans le minibus, lorsque Mudir Sharif me permet de visiter son nouveau poste de commandement. Il est tout à fait exceptionnel qu'une femme soit autorisée à pénétrer dans les locaux de ces intégristes. Je suppose qu'ayant vu mon appareil photo il veut que je le photographie dans son nouveau bureau. Les moudjahidin nous réservent un accueil cordial, et vont jusqu'à mettre à notre disposition un de leurs pick-ups pour visiter la ville en toute sécurité ; dans les circonstances actuelles, il serait trop risqué d'aller dans le centre avec des véhicules privés. On me fait monter à côté du moudjahid qui nous sert de chauffeur. Comme il est très rigoriste, la proximité d'une étrangère le perturbe ; l'ingénieur Mahmoud vient donc se coincer entre nous. Installés sur la plate-forme du pick-up, les autres s'apprêtent joyeusement à découvrir la ville.

Ceux qui ont gardé un souvenir de la capitale telle qu'elle était du temps de sa splendeur, il y a déjà quatorze ans, cessent bientôt de rire et de plaisanter. La guerre et le communisme ont laissé des traces partout ; il faudra longtemps pour que la ville retrouve sa prospérité. Nous parcourons d'abord les quartiers « riches », où se trouvent également les ministères et autres bâtiments officiels. L'université semble fermée, les bâtiments sont à l'abandon ; par contre, les boutiques du bazar envahissent les rues avoisinantes. L'on voit en abondance fruits, légumes et autres aliments, ainsi que des objets d'usage courant. Autour des échoppes, les clients marchandent avec animation. Je retrouve avec plaisir ces scènes typiques de l'Orient. Ici, la vie a recouvré ses droits. Ce que j'ai sous les yeux n'a aucun rapport avec ce que racontent les médias.

Je suis surtout fascinée par les femmes. Belles, élégantes, maquillées, et surtout non voilées, elles font leurs courses ou flânent dans les rues, toujours escortées par un homme. C'est pour moi un spectacle totalement nouveau. La plupart des hommes sont rasés de près. Mais dans cette ville l'absence de barbe signale souvent un membre du Gelam Jam, la redoutable milice de Nadjibullah. Un autre signe distinctif, ce sont les yeux bridés, car de nombreux Ouzbeks faisaient partie de ces unités spéciales. *Gelam* peut se traduire par « tapis tissé », tandis que *Jam* signifie « enrouler » : l'on avait promis aux miliciens du Gelam Jam qu'après la victoire ils auraient le droit d'emporter tout ce qu'ils pourraient enrouler dans un tapis.

A première vue, la vie semble reprendre son cours normal.

Pourtant, les ministères et autres bâtiments officiels sont gardés par des moudjahidin en armes ; des pick-ups patrouillent continuellement dans les rues, drapeaux flottant au vent, avec des soldats triomphants postés derrière les mitrailleuses.

Décidément, la journée s'annonce bien. Nous gagnons le quartier de Shar-e Now, connu pour son petit parc où l'on peut déjeuner en plein air. Ici, les rues sont propres et bien entretenues. Dans le parc, des kiosques entourent la large allée centrale. Des chiche-kebab tournent lentement sur des feux de charbon de bois, répandant une odeur alléchante. Notre groupe occupe toutes les tables libres, et nous commandons des dizaines, des centaines de brochettes. Pour finir, nous prenons des glaces. J'ai du mal à y croire ! Il y a si longtemps que je rêvais de déguster une glace à Kaboul. Nous racontons une vieille histoire, qui remonte à l'époque du régime communiste. Une infirmière et un médecin allemands étaient tombés entre les mains des forces gouvernementales. Après avoir passé quelques jours à la prison de Ghazni, ils avaient été transférés à Kaboul, où ils avait été hébergés dans des conditions infiniment meilleures. Nous disons en riant que, si la nourriture était aussi bonne que ce que nous avons mangé aujourd'hui, nous aurions dû depuis longtemps nous constituer prisonniers pour profiter de l'hospitalité des Kaboulis.

L'après-midi, nous avons quartier libre. Mahmoud m'emmène dans sa famille. Son beau-frère, qui est professeur d'anglais, a dû cesser d'enseigner pour des raisons politiques. Ses deux filles parlent assez bien l'anglais. Elles sont aux petits soins pour moi et me racontent leur vie. Rahmina, seize ans, est le type parfait de la « fille de bonne famille ». Elle aide sa mère dans la maison, et est très douée pour la broderie. Fatima, sa cadette de deux ans, me montre un cahier où elle a recopié d'une écriture soignée des recettes de cuisine et de pâtisseries, illustrées d'images découpées dans des magazines. Avec le thé, l'on nous sert un gâteau qui témoigne de ses talents de cuisinière. Avec leurs épaisses nattes noires et leurs traits harmonieux sous le voile léger, elles sont l'exemple même de la pureté virginale. Elles font la fierté de leurs parents, et l'on comprend une fois de plus que les Afghans considèrent leur épouse comme leur plus grand trésor.

Au cours de la conversation, nous apprenons que l'apparente normalité qui règne à Kaboul est trompeuse. Presque toutes les écoles sont fermées, en particulier les écoles de filles situées dans les quartiers occupés par les Hazara. Les miliciens du Gelam Jam et les Hazara, raconte-t-on, guettent les jeunes femmes pour les enlever et les violer. Pour cette même raison, les infirmières refusent de travailler de nuit dans les hôpitaux. L'université est également occupée par les Hazara. De nombreux magasins ont été pillés. Les fonctionnaires — policiers, enseignants, employés de banque... — n'ont pas été payés depuis trois mois.

En fin d'après-midi, l'ingénieur Mahmoud me propose d'aller faire un tour. J'accepte volontiers, car nous avons déjà passé pas mal de temps chez ses parents. Notre promenade nous conduit à l'hôtel Intercontinental, qui est entouré de superbes allées. L'Intercontinental est occupé par les hommes de Massoud, qui l'ont réquisitionné au nom d'un gouvernement qui n'existe pas encore. Des moudjahidin et des blindés montent la garde. Seuls les journalistes peuvent entrer. Nous passons notre chemin.

La promenade n'en est que plus belle. Dans l'air d'une tiédeur délicieuse, flotte le parfum des fleurs. Nous suivons une large avenue jusqu'à Bagh-e Bala, célèbre pour son panorama. Tout Kaboul s'étend à nos pieds. Au loin, l'on aperçoit l'aéroport et les montagnes. L'odeur des roses est enivrante. Demain, il faut regagner Chak. Mais nous préférons ne pas y penser.

Nous pouvons être fiers de notre hôpital

L'hôpital de Chak est destiné à devenir l'un des trois centres médicaux de la région — c'est du moins ce que spécifie notre contrat avec la Communauté européenne. Les deux autres se trouvent à Baraki Barak et à Jaghatu. A quoi ressemblent ces endroits ? Quelles sont les capacités de ces hôpitaux ? Pour en avoir le cœur net, je décide d'aller voir sur place. De toute façon, je tape sur les nerfs de mes collaborateurs parce que les travaux d'aménagement intérieur de notre hôpital avancent trop lentement à mon gré. Nous sommes déjà en juin, et il reste beaucoup à faire.

Nous partons par une belle matinée claire et lumineuse. La route est défoncée ; dans les champs, les paysans sont au travail. Après avoir roulé pendant six heures, nous atteignons Baraki Barak, dans la province de Logar. Le très vieux bazar ne présente pas l'animation habituelle ; les gens sont étonnamment calmes, presque sereins. On croirait que le temps s'est arrêté. Seuls quelques moudjahidin armés de kalachnikovs et de grenades troublent cette harmonie.

L'hôpital de Baraki Barak est une bâtisse moderne aux façades aveugles. Dans la chaleur de midi, il paraît abandonné. Apparemment, il n'y a même pas de consultation externe. Personne en vue, sauf un gardien. Nous lui expliquons notre but ; il nous autorise à entrer dans le bâtiment désert. Première constatation, la surface utile est bien trop petite pour un hôpital ; les planificateurs pensaient sans doute à un dispensaire. Ensuite, mes compagnons remarquent que le système de chauffage est aberrant : les maîtres d'œuvre ont choisi le *tawa khanal*, le mode de chauffage afghan traditionnel. Ce chauffage par le sol, m'explique le Dr Gulap, répartit à l'aide d'un système de tuyaux la chaleur produite par un foyer alimenté au bois ou au fumier. « Chauffer ainsi un hôpital entier, c'est tout simplement un crime ! s'exclame-t-il. Cela consomme beaucoup trop de bois. Nous avons déjà suffisamment massacré nos forêts... » Hochant la tête, il contemple le bâtiment vide : « Cet hôpital a été construit par des architectes ignares. »

C'est effectivement tout ce que l'on peut en dire. Déçus, nous repartons. Heureusement, le paysage magnifique dissipe notre mélancolie. En début de soirée, nous arrivons à Seyd Abad, pour passer la nuit chez des proches du Dr Gulap.

Au lever du jour, nous prenons la direction de Ghazni. Un très ancien système d'irrigation, appelé *karez*, permet de mettre en valeur cette région aride. La province de Ghazni est réputée pour ses raisins secs, ils sont vendus dans le pays entier. Nous somnolons, assoupis par le bruit monotone des pompes qui puisent l'eau souterraine. Cinq heures plus tard, nous passons à Band-e Sarde. Karim Baba, le célèbre chef de guerre de Ghazni, a permis à l'organisation humanitaire française Avicenne d'utiliser les casernes abandonnées par l'Armée rouge. Pour des raisons stratégiques, les Soviétiques avaient installé une base militaire près du barrage. Les casernes sont en partie incendiées et détruites. Les combats ont dû être particulièrement violents. Sans nous arrêter, nous longeons le lac artificiel qui grouille de poissons — on les voit sauter à la surface — et continons vers la ville de Ghazni.

Nous avons de nouveau une impression d'irréalité. Deux semaines auparavant, cette route contrôlée par les forces gouvernementales procommunistes était impraticable, nous fait observer notre chauffeur Karim. Nous observons avidement le moindre détail, les postes de surveillance et de contrôle abandonnés. Nous avons du mal à y croire. Emus jusqu'aux larmes, mes compagnons entonnent l'hymne national. L'ingénieur Mahmoud attire ensuite notre attention sur un monument grandiose qui se dresse au sommet d'une colline. C'est la tombe du grand sultan Mahmud de Ghazni. La superbe coupole datant du XIVe siècle est entourée d'arbres vénérables. Peu après, des moudjahidin nous font signe de nous arrêter. Pas de problème : nous sommes autorisés à entrer dans la ville.

Ghazni est une ville vibrante de vie. Le bazar grouille de monde. Au passage, nous apercevons des fruits magnifiques, de belles céramiques. Comme la ville s'est rendue aux moudjahidin sans combattre, les habitants ont évité les pillages et brutalités habituels. Cela durera-t-il ? Les visages des passants expriment l'incertitude : s'en sont-ils vraiment tirés à si bon compte ? Les moudjahidin semblent tout contrôler. Armés jusqu'aux dents, ils dominent fièrement les civils, dont les visages glabres contrastent vivement avec les barbes et l'expression triomphale des vainqueurs.

Vers la fin de l'après-midi, des moudjahidin s'avancent soudain vers nous. Le commandant Jamaluddin nous a repérés. Je ne l'ai pas revu depuis que, il y a trois ans, il est venu en consultation à l'hôpital de Chak. Et maintenant, il est l'un des maîtres de la ville. Quatorze années durant, il a mené la dure et dangereuse vie des combattants. Sa maison a été détruite à plusieurs reprises, il n'a cessé de fuir pour échapper aux services secrets, sa jeep parcourant les collines à un train d'enfer. Maintenant il n'est plus obligé de vivre dans la clandestinité. Le fier moudjahid se campe devant ses hommes, son visage est d'un calme impressionnant. Il nous demande de le suivre. Comment refuser ? On ne s'oppose pas aux désirs du commandant Jamaluddin. Après avoir suivi un dédale de ruelles, nous nous arrêtons devant une solide maison en pierre. Il nous précède d'un pas saccadé jusqu'au premier étage. Nous prenons place sur des chaises ;

un large fauteuil est réservé au commandant, qui le remplit aisément. Manifestement, il se sent chez lui.

Le commandant nous raconte ensuite l'histoire de la maison : elle appartenait à de riches Sikhs, jusqu'au jour où les redoutables services secrets communistes l'ont réquisitionnée. Des années durant, les services secrets ont méticuleusement noté tout ce qui concernait Jamaluddin. Quand il a pris possession de la maison, il a pu en quelque sorte lire l'histoire de sa vie : tout était daté et décrit avec précision, la moindre de ses opérations, jusqu'à ses plus petits déplacements, avec l'itinéraire exact qu'il avait suivi. L'ancien chef des services secrets est maintenant son prisonnier ; ce n'est plus qu'un petit homme qui dépend du bon vouloir du chef de guerre. Qu'il doit être satisfaisant pour le commandant Jamaluddin de se retrouver, non seulement à Ghazni, mais dans cette maison, installé dans ce fauteuil ! Le grand commandant Karim Baba l'a nommé responsable de la sécurité. Jamaluddin et ses moudjahidin contrôlent la ville sans recourir à la violence. Apparemment, le système fonctionne à merveille. Ghazni est en tout cas la première ville où je n'ai pratiquement pas vu de peur ni de pillages. Le commandant Jamaluddin m'explique son action, puis conclut : « Pas une seule kalachnikov ne peut sortir en fraude de la ville. » Il est informé de tous les vols ou détournements, et les coupables sont aussitôt poursuivis, ajoute-t-il avec assurance. Je n'en doute pas. Après avoir pris un thé généreusement accompagné d'amandes et de raisins secs, nous promettons de revenir le lendemain pour le petit déjeuner. Plusieurs moudjahiddin nous escortent jusqu'à la maison des parents de l'ingénieur Mahmoud, où nous pourrons prendre un repos bien mérité.

Une capiteuse odeur de lilas emplit la simple maison aux murs de torchis. J'ai droit à une superbe chambre pour moi seule. Dans un coin de la salle commune est accroupie une très vieille femme ; des nattes d'un gris presque blanc encadrent son visage marqué par une vie de dur labeur. Elle berce tendrement un nourrisson emmaillotté dans des tissus de couleur. Sa large jupe déployée protège comme une tente cette jeune vie innocente. Je n'oublierai jamais cette image venue de la nuit des temps. Selon la coutume, l'ingénieur Mahmoud salue la sœur de sa femme avec retenue, mais son regard est empli de joie et d'amour. Pourtant, la tristesse

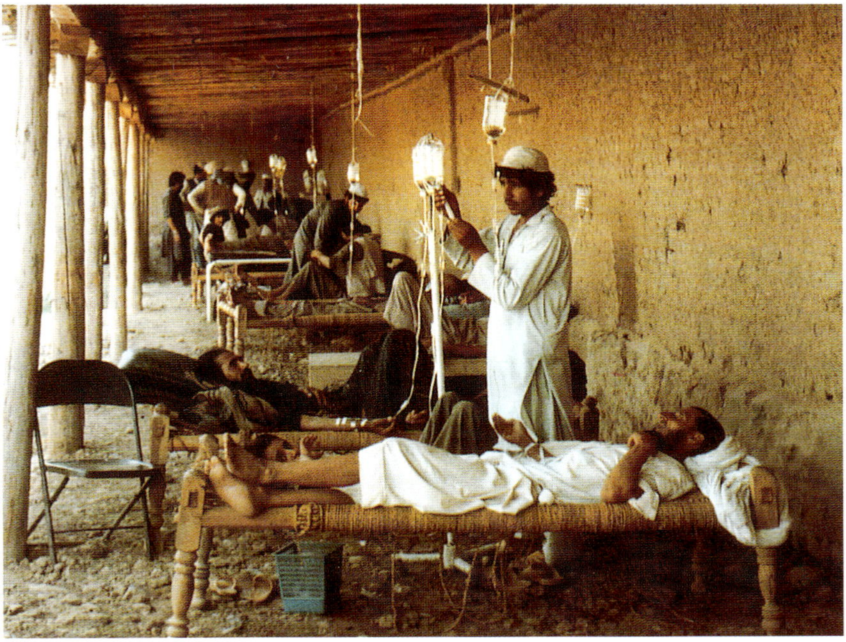

Le centre de soins du camp de réfugiés de Sadda.

Chak, dans la province de Vardak.

Karla Schefter sur la route de Chak, avec Hadji Daoud
(2e à partir de la gauche) et son escorte.

Prière du soir pendant le voyage ; les hommes de l'escorte et
Hadji Daoud *(assis à droite)*.

Blessés de guerre à la centrale hydroélectrique de Chak.

En plein hiver, un père amène son fils malade, protégé du froid par son mince patou.

Une petite fille s’est déguisée en mariée.

L'hôpital pour hommes de Chak-e Vardak.

De sa chambre à l'hôpital, Karla Schefter a une vue splendide.

Un nomade est venu avec son fils, blessé par une mine.

Famille afghane en voyage.

L'ingénieur
Mahmoud

Ancienne maison fortifiée dans la province de Vardak. L'ingénieur Mahmoud et les siens la partageaient avec trois autres familles.

Le laborantin
Fazil Elahi

Le docteur Gulap en consultation.

Les collaborateurs de l'hôpital à l'heure du thé.

Karla Schefter avec les membres de la shura de Chak :
les autorités locales visitent l'hôpital.

Le docteur Saadat.

Karla Schefter soignant une famille de nomades devenus des amis.
Pour oublier leurs autres maux, les femmes nomades
s'infligent souvent des brûlures.

Karla Schefter se rendant du Pakistan à Chak-e Vardak.

Une mère et son enfant malade attendent l'heure des soins.

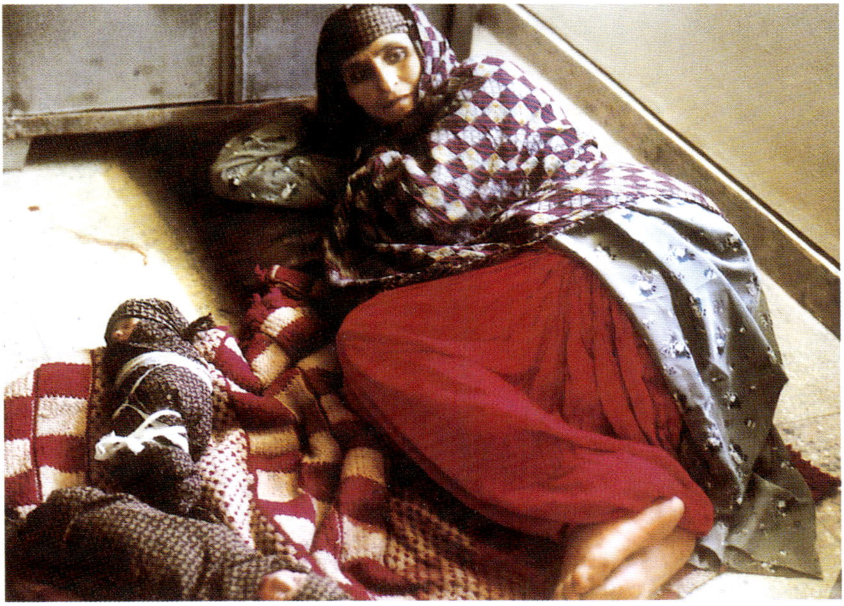

Les jumelles Pawina et Naïma avec leur mère, peu après leur naissance.

Un vieil homme amène ses deux petits-fils malades à l'hôpital de Chak.

Fatima, la promise du moudjahidin, baisse les yeux. Elle ne doit regarder personne en face.

Ahmadshah emmène Fatima, entièrement voilée, chez lui.

Des sages-femmes des villages environnants suivent des cours à l'hôpital de Chak. Pour que les hommes ne voient pas leur visage, elles doivent rester voilées.

Un homme amène sa femme souffrante à l'hôpital de Chak-e Vardak.

La première équipe féminine de l'hôpital de Chak : les gynécologues Zakina et Aquela, et l'infirmière Parwin *(au milieu)*.

Salmadsh, le boulanger de l'hôpital, prépare les galettes qui sont la nourriture de base des Afghans.

L'hôpital des femmes et des enfants de Chak-e Vardak est encore en travaux.

Des mères accompagnées de leurs enfants viennent chercher des médicaments à la pharmacie de l'hôpital.

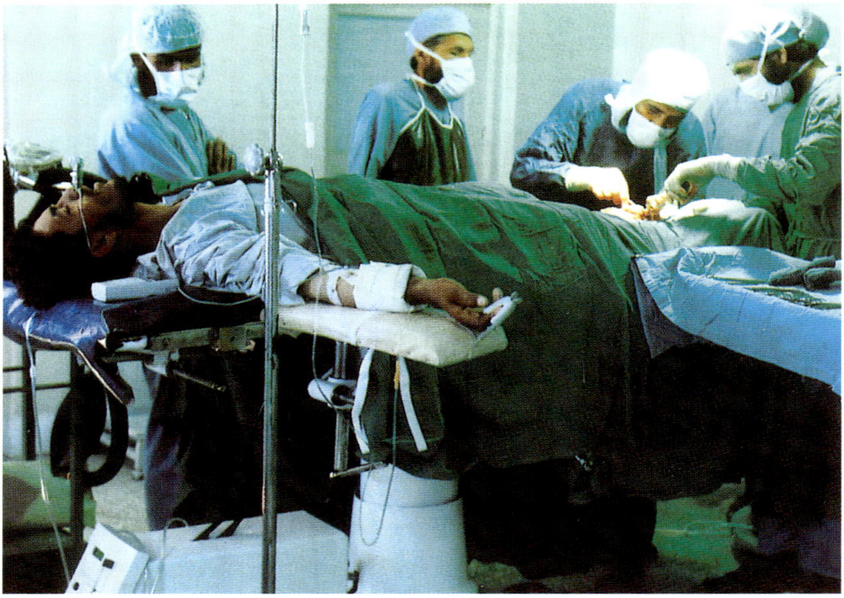

Un taliban blessé est opéré à l'hôpital de Chak-e Vardak.

Les combattants viennent voir leurs camarades avec leurs armes.
Les kalachnikovs étant interdits à l'intérieur de l'hôpital,
deux talibans doivent attendre dehors.

Une femme nomade attend que l'on vienne soigner son enfant.
En jouant, il est tombé dans le feu.

Dans le hall de l'hôtel Intercontinental, après la prise de Kaboul en 1996, deux jeunes talibans triomphants ont tenu à se faire photographier en dépit de l'interdit.

Après la prise de Kaboul en 1996, le docteur Gulap *(au milieu)* fait visiter l'hôpital de Chak à des représentants du ministère des Affaires étrangères des talibans.

Nous avons persuadé les mollahs de la nécessité d'une campagne de vaccination contre la poliomyélite : ils l'approuveront au nom d'Allah.

Les femmes affluent à l'hôpital de Chak-e Vardak pour faire vacciner leurs enfants.

Un père amène ses quatre enfants dans une brouette lors de la grande campagne de vaccination contre la poliomyélite.

Les deux institutrices afghanes Hadisa *(à droite)* et Zubaïda.

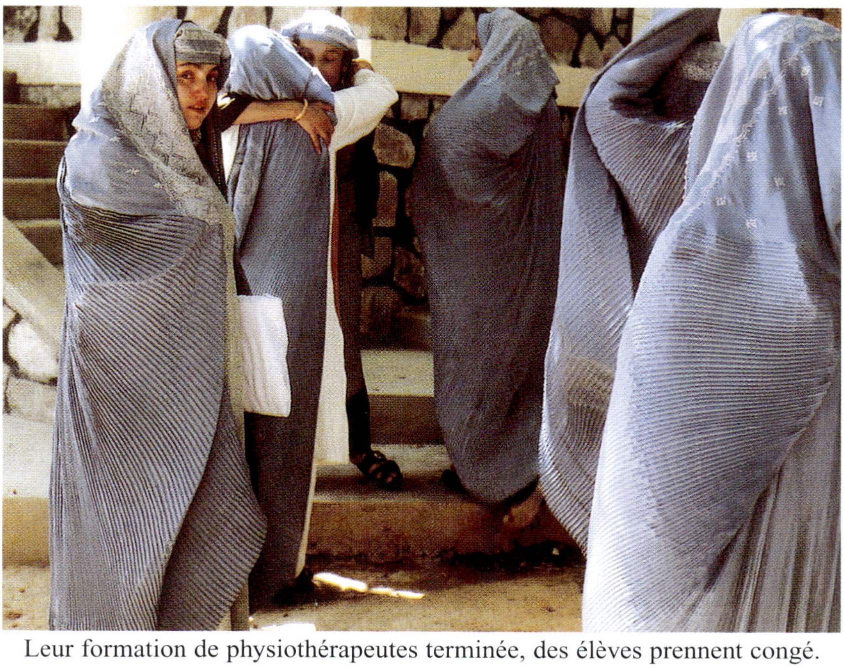

Leur formation de physiothérapeutes terminée, des élèves prennent congé.

Un jeune habitant de Chak-e Vardak vient offrir des roses à Karla Schefter.

Les collaborateurs de l'hôpital de Chak font leurs adieux à Karla Schefter.

n'est pas absente de leurs retrouvailles. Le visage de la jeune femme est marqué par la souffrance et la frayeur ; les incessants combats qui se déroulaient à proximité immédiate l'ont tellement choquée que le coin de sa bouche est agité par un tic permanent. Comment aurait-il pu en être autrement ?

Le petit déjeuner offert par le commandant Jamaluddin est insurpassable : délicieux köfte à la mode de Ghazni, fromage, galette croustillante et parfumée accompagnée de beurre frais. Le repas terminé, le commandant nous accompagne à l'hôpital. Le personnel et le directeur de l'ancien hôpital gouvernemental n'ont pas été chassés par les moudjahidin : ils doivent continuer à travailler ici. Je mets rapidement fin à la visite des salles, effectuée sous la conduite du directeur. L'odeur me soulève le cœur. Je préfère jeter un coup d'œil sur la salle d'opération, le laboratoire, les matériels de transfusion et les appareils d'électrocardiographie. Ces salles sont sans doute propres, mais manifestement inutilisées. Pas plus dans la réserve que dans la pharmacie, je ne découvre le moindre médicament ; et pourtant, environ mille personnes viennent chaque jour à la consultation. Le médecin ne cesse de répéter que, si seulement il obtenait un groupe électrogène, il pourrait entreprendre de nombreuses interventions chirurgicales. Je me demande s'il serait capable de pratiquer des interventions courantes, car il est neurochirurgien : l'électricité ne suffit pas à régler tous les problèmes. Et il n'y a pas que cela qui manque ici ; pourquoi n'en parle-t-il jamais ? Le commandant Jamaluddin m'observe avec attention ; il essaie de deviner ce que je pense du médecin et de l'hôpital. Je monte seule à l'étage supérieur, réservé aux femmes. Une vieille sage-femme est de service ; elle s'efforce de calmer des patientes aux traits tordus par la douleur, pâles et couvertes de sueur. Je suppose qu'elles ont fait des fausses couches. Je promets d'intervenir auprès d'organisations étrangères afin d'obtenir une aide matérielle. Peu de temps après, un camion de médicaments est mis à la disposition de l'hôpital de Ghazni par l'antenne de la Croix-Rouge internationale à Kaboul.

Notre dernière destination est Jaghatu. Depuis des années, cette localité est contrôlée par le commandant Hassan, un parent éloigné de l'ingénieur Mahmoud. L'hôpital occupe un bâtiment solide et en bon état. Il y a un laboratoire et une salle de vaccinations, mais pas de bloc opératoire. En résumé, cela peut faire un bon dispensaire, mais certainement pas un hôpital digne de ce nom. Telle est du moins mon impression.

Après cette brève visite, nous ressortons dans le soleil éblouissant. Des nomades passent avec leurs troupeaux de moutons. Comment font-ils pour trouver de l'herbe sur ces montagnes pelées ? Mes pensées reviennent sans cesse à notre hôpital de Chak-e Vardak. Pourquoi suis-je tellement insatisfaite ? Le bâtiment est bien conçu et bien équipé, les soins médicaux sont tout à fait corrects. Allons, Karla, ne te laisse pas aller au découragement !

Un visa à « onehundredpercent »

Mon visa pour le Pakistan expire en juillet. Comme je peux être rappelée à Peshawar à tout moment, il faut que je le fasse renouveler. La meilleure solution est d'aller à Kaboul. Je pars donc à cinq heures du matin, conduite comme toujours par Karim. Fazil Elahi nous accompagne car il connaît très bien la ville et y possède des relations ; il y a en effet vécu jusqu'en 1985 et a étudié pendant deux ans à l'école de police. Les Afghans accordent toujours une grande importance aux adieux ; tous nos amis sont là. Certains se sont levés en pleine nuit pour venir nous souhaiter un bon voyage ; d'autres, malades ou ayant un quelconque empêchement, ont envoyé un parent pour les représenter.

A cette heure matinale, les contrôles sont rapides, voire inexistants. Trois heures plus tard, nous sommes déjà dans la banlieue de Kaboul ; nous nous arrêtons chez un cousin de Fazil Elahi pour prendre le petit déjeuner. Cet homme est décidément un cas curieux. D'une part, il déplore que tout le monde ne pense qu'à tuer et à détruire. D'autre part, il se déclare tantôt hazara, tantôt membre du Gelam Jam ; sans doute veut-il dire que, tel un caméléon, il change de couleur selon les circonstances. Par la suite, Fazil Elahi nous explique que ce cousin joue un rôle important au sein du Hezb-i islami ; il est chargé d'établir les cartes de membre, et exerce donc une fonction de contrôle qui fait de lui une sorte de policier. Je ne sais toujours pas ce que je dois penser de ce cousin.

Après nous être restaurés, nous prenons la direction du quartier de Shar-e Now, où se trouve le consulat pakistanais.

Soudain, nous voyons arriver des hommes qui courent, des véhicules qui roulent à toute vitesse en se frayant un chemin à coups de klaxon. Il y a sans doute des combats dans ce secteur. Karim réagit à la vitesse de l'éclair et s'engage dans une rue de traverse. Nous essayons d'arriver au consulat par un autre itinéraire, lorsque des blindés pleins de Hazara armés arrivent à toute vitesse, nous forçant à rouler sur le trottoir. Le rugissement des moteurs et des chenilles est assourdissant. Heureusement, cela ne dure qu'un instant, puis le cauchemar s'éloigne.

Le consulat est fermé. Peut-être aurons-nous plus de chance samedi, nous informe-t-on. Dans plusieurs jours, donc. Je ne veux pas rester si longtemps, je veux fuir cette ville aussi vite que possible. L'air vibre littéralement de danger. D'une voix incertaine, Fazil Elahi me demande si je veux faire quelques courses. Je ne me sens pas le courage de m'occuper de ces bagatelles pour le moment. Mon seul désir est de retourner à Chak. A notre arrivée, nous entendons aux informations de Radio-Kaboul que des affrontements ont eu lieu entre Hazara et partisans du Hezb.

Samedi arrive : en principe, le consulat pakistanais rouvre ses portes aujourd'hui. Karim et Fazil Elahi sont prêts à tenter le coup ; si la situation redevient critique, nous ferons simplement demi-tour. Après avoir pris de nouveau le petit déjeuner chez le cousin de Karim, nous allons au consulat — sans être obligés de faire des détours, cette fois. L'ambiance est tendue. Une main me tend un formulaire par la porte entrouverte. A cause du risque d'attentat, ils ne laissent entrer personne. Lorsque je veux remettre le formulaire dûment rempli et mon passeport au portier, celui-ci me demande de revenir le lendemain : le consul est occupé, il a déjà trop de travail en retard.

Tout cela est bien ennuyeux. Que faire ? Nous entrons dans un magasin de tapis proche du consulat ; peut-être y trouverai-je un cadeau pour des amis allemands. Sitôt assise en face du marchand, je me livre à l'occupation favorite des Afghans : je me lamente sur mes malheurs. Comment peut-on me demander, à moi, une femme, de faire sans cesse l'aller-retour entre Kaboul et la province en ces temps troublés ? Qui sait quels dangers m'attendent demain, alors que des combats peuvent éclater n'importe quand ? Le propriétaire du magasin, un petit homme rond comme une boule, est, comme tous les Afghans, habile en affaires. Non seulement il garantit la qualité de ses tapis, mais il m'assure que le consul en personne va venir dans sa boutique. Il en est sûr à « *onehundredpercent* ». Lorsqu'il dit « à cent pour cent », ses yeux lancent des éclairs.

Nous acceptons sa proposition. En attendant le consul, il déroule plusieurs beaux kilims. L'un d'eux nous plaît beaucoup. Comme il a remarqué notre intérêt, le marchand indique un prix très élevé. Par les temps qui courent, personne n'achète quoi que ce soit, déplore-t-il ; à tout prendre, les affaires marchaient mieux du temps des communistes. Nous marchandons sans parvenir à nous décider, et finissons par demander ce que fait le consul. Il arrive dans cinq minutes, nous assure le commerçant — il nous le garantit à « *onehundredpercent* ».

Effectivement, un élégant Pakistanais fait son apparition. Nous nous lamentons de plus belle sur notre triste situation en ces temps difficiles. Arborant une expression tragique, il se dit désolé, et fait état de sa terrible surcharge de travail. Le brave marchand intervient en notre faveur. Avec un soupir résigné, le consul empoche prestement formulaire et passeport, et nous dit de revenir vers quatre heures de l'après-midi. Nos lamentations reprennent, accompagnées de regards éplorés : c'est bien trop tard, nous devons regagner Chak le jour même. Nouveaux conciliabules. Finalement, le marchand nous promet : « *Onehundredpercent at two o'clock !* »

Tandis que nous attendons qu'il soit deux heures, un autre Pakistanais non moins élégant, un foulard rouge négligemment noué autour du cou, arrive au magasin et choisit deux tapis de prière. Je suis à *onehundertpercent* certaine que le consul reçoit un bakchich pour services rendus. Nous faisons passer le temps en bavardant de choses et d'autres, tout en restant fermes : d'abord le visa, ensuite le tapis ! A deux heures tapantes, deux employés du consulat viennent me remettre le passeport avec le visa. Tout a marché à *onehundredpercent*, l'affaire est réglée avant l'heure du déjeuner ! Satisfaits à tous égards, nous prenons congé du marchand en nous assurant de notre haute estime mutuelle, puis partons, le kilim sous le bras.

Après avoir mangé de délicieux kebab, nous nous dirigeons vers le vieux bazar pour faire quelques achats. Fazil Elahi nous demande de l'attendre dans la voiture, ce qui nous permet d'observer à loisir le spectacle de la rue. Il y a beaucoup d'Ouzbeks. Un commandant à la barbe fleurie porte une large cartouchière en travers de la poitrine, qu'il bombe fièrement. Il est accompagné de gardes du corps armés de kalachnikovs. Lui-même ne s'embarrasse pas d'une de ces lourdes armes. Soudain nous entendons des murmures indignés. Peu après, apparaît une femme grande et maigre, visiblement étrangère. Nous n'en croyons pas nos yeux : elle porte sans doute un voile blanc autour du visage, mais son corsage est tellement transparent que, même à cette distance, nous voyons nettement son soutien-gorge d'un blanc éclatant. Chez nous, un tel spectacle est courant, mais dans un pays musulman c'est une pure et simple provocation. Escortée par un Afghan, la femme fait tranquillement ses courses, comme s'il était naturel de se promener à moitié nue. Fazil Elahi commente laconiquement : « *She must be sick*, elle doit être malade. »

7

Avortement

Dans notre province, bien des choses ont changé. Le lendemain de notre retour de Kaboul, je vois arriver Jeannette, une infirmière marseillaise que l'organisation humanitaire française Avicenne nous a « prêtée » pour deux semaines. Le visage blanc de frayeur, elle me demande de venir l'aider.

La patiente est une jeune fille, venue en compagnie de sa mère. La jeune fille va très mal, elle ne cesse de vomir. A force de patience, je réussis à la faire parler. Son histoire est pour le moins étonnante. Elle est fiancée à un moudjahid ; avant qu'il ne parte au combat, ils consomment leur union. En soi, cela n'a rien d'exceptionnel ; cela arrive partout dans le monde, surtout en temps de guerre. Comme c'est souvent le cas, les conséquences ne se font pas attendre. Bref, elle est enceinte. Mais nous sommes dans un pays musulman, où la loi islamique, la *charia*, est appliquée dans toute sa rigueur. Ici, les relations prénuptiales ne sont pas tolérées. Peu auparavant nous avions entendu parler d'un jeune couple qui avait été lapidé pour cette raison. Un de nos collaborateurs avait d'ailleurs participé à cette mise à mort. Littéralement, *charia* signifie « montrer la voie »...

Circonstance aggravante pour notre patiente, le père de l'enfant, gravement blessé, est hospitalisé à Kaboul ; il n'est pas certain qu'il survivra. Pour la jeune femme, la situation paraît sans issue. Si elle met l'enfant au monde sans être mariée, elle sera lapidée. La mère nous supplie de venir en aide à sa fille. Il faut provoquer une interruption de grossesse. Elle m'observe avec angoisse. Quelle sera ma décision ? Elle me prend les mains avec gratitude lorsqu'elle comprend que je dis à Jeannette de faire le nécessaire. Mais comment ?

Nous ne savons ni l'une ni l'autre comment pratiquer une telle intervention. Pourtant, il faut tout essayer ; autrement, la jeune fille est perdue. Je l'imagine déjà hurler de douleur quand les pierres s'abattront sur elle. Je vois son beau corps fragile étendu à terre, couvert de sang, et, se penchant vers elle, les visages tordus par la haine des meurtriers, qui ont pu donner libre cours à leur haine hypocrite « au nom d'Allah ».

Très pâle, la jeune fille suit tout ce qui se passe ; parfois, elle s'étrangle tellement elle est angoissée. Elle est d'une beauté exceptionnelle ; à en juger par ses vêtements et ses bijoux, sa famille n'est pas pauvre. Jeannette et moi envisageons diverses possibilités, mais force nous est de reconnaître que nous ne connaissons pas grand-chose dans ce domaine. Finalement, nous décidons de provoquer les contractions en lui administrant certains médicaments, notamment sous forme de perfusion.

Il est toutefois impossible de le faire à l'hôpital. Nous préparons le nécessaire, et les renvoyons chez elles. Personne ne doit savoir que nous avons participé à un avortement. Les conséquences seraient pour le moins déplaisantes : ils nous tueraient également, ou, dans le meilleur des cas, nous serions expulsées d'Afghanistan. A voix basse, nous donnons des instructions à la mère ; heureusement, il y a chez elle une personne qui sait poser une perfusion. En témoignage de reconnaissance, la mère nous donne à chacune une bague ancienne en argent ciselé. Nous les voyons quitter l'hôpital d'un pas pesant, comme si elles allaient à un enterrement.

Le lendemain, la mère et la fille reviennent, la tête basse : cela n'a rien donné. Nous sommes plus que jamais consternées. Quelle erreur avons-nous commise ? Comme nous ne trouvons pas la réponse, nous nous sentons impuissantes face à cette situation désespérée. Soudain, une nouvelle possibilité apparaît ; pour tous, ce sera la meilleure solution. La veille au soir, Jeannette et moi avions demandé à un de nos médecins, le Dr Saadat — tout à fait théoriquement, cela va de soi —, ce qu'une femme ou jeune fille afghane pourrait faire dans une telle situation. Et maintenant le Dr Saadat nous donne une adresse, à Kaboul, où l'on pratique ce genre d'intervention — du moins pour celles qui peuvent payer. Cette adresse est notre bouée de sauvetage : nous n'aurons plus à porter cette responsabilité trop lourde pour nous, et l'on peut espérer que le problème de la jeune fille sera réglé.

Spontanément, je rends à la mère la bague qu'elle m'avait offerte. Elle me regarde sans comprendre. Comment lui expliquer que je ne veux pas profiter du malheur d'autrui ? Comment lui dire que je suis honteuse de mon impuissance, puisque je n'ai en définitive rien pu faire pour l'aider, ou si peu ?

Le paludisme, mon ennemi

J'observe une araignée avec fascination. D'un mouvement rapide de ses pattes, elle prend un moustique au piège de sa sécrétion gluante. Peut-être est-ce un anophèle, le redoutable vecteur du paludisme ? Je l'espère ! Les araignées peuvent-elles contracter la malaria ? Cela m'étonnerait. L'agent du paludisme est mon ennemi juré : il veut se montrer plus fort que moi, il veut me détruire. Dans cette région, le paludisme est particulièremet dangereux. Comme son agent, l'hématozoaire, développe sans cesse de nouvelles résistances, les médicaments existants se révèlent souvent inefficaces. Depuis trois ans, j'attends littéralement que l'ennemi fonde sur moi. Maintenant, il m'a attrapée. Ce cauchemar a commencé par une belle journée de détente.

« Viens, me dit Hadji Daoud par une splendide soirée de juin, après une journée harassante à la clinique. Il est temps de prendre deux ou trois jours de vacances. » Il veut m'emmener à Geogi, pour me faire découvrir d'autres aspects de la province de Paktya, d'où il est originaire. Tentée par l'aventure, je jette aussitôt quelques affaires dans mon sac de marin. Les jours et les nuits que nous passons en plein air dans cette région sauvage sont d'une beauté indescriptible. Le premier jour, nous faisons halte dans une clairière entourée de genévriers aux formes étranges, qui ont quelque chose d'archaïque. Nous nous installons sur un confortable lit de mousse, pendant que nos compagnons préparent du thé pour nous réchauffer. Nous sommes protégés par un commandant du Hezb, notre ami Zakhi, et par son moudjahid Mirsah. Ce dernier se poste sur un grand rocher avec sa kalachnikov. Je lui apporte un gobelet de thé — au grand déplaisir du commandant, car il ne faut pas distraire la sentinelle. Finalement, il se laisse fléchir et donne son autorisation. Mais comme les hommes en veulent toujours plus — c'est bien connu —, c'est sans trop de surprise que j'entends Mirash crier d'une voix impérieuse dans le silence du soir : « *Noch einen Tee !* » Apparemment, il a appris quelques mots d'allemand.

Bientôt, le ciel se couvre de nuages menaçants. Des averses successives nous glacent jusqu'aux os, des éclairs sillonnent le ciel, des coups de tonnerre me font sursauter. Malgré la pluie, nos protecteurs afghans réussissent à allumer un feu de camp sur lequel ils font griller des brochettes pimentées, les kalachnikovs à portée de main. Je m'installe au pied d'un arbre, mais il fait tellement froid que je ne peux pas dormir. J'avais pourtant mis tous mes vêtements, et même enroulé autour de mes jambes un épais pull en laine, mais j'ai oublié d'emmener un sac de couchage. Je vais à coup sûr attraper un bon rhume. Au milieu de la nuit, je me rapproche du feu de camp presque éteint. Mes membres sont raidis par le froid. Les braises craquent de manière inquiétante, de temps en temps de petites langues de feu s'élèvent. Zakhi monte la garde, recroquevillé sur lui-même. Le lever du jour m'apparaît comme une délivrance. Mirash, complètement enfoui dans son sac de couchage, présente un spectacle comique : même son crâne noir et crépu est invisible, seul dépasse le canon de sa kalachnikov.

La nuit suivante est moins éprouvante. Hadji Daoud et son beau-frère avaient cueilli des rameaux d'une plante odorante, probablement de la lavande, qu'ils avaient disposés à proximité du feu, mais à l'abri de la fumée et des étincelles. C'est là que je déroule le sac de couchage du commandant Zakhi, qu'il m'a galamment prêté. Il m'aide même à y entrer, mais, étant un fondamentaliste convaincu, il ne peut tirer la fermeture Eclair, car une femme y est couchée. Hadji Daoud s'en charge à sa place, et je m'endors paisiblement sur ce lit de lavande.

Ce fut un voyage difficile, mais très intéressant. Lorsqu'il fallut prendre congé de Zakhi et de Mirash, mes yeux s'emplirent de larmes ; les reverrais-je un jour ? Les shalwar khamiz flottaient au vent comme des drapeaux. Les derniers mots de Zakhi furent : « L'Allemagne est réunifiée. J'espère que ce que nous subissons sera épargné à votre pays. »

Au retour de cette excursion, toutes mes articulations étaient douloureuses, mais je l'attribuai aux fatigues du voyage. J'étais sans doute un peu grippée, rien de plus qu'un banal coup de froid. N'ayant pas de temps à perdre à ce genre de vétilles, je m'efforçais de ne pas y penser. Pourtant, j'avais déjà de violents accès de fièvre, au point que je dus refuser une invitation du commandant Sedique. Je me sentais extrêmement faible, tout juste si je tenais debout. Le simple fait de parler m'exténuait. Un des médecins proposa de m'emmener à Peshawar, mais je n'étais plus en état de supporter le voyage.

Il était pourtant urgent de me soigner. En premier lieu, il fallait établir un diagnostic sérieux. Fazil Elahi pratiqua les analyses dans son laboratoire. Les résultats se passaient de commentaires : l'analyse de sang avait décelé la présence de l'agent du paludisme ; les analyses de selles concluaient à une dysenterie sanguinolente, peut-être amibienne ; j'avais de surcroît une infection des voies urinaires. Mon état de faiblesse était tel que je ne pouvais même plus ouvrir la boîte métallique dans laquelle je conservais mes médicaments personnels. Apathique, j'acceptais tout ce qu'on me prescrivait.

En Afghanistan, il est de coutume qu'un malade soit veillé et soigné par ses proches. Mais moi, je voulais être seule et tranquille. La présence de tous ces hommes m'excédait ; je commençai par chasser le cuisinier, qui venait sans cesse me demander ce que je voulais boire et manger.

Je demandai à Fazil Elahi de faire savoir à tous que je ne voulais voir personne, car parler dépassait mes forces. Si j'avais besoin de quoi que ce soit, je ne manquerais pas de leur faire signe. En attendant, une seule personne, parlant anglais, devait s'occuper de moi ; l'ingénieur Mahmoud, Fazil Elahi et l'anesthésiste Selim se relayaient à mon chevet.

Je n'avais plus la force d'aller jusqu'aux toilettes. Au début, je ne pouvais même pas me laver seule. Le plus terrible, c'était que je ne pouvais pas toujours contrôler mes sphincters. La chambre commençait à sentir mauvais, ce qui était à mes yeux le comble de la déchéance. Au prix d'énormes efforts, je parvins à refaire le lit et à donner les draps sales à laver.

L'aide de l'ingénieur Mahmoud se révéla particulièrement

précieuse. C'était lui qui nettoyait mon pot de chambre en métal. Il se donnait également la peine de laver verres et assiettes à l'eau bouillie, car le cuisinier était connu pour sa malpropreté. Je n'oublierai jamais ses soins attentifs.

Pendant mes accès de fièvre, j'avais une seule obsession : mes vêtements. Dans mon délire, je me voyais déjà sur mon lit de mort, et je ne voulais pas que ces hommes musulmans aient honte devant mon corps. Je ne cessais de réarranger compulsivement mes habits, afin qu'aucun bout de peau ne reste visible, surtout dans la région de la poitrine. C'était d'autant plus pénible que j'étais couverte de sueur. Une autre de mes obsessions était de visiter l'Iran. Pourquoi choisir de nouveau un voyage tellement hasardeux ? Cela me ressemblait bien !

Peu à peu, les médicaments faisant leur effet, je repris contact avec la réalité. Rien n'était négligé pour me redonner des forces et me faire plaisir. On sacrifia même un poulet pour que j'aille mieux. La viande me répugnait, mais le bouillon au riz me fit du bien. « Selim-anesthésie » savait que j'adorais une certaine variété de raisins, très sucrés et sans pépins. Il fit un trajet de deux heures en voiture pour aller en acheter dans le bazar d'une autre ville. A la grande joie de mes compagnons, je les mangeai avec plaisir.

« Pourvu que l'araignée dévore plein de moustiques ! » me dis-je avec rage. Le mois d'août est arrivé, et je vais nettement mieux. Mon corps a gagné une bataille contre l'envahisseur, mais est-ce vraiment la victoire et la paix ? Pour chasser ces pensées mélancoliques, je sors prendre le soleil sur la terrasse. Deux commandants m'ont envoyé des pommes : de vraies merveilles, on dirait qu'elles sont peintes. Ma petite voisine m'apporte des fleurs et des amandes. Le commandant Sedique a télégraphié à Peshawar pour annoncer ma guérison. Le village entier se préoccupe de mon sort. Je n'oublierai jamais cette sensation d'avoir été adoptée par la grande famille afghane, qui m'a soignée comme une sœur.

Je ne suis pas une sage-femme

Je ne m'étais encore jamais occupée d'une femme primipare. Aujourd'hui, il faut que j'aille en examiner une. Elle a seize ans, et elle est accompagnée par une femme assez âgée. Je préférerais nettement l'envoyer à Peshawar, mais il est trop tard : la tête du bébé est déjà visible. Aux yeux des autres, je parais très calme et sûre de moi, mais en fait je suis complètement paniquée. Je ne suis pas une sage-femme. Ma seule expérience dans ce domaine consiste à avoir assisté à quelques accouchements sans ennuis, lorsque, pendant cinq semaines, je travaillai avec Carol, la sage-femme écossaise, au camp de réfugiés. D'après le peu que j'ai pu voir pendant mes études d'infirmière, toutes les primipares ont des contractions qui n'en finissent pas, et généralement un bassin trop étroit. En Allemagne, on pratique souvent une incision du périnée afin d'éviter des complications plus ennuyeuses. Je prépare le nécessaire pour parer à cette éventualité.

Pendant ce temps, la femme âgée s'est assise sur le lit et a pris la parturiente dans ses bras, qui lui tourne le dos. Ainsi accroupie, celle-ci essaie de pousser. Les contractions sont très douloureuses, elle me supplie d'aider l'enfant à sortir pour qu'elle ait enfin la paix. Comme je ne peux pas lui donner satisfaction, elle me regarde avec rancune. Cela dure des heures, et soudain le bébé naît avec une facilité surprenante. Mon soulagement est inexprimable. Je veille ensuite à ce que le nouveau-né pousse son premier cri. C'est un garçon ! Après avoir coupé le cordon et lavé le nouveau-né, je veux le mettre dans les bras de sa mère.

A ma stupéfaction, celle-ci le repousse presque brutalement et le confie à son accompagnatrice. Heureusement, le placenta est expulsé peu après ; il est complet. Sur ces entrefaites, la vieille femme, sans doute la mère de l'accouchée, emmaillote le bébé puis aide la jeune mère à se laver et à s'habiller. Trois heures après, elles quittent l'hôpital — à pied, et apparemment sans difficulté.

Le Dr Gulap et les autres collaborateurs de l'hôpital me félicitent d'avoir mis au monde mon premier garçon afghan. Je suis heureuse et soulagée que cela se soit bien passé. Par la suite, Carol m'explique que les femmes afghanes accouchent bien plus facilement que les Européennes ; elle n'a jamais été obligée d'inciser un périnée. Peut-être cela a-t-il un rapport avec la position accroupie à laquelle les Afghanes sont habituées dès l'enfance.

Nouveaux adversaires

Il semble que j'aie définitivement vaincu l'ennemi intérieur, le paludisme. Et voilà qu'un autre danger me guette, en la personne d'Omardin, qui était le coordinateur de Khost. Peu avant la fin du mois d'août, il débarque soudain à Chak. Il est porteur d'une lettre émanant du directeur afghan (encore un, récemment nommé à ce poste) de mon organisation humanitaire, aux termes de laquelle Omardin dirige désormais notre hôpital. Une autre lettre destinée à la shura précise qu'il sera l'unique interlocuteur autorisé de cet organisme. En clair, je suis démise de mes fonctions.

Omardin et Tajmohamad essaient de m'apaiser : j'ai vraiment fait du bon travail, ils n'oublieront jamais que c'est moi qui leur ai tout appris. Ils veulent aussi me faire croire qu'il s'agit d'une décision du comité, qui n'a rien à voir avec leurs sentiments personnels à mon égard. Il serait néanmoins préférable que je regagne Peshawar, bien entendu accompagnée d'une personne de confiance, etc. C'est ainsi qu'agissent les Afghans quand ils veulent se débarrasser de quelqu'un. Mais moi, je m'y refuse.

Omardin avait été mon élève lors de mon séjour à Sadda. Au premier examen de contrôle, il avait dû abandonner, car il ne savait même pas lire ni écrire correctement. Et c'est cet homme que les responsables afghans nomment à la tête d'un hôpital ! Apparemment, leur politique du personnel consiste à choisir des collaborateurs qu'il sera facile de manipuler. A moins de bénéficier de bonnes protections, des hommes tels qu'Omardin, dénués de la moindre qualification, trouvent difficilement du travail. Jour après jour, d'autres vassaux du directeur afghan arrivent, en majeure partie recrutés au sein de son propre clan.

Tajmohamad, par exemple, appartient au groupe de mes adversaires déclarés. Un jour qu'il avait été gravement blessé par balle, le directeur afghan l'avait aidé en le faisant admettre dans un hôpital. Depuis, Tajmohamad estime qu'il lui doit la vie, et fait tout pour lui plaire. Il s'occupe de la pharmacie — bien qu'il n'y connaisse rien — et surveille tout ce qui se passe à l'hôpital.

L'attitude de Tajmohamad m'a vraiment déçue. C'était l'un de mes meilleurs élèves à Sadda. Je l'avais toujours soutenu et encouragé ; grâce à moi il avait été nommé administrateur. Mais depuis qu'il a été acheté par le directeur afghan, à l'occasion d'un repas semble-t-il, il fait tout pour satisfaire son supérieur. Il se plaint partout que Karla ait changé, qu'elle ne veuille plus lui parler — bien que Mahmoud essaie de lui faire comprendre que c'est lui qui a changé, et qu'il m'a amèrement déçue.

« Selim-radio », le frère de Tajmohamad, est lui aussi devenu dangereux. Selim parle peu, mais épie tout le monde et s'adapte à toutes les situations. Notre administrateur Abdul Basir est un cas à part. Avec lui et l'ingénieur Mahmoud, nous avions mis au point un système de comptabilité parfaitement sûr : nous examinions à la loupe toutes les factures, que je signais aussitôt ; quittances et factures, accompagnées de leur traduction en anglais, étaient ensuite collées dans un registre. Le nouveau directeur ne pouvait donc falsifier les comptes pour emplir ses propres poches. Depuis peu, l'administrateur est soumis à de telles pressions qu'il envisage de démissionner. Et l'on m'a retiré toute mes compétences en matière financière.

La bande à Karla

Heureusement pour moi, je suis connue à Chak-e Vardak depuis trois ans. Les autorités locales m'ont acceptée et me soutiennent. Elles apprécient mon attitude : je n'ai jamais pris parti pour tel ou tel camp, me consacrant uniquement aux besoins médicaux des patients. Autrement, la nouvelle venue que j'étais aurait dû abandonner la partie depuis longtemps, face à des jeux politiques et à une lutte pour le pouvoir d'une complexité digne d'un thriller. Je bénéficie donc d'une certaine protection. Et je dispose d'un excellent groupe d'espionnage et de contre-espionnage.

En tout premier lieu, l'ingénieur Mahmoud, homme expérimenté et d'une probité à toute épreuve. Sans lui et ses relations, je serais perdue. Il sait exposer nos conceptions communes sous une forme acceptable, et choisit toujours le meilleur interlocuteur au moment opportun. Il sait déjouer habilement les intrigues, et imposer notre point de vue avec diplomatie. Pour éviter de se faire des ennemis, il reste souvent dans l'ombre ; parfois, je souhaiterais qu'il agisse plus rapidement, mais je reconnais que sa stratégie est très efficace dans le contexte afghan.

Fazil Elahi est tout le contraire de l'ingénieur Mahmoud. Empli d'une énergie juvénile, il se bat au grand jour. Il ne cache pas son aversion envers les responsables afghans de notre organisation. Je suis parfois obligée de réfréner son exaltation. Chaque jour, Fazil Elahi fait des exercices de musculation avec des appareils qu'il a bricolés lui-même ; il se considère comme mon garde du corps personnel. Dans son shalwari-khamiz blanc, il ressemble à un ange de la vengeance.

Logaraï et Irangul veillent eux aussi à ma protection. Ils sont apparentés à Hadji Daoud, qui leur a probablement confié cette mission.

Le Dr Gulap et le Dr Saadat, fondamentalistes convaincus, sont eux aussi opposés au groupe dirigeant. Sans perdre de temps à discuter, le Dr Gulap suit la voie qu'il estime juste avec un calme inébranlable. Par contre, le Dr Saadat est d'une rectitude telle qu'il lui arrive de prononcer des paroles blessantes. Il dit à voix haute ce que d'autres pensent, mais n'oseraient jamais exprimer. Pour nous, c'est précieux.

Des jumeaux dans un seau

Sans me laisser troubler par ces événements, je continue à travailler comme de coutume. Une femme émaciée se présente à la consultation ; elle est accompagnée par son mari, encore plus vieux qu'elle. Malgré son âge, cette femme est enceinte de sept mois ; elle se plaint de douleurs et de saignements. J'ai souvent remarqué que les Afghans vieillissent très rapidement, à cause de leurs conditions de vie très dures. L'examen révèle qu'elle ne perd pas de sang en ce moment ; nous lui donnons quelques médicaments et renvoyons le couple chez lui. Le lendemain, ils sont de retour ; de nouveau, l'examen ne révèle rien d'inquiétant. Je renvoie une fois de plus la femme chez elle, en lui prescrivant le repos strict au lit. Mais le troisième jour elle revient à la consultation.

Troublée, j'en parle au Dr Gulap ; ne serait-il pas préférable de l'adresser à un hôpital arabe, situé à six heures de route, où elle pourrait consulter un spécialiste ? Les deux vieux rejettent cette proposition : ils sont trop pauvres pour payer le transport. Ils nous font aussi comprendre qu'ils n'aiment pas beaucoup les Arabes, qui seraient trop sectaires et traiteraient souvent les Afghans comme des inférieurs. Nous décidons finalement de garder la femme en observation.

Le lendemain matin, obéissant à une sorte d'instinct, je vais droit à la chambre de la patiente. Dans le couloir, je rencontre une femme médecin allemande venue faire un stage. Lorsque nous ouvrons la porte, un spectacle affreux s'offre à nos yeux : la femme est accroupie au-dessus d'un seau ; devant elle, sur un bout de tissu, est recroquevillé un nouveau-né ; le mari a coupé le cordon ombilical avec son canif. Le visage du prématuré est cyanosé. Il semble qu'il ait peu de chances de survivre.

La doctoresse s'occupe imédiatement du bébé. Elle court à la salle des pansements pour chercher des instruments et des pansements, car l'ombilic continue de saigner. Grâce à des soins intensifs, elle parvient à réanimer le prématuré. Son visage rosit à vue d'œil, peu après il pousse son premier cri. Nous sommes tellement préoccupés par l'enfant que nous ne voyons pas que la femme, toujours installée au-dessus du seau, continue à pousser. Soudain, nous apercevons un second bébé, qui est déjà sorti en partie. Nous nous précipitons pour éviter qu'il ne tombe dans le seau. J'aide la mère à s'allonger sur le matelas, pendant que la femme médecin s'occupe du bébé. Il est plus robuste que le premier, et n'exige pas de soins particuliers. Ce sont deux filles. Les parents n'ont même pas de quoi les habiller, faute d'argent. Et ils ne peuvent pas se réjouir, car les jumelles, aussitôt nommées Pawina et Naïma, ne feront qu'accroître leurs soucis. Je me reproche d'avoir si mal jugé de la situation.

L'Afghanistan nous apprend l'humilité. Ce genre d'événement me remet à ma place, et me rappelle une fois de plus combien nos préoccupations égoïstes sont mesquines.

Une sage-femme anglaise

Nous avons enfin une sage-femme ! Elle restera ici au moins jusqu'à la fin de l'automne. Les femmes étant les grandes oubliées du système de santé afghan, la moindre aide est la bienvenue. Kate est bourrée d'énergie. Je lui fais comprendre qu'elle doit se montrer un peu plus discrète ; en tant que femme, elle doit se plier à certaines règles de comportement.

« Pas de problème ! m'assure-t-elle. Dès que vous me

faites signe, je me calme et je disparais dans un coin. » Elle promet de respecter les us et coutumes afghans. Pourtant, son exubérance bien occidentale continue à poser des problèmes. Kate a déjà passé un an en Afghanistan. Elle était attachée à une unité militaire britannique à Polhi Khumri, localité située au nord de la capitale, qui était à l'époque contrôlée par le régime de Kaboul ; les communistes autorisaient certaines libertés qui n'existent pas dans cette province restée profondément islamique.

Kate est prête à travailler, c'est certain, mais ce qui l'attire en premier lieu c'est l'aventure — et elle ne réfléchit jamais aux conséquences de ses actes. Alors que les combats ont redoublé d'intensité à Kaboul, il lui vient soudain à l'idée d'aller voir son ami à Polhi Khumri. Ce n'est évidemment pas possible sans escorte.

« Ecoutez, Kate, si vous entreprenez ce voyage, vous mettez en danger non seulement vous-même, mais également vos protecteurs. » Une fois de plus, je suis obligée de lui faire la leçon.

« Dans ce cas, j'irai seule. Le voile me protégera. » Il n'y a décidément rien à faire pour retenir une femme avide de sensations.

« En Afghanistan, une femme ne voyage jamais seule. Cela ne ferait qu'attirer l'attention sur vous. »

L'obstination de Kate commence à m'énerver sérieusement. J'ai beau lui expliquer l'impossibilité de telle ou telle chose, elle revient à la charge dès le lendemain. Son comportement est un défi permanent. Ses mouvements rapides, ses fréquents éclats de rire ne sont pas « convenables » selon les critères locaux. Un soir, elle s'assied tout près du garde posté devant l'hôpital. J'ai déjà remarqué que cet homme lui plaisait. Sur ces entrefaites, le commandant arrive ; il réprimande vertement le garde et le gifle. Tout le monde l'a regardé faire avec stupéfaction : un musulman en punit un autre à cause d'une étrangère ! L'épilogue n'est pas moins déplaisant. Saisie de l'affaire, la shura ordonne au commandant de présenter publiquement des excuses au garde. Quel affront pour ce puissant chef de guerre ! Et tout cela, à cause du caprice d'une femme !

Enfin, après d'autres « exploits », Kate reçoit une lettre de la shura lui enjoignant de quitter Chak dans le délai d'une semaine. Elle pourra choisir elle-même les hommes qui assureront sa sécurité. Cette décision m'attriste, mais en même temps je suis soulagée. Qui sait quel jeune Afghan perdrait un jour la tête, littéralement, à cause de la spontanéité excessive de cette jeune femme ? Kate est toujours prête à aider les autres, à un point que je n'aurais jamais imaginé — j'y reviendrai —, mais elle peut aussi mettre vos nerfs à rude épreuve.

Les débats vont bon train : comment va-t-elle voyager, et avec qui ? Tous sont très préoccupés par sa sécurité, et pensent aux événements terribles qui l'attendent peut-être. Au moment des adieux, l'ingénieur Mahmoud, d'habitude tellement pondéré, va jusqu'à s'écrier : « S'il vous arrive quoi que ce soit, nous vous vengerons avec notre sang ! »

Plus tard, Kate trouve du travail à Shardiwal, dans la province de Ghazni. Je décide d'aller la voir ; je me sens proche d'elle, car nous avons vécu ensemble des moments difficiles. Elle n'est pas très heureuse à Shardiwal, parce qu'une sage-femme norvégienne la relègue au second plan. Inga, c'est son nom, est capable de pratiquer de petites interventions ; avec l'assistance d'une gynécologue, elle a même réussi des césariennes.

Un toit sur la tête

Depuis les bouleversements politiques, notre aide-soignant Seb Noor commence lui aussi à reprendre courage. Lorsque Maidan a été prise par les forces de Kaboul, toute sa famille s'est enfuie précipitamment. Elle est arrivée à Chak sans rien. Du jour au lendemain, Seb Noor a dû assurer l'existence matérielle des trente-cinq membres de sa famille élargie. Maintenant, ils veulent retourner chez eux, bien que la région soit totalement ravagée. A en croire la rumeur, pas une seule maison ne serait intacte, les arbres calcinés seraient bizarrement déformés par les missiles et les bombes au napalm. Mais c'est la saison des semailles. Grâce à la récolte du printemps prochain, il sera possible de construire une nouvelle vie. Qui plus est, les champs sont en partie minés, mais il n'y a pas d'autre choix. Cela évitera aussi de payer le loyer relativement élevé de la maison de Chak. Cela représente tout de même 1 500 roupies, alors que la famille entière vit du salaire de Seb Noor : 3 050 roupies, soit à peine cinq cents francs au taux de change de l'époque.

Tout s'est bien passé. La famille a regagné son ancienne maison, du moins ce qu'il en reste. A son retour, Seb Noor raconte qu'ils s'y sont installés de leur mieux, bien que la maison n'ait plus de toit. Il faut absolument qu'elle soit à l'abri des éléments avant les premières neiges.

Vivement impressionnée par les terribles nouvelles de Maidan que donne la radio, et par les nombreux blessés par mines qui nous arrivent de cette région, je demande un jour à Seb Noor s'il me serait possible de rendre visite à sa famille — en précisant bien que je ne veux pas une invitation dans les règles : mon unique but est de voir de mes propres yeux les conditions de vie de sa famille et les tristes conséquences de la guerre.

Il faut savoir que le code de l'honneur afghan exige que l'hôte se porte garant de la sécurité de l'invité, serait-ce même son pire ennemi. Il existe dans ce pays des règles implicites que tous doivent respecter. Une autre règle non écrite est qu'une personne ne peut demander à bénéficier des lois de l'hospitalité que si elle a été invitée, ou du moins amenée par un membre de la famille. La coutume veut aussi que l'on s'invite mutuellement à prendre le thé ; ces invitations sont en fait de véritables défis.

En l'occurrence, je me suis invitée moi-même. Seb Noor va profiter d'un week-end pour aller dans sa famille. Il veut juger s'il est possible de m'accueillir et, le cas échéant, prévenir ses proches de ma visite. Cela seul exige déjà un grand effort, car il faut compter une journée de voyage pour l'aller, et une autre pour le retour. Il n'y a pas de cars sur ce trajet ; il partira donc à pied, en espérant qu'une voiture le prendra.

Le jour fixé pour le départ est arrivé. Seb Noor est parti trois jours avant nous pour tout préparer. Notre joyeuse bande s'installe dans le pick-up de l'hôpital, et en route pour le district de Maidan ! Seb Noor nous attend à Maidan Chah, le chef-lieu du district, pour nous guider jusqu'à son village. Il a dû faire tout le trajet à pied, ce qui lui a pris trois heures. En route, nous voyons de nombreux bâtiments détruits par les bombes, des arbres calcinés qui se dressent vers le ciel tels des monuments à la fois commémoratifs et accusateurs. Partout, des banderoles de prière indiquent les sépultures de victimes de la guerre. Ce sont pourtant des visages souriants qui nous accueillent devant la maison familiale de Seb Noor. Il est difficile de faire comprendre à des Occidentaux toute la misère et toute la souffrance que cachent ces expressions presque joyeuses.

Lorsque les Afghans construisent une maison, ils achèvent et décorent en premier lieu la salle réservée aux invités. Tout est prévu pour recevoir les hôtes, qui peuvent également y passer la nuit. Les effusions terminées, on nous fait entrer. Dans la perspective de notre visite, la famille de Seb Noor s'est efforcée de rendre la grande pièce aussi agréable que possible. En l'absence de toit, les poutres sont recouvertes de bâches en plastique. Les murs en torchis sont ornés de calligraphies traditionnelles et de tentures décorées de motifs floraux. Nous prenons place sur les tapis dudjak. Avec prévenance, on nous glisse des coussins dans le dos. Lorsque nous sommes confortablement installés, le chef de famille, qui n'est autre que le frère de Seb Noor, vient nous souhaiter la bienvenue. Ensuite, c'est l'habituelle cérémonie de questions et de réponses : « Comme va votre famille ? Tout le monde va bien ? Et la santé, les affaires... ? »

Après avoir pris le thé, nous exprimons le souhait de jeter un coup d'œil sur les environs. Compte tenu du danger que représentent les mines — personne ne sait au juste où il en reste encore —, il faut marcher à la file indienne sur des sentiers balisés. Seb Noor nous montre l'emplacement d'un ancien poste des forces de Kaboul. Il est évident que leur maison se trouvait directement sur la ligne de tir. La guerre laisse sur les hommes des marques qui ne s'effaceront jamais. Nous discutons longuement des derniers événements politiques. Tous espèrent, sans y croire vraiment, que l'avenir sera meilleur.

Les femmes souffrent au moins autant que les hommes de ces conditions difficiles. Je les regarde préparer le repas dans la maison en ruine. Toutes s'y sont mises. Il faut éplucher les légumes et les hacher, vider les poulets, faire cuire le riz... tout cela avec des ustensiles primitifs et sur un unique foyer.

Deux d'entre elles préparent le pain. Après avoir aplati les boules de pâte en se les renvoyant comme des ballons, elles les collent sur la paroi intérieure du four en argile.

Tout est prêt. Pour commencer, un jeune homme verse de l'eau sur les mains de chaque invité, au-dessus d'un grand récipient. Etant donné que tout le monde mange avec les doigts, la toilette des mains est très importante. Trois ou quatre personnes se partagent la même série de plats et de bols. Il y en a tellement qu'ils tiennent à peine sur la nappe étendue sur le sol. Au dessert, il y a des bananes. C'est un grand luxe : depuis des années, on ne trouve pratiquement plus de fruits tropicaux. La famille a consenti de grandes dépenses pour nous accueillir dignement. Nous finissons par apprendre que Seb Noor est allé à pied à Kaboul — un trajet de trente kilomètres — pour acheter des légumes frais et des fruits. Il a eu du mal à revenir à cause de tirs de missiles à proximité de la route.

Pendant que nous dégustons le plantureux repas, des mains serviables ont installé un lit devant la maison : Seb Noor a raconté à ses proches que je préférais dormir au grand air.

Etendue sous le ciel étoilé, je pense à ce qu'est devenue l'hospitalité en Allemagne ; j'ai mauvaise conscience de leur avoir causé tant de tracas. Dans la fraîcheur du matin, après la prière, les femmes se sont remises au travail pour nous préparer un délicieux petit déjeuner. Je réalise que, serrées les unes contre les autres dans une petite pièce délabrée, elles n'ont dormi que quelques heures. Avec tact, le Dr Gulap propose de partir aussitôt après le petit déjeuner. Nos hôtes avaient prévu que nous resterions déjeuner, mais nous ne voulons pas les importuner davantage. Seb Noor essaie de nous retenir. Au dernier moment, je lui glisse discrètement une enveloppe contenant de l'argent.

James Bond vous salue bien

Il faut absolument mettre fin aux agissement d'Omardin, qui se croit tout-puissant. Un agent secret comme le célèbre 007 aurait certainement trouvé des tactiques plus rapides et plus efficaces pour venir à bout de l'ennemi, mais nous ne sommes pas au service de Sa Majesté, nous ne travaillons que pour nous-mêmes. Nous passons plus de temps à réfléchir qu'à agir. Un jour, il nous vient une idée brillante : il faut couper la méchante langue d'Omardin, autrement dit, l'empêcher de communiquer par radio avec la peu scrupuleuse direction de Peshawar.

Nous nous sommes aperçus en effet qu'Omardin possède une seconde clef (j'ignore comment il se l'est procurée) du bureau où se trouve le poste émetteur-récepteur. Croyant ne pas être observé, il s'y introduit pour envoyer régulièrement à Peshawar des rapports dans lesquels il attaque et calomnie les membres de la « bande à Karla ». Cela ne peut pas durer. Kate, qui est encore parmi nous et semble s'y connaître, suggère de débrancher l'amplificateur du microphone. Nous acceptons unanimement sa proposition, et passons aux actes sans tarder. C'est tout simple : Kate dévisse la tête du microphone et retire le composant en question, puis remonte le tout soigneusement. En apparence, rien n'a changé. Kate me confie l'amplificateur pour que je le mette en lieu sûr. Elle est ravie du tour qu'elle a joué à Omardin : « Et le voilà sans voix ! Lui et ses complices vont passer des heures à se demander pourquoi la radio ne marche plus... Ils penseront sans doute que cela vient de la batterie ou du générateur. »

Et s'ils étaient plus malins que nous ? Quand Yarmohamad fait examiner l'appareil par un radio-amateur de sa connaissance, nous ne sommes pas très rassurés. Mais lui non plus ne découvre rien d'anormal. Nous rions sous cape en entendant le grésillement qu'émettent les haut-parleurs chaque fois qu'ils essaient d'établir la communication.

Nous n'avons mis personne au courant de notre petit acte de sabotage, et arborons des airs innocents lorsque nous croisons nos ennemis désespérés. Finalement, Omardin et Yarmohamad emportent l'émetteur dans le bureau de l'administration et s'y retranchent ; pour mieux surveiller l'appareil en panne, ils y restent même la nuit. On ne les voit plus que rarement effectuer des tournées de contrôle dans l'hôpital. Depuis qu'ils sont coupés de Peshawar et ne reçoivent plus d'ordres de leurs patrons, leur sentiment d'insécurité est tel qu'ils se tiennent à l'écart. Notre petite conjuration ne sera jamais découverte.

Mafia germano-afghane

Sans radio, nous sommes tous et toutes coupés du monde extérieur. Les fidèles de la direction ne peuvent pas communiquer avec leurs maîtres, mais nous sommes nous aussi sans nouvelles de Peshawar, d'Allemagne et du reste du monde. Mon courrier étant retenu, il faut des messagers de toute confiance pour contrer le système corrompu qui s'est mis en place ici. Personnellement, je ne peux pas quitter Chak, car je risque de ne jamais pouvoir y revenir. Mon patron afghan est sûrement dans tous ses états car il est apparemment impossible de me convaincre d'aller à Peshawar.

Le camp adverse poursuit avec acharnement ses tentatives d'intimidation. Par exemple, un courrier m'apporte une nouvelle lettre de Peshawar, qui me met en demeure de m'y rendre dès réception, sans quoi je serai congédiée sur-le-champ. Les auteurs de cette missive m'accusent également de divers méfaits : je n'aurais pas versé aux bénéficiaires désignés — voire détourné — une certaine somme d'argent. En réalité, cela fait des mois que je ne contrôle plus la comptabilité ; c'est Omardin qui en est responsable, et c'est sur son compte que vont les roupies volées à l'hôpital. Je n'ai jamais vu une impudence pareille ! « Tous des criminels », commente sèchement l'ingénieur Mahmoud, et il a raison. Les directeurs du comité germano-afghan ignorent encore qu'en ce moment même un messager leur apporte une lettre dans laquelle j'annonce ma démission.

Et le spectacle continue. Un camion chargé de médicaments et de matériel médical arrive à l'hôpital. Omardin raconte fièrement à qui veut l'entendre que c'est lui qui a organisé cette énorme livraison. Le commandant et la population entière de Chak doivent se rendre compte qu'il n'est rien moins qu'un héros, et le sauveur de l'hôpital.

Ce que la plupart ignorent, c'est que cette livraison ne correspond nullement à nos besoins et qu'elle a été faite à notre insu. Omardin s'est contenté de commander à une pharmacie de Peshawar des médicaments bon marché pour que leur quantité fasse illusion. Je découvre également pas mal de matériel venant de Sadda ; il avait été bradé après la fermeture du camp de réfugiés car il était inutilisable. Nous avons notamment hérité de gants chirurgicaux de taille 6, trop petits même pour des mains de femme. Et il faudrait le féliciter d'avoir fait de si bonnes affaires ! Je n'en reviens pas d'un tel culot.

Radio des poumons

Notre clinique est encore loin d'être un hôpital digne de ce nom. Avant tout, il nous manque un bon appareil de radiographie. Profitant de cette nouvelle occasion de se faire valoir, Omardin mobilise ses nombreuses relations pour en trouver un. Il réussit en outre à faire venir de Ghazni un technicien capable de l'installer.

Quelques jours plus tard, tout est prêt. « Selim-radio » s'est familiarisé avec l'appareil, les premiers essais peuvent commencer — mais seulement après la tombée de la nuit car il n'y a pas d'électricité pendant la journée. Je n'assiste pas à ces essais. Lassée par cette éternelle épreuve de force, je préfère rester dans ma chambre. Selim est donc obligé de venir frapper à ma porte pour m'annoncer — triomphalement, car il croit me porter un coup fatal — que l'appareil fonctionne : grâce à Omardin, nous avons enfin le statut d'un véritable hôpital.

Le lendemain, notre chirurgien, le Dr Saadat, envoie des patients à la radio. Comme il fait encore jour, l'ingénieur Mahmoud doit mettre en marche le groupe électrogène. Encore une brillante trouvaille d'Omardin, sûrement achetée à bas prix. En fait, c'est un très mauvais investissement : il s'agit d'un surplus de la Bundeswehr, qui fonctionne à l'essence. Or, on ne trouve pratiquement pas d'essence en Afghanistan, et elle coûte des prix astronomiques. Tous les moteurs du pays sont des diesels.

L'ingénieur Mahmoud fait de son mieux. Dans la soirée, je le vois arriver, à bout de forces, la mine sombre. En hochant la tête, il me raconte que Selim a mis six heures à faire ces quelques radios. Quand je pense au danger que représentent les rayons X pour les patients, j'en ai le souffle coupé.

Quelque temps après, Yarmohamad arrive avec deux de ses parents : une cousine atteinte de tuberculose, et un oncle qui a une balle dans la cuisse, tout près de l'os. Se référant sans doute au code afghan de l'hospitalité, Yarmohamad installe d'office sa cousine dans la chambre de Kate et demande à celle-ci de veiller sur la jeune fille. La cousine malade n'y est pour rien, mais la place d'une patiente tuberculeuse est à la clinique, pas dans un logement privé. L'oncle, dont la blessure est manifestement infectée, sera hébergé à l'hôpital, mais prendra ses repas avec le personnel.

Yarmohamad me demande ensuite de prendre son oncle en charge. Il se trompe d'adresse, car, comme nul ne l'ignore, j'ai été congédiée. Je ne m'occupe de patients qu'en cas d'urgence, et presque uniquement dans l'aile réservée aux femmes. Je ne veux surtout pas donner l'impression que je continue à contrôler la marche de l'hôpital. Je fais comprendre à Yarmohamad que je ne peux pas reprendre mes fonctions uniquement pour son oncle. Il tente ensuite de me convaincre de m'occuper au moins de sa cousine. Je lui réponds sèchement que le traitement de la maladie dont elle est atteinte n'entre absolument pas dans mes compétences, et je l'adresse aux docteurs Gulap et Saadat. J'apprendrai par la suite que les deux médecins avaient déjà demandé à l'oncle et à la cousine de se présenter à la consultation, comme tout le monde. Mais Yarmohamad exige un traitement de faveur, au moins pour sa cousine. Finalement, nous nous montrons conciliants et lui fixons un rendez-vous en milieu d'après-midi. Il est toutefois évident qu'un diagnostic précis ne pourra être établi qu'à l'aide d'une radio. Cela pose un problème, car Selim est techniquement incapable de faire une radio des poumons, sans compter qu'il n'a encore jamais radiographié une femme. Yarmohamad lui-même finit par reconnaître qu'il faut envoyer sa cousine à l'hôpital arabe de Tangi Seidan. De toute façon, nous n'avons pas les médicaments nécessaires pour traiter une tuberculose. L'oncle l'accompagnera, car il s'est avéré que la balle était si mal placée que nous ne pouvons pas l'extraire avec les moyens limités dont nous disposons. Nous voilà enfin débarrassés du clan Yarmomahad !

Tentative d'enlèvement

Brusquement, mes adversaires changent de tactique. Ayant constaté qu'aucune pression n'est efficace, que je suis insensible au chantage comme aux menaces, ils essaient maintenant de m'amadouer. Le directeur afghan m'adresse une lettre très cordiale dans laquelle il m'assure que tout cela était un malentendu, que je suis de tout cœur la bienvenue chez lui, et que toute la famille m'envoie ses amicales salutations. Ils veulent donc m'embobiner. Mais il n'en est pas question, après la campagne de terreur à laquelle j'ai été soumise. Je suis coriace, et je résiste assez bien aux pressions, mais ils sont allés trop loin. Toutes ces rivalités n'ont fait que me donner des crampes d'estomac.

Assise à l'ombre de mes rosiers favoris, j'essaie de calmer mes crampes en buvant un thé bien chaud, lorsque soudain un groupe de gens apparaît en haut des collines. Ils approchent. Ce sont des moudjahidin armés de lance-roquettes, et qui escortent-ils ? Le directeur afghan et le responsable allemand du DAK ! Qui aurait cru possible une pareille démonstration de force ? Pour arriver jusqu'ici, ils ont tout de même roulé trente heures sur des routes défoncées et poussiéreuses. Pendant le déjeuner, qui est servi à l'ombre du grand mûrier, ils s'efforcent par tous les moyens de me convaincre de reprendre le travail. Ces deux escrocs me prennent-ils pour une imbécile ?

L'heure du dîner a sonné. Il y a un agneau — tué cet après-midi même — à la broche, mais je ne participe pas au repas : je serais incapable d'avaler une seule bouchée. Mes crampes d'estomac constituent une excellente excuse. Je commence à m'endormir, lorsque l'on frappe avec insistance à la porte. C'est Kate. D'une voix saccadée, elle me demande de la suivre immédiatement. Elle veut que je l'accompagne à la shura en bavardant de choses et d'autres avec les soldats de l'escorte des directeurs, Kate a appris qu'ils avaient été chargés d'une mission pour le moins spéciale : me pousser à la pointe d'une kalachnikov dans un de leurs véhicules et m'emmener de force à Peshawar. Ils essaient donc de m'amadouer avec des paroles mielleuses, mais si je ne fais pas leur quatre volontés, ils veulent me contraindre à quitter Chak.

Nous faisons irruption dans la salle où est réunie la shura. Heureusement, Kate parle le parsi, une des langues pratiquées en Afghanistan. Elle informe les membres du conseil de la tentative d'enlèvement et demande leur protection. Entre-temps, mes yeux se sont accoutumés à la pénombre. On dirait une caverne de brigands, assemblés pour préparer leur prochain coup de main. Seul le commandant Sedique, assis face à la lanterne, est reconnaissable. Tous les autres forment une masse indistincte perdue dans l'obscurité. Au bout d'un moment, ils nous demandent de nous retirer ; ils vont se pencher sur cette affaire.

Il n'est plus question de dormir. Minuit est passé depuis longtemps lorsque la shura met fin à ses délibérations. Nous attendons sa décision avec impatience. Son verdict est : ma présence à Chak est utile et nécessaire ; je ne peux en partir que librement, de mon propre chef. Peu après, nous entendons un bruyant remue-ménage sur le toit de l'hôpital : les moudjahidin, qui s'y étaient installés pour la nuit, se préparent à partir avec armes et bagages. Ce vacarme est bientôt suivi du rugissement des moteurs. Furieux de l'échec de leurs plans, les directeurs et leurs hommes décampent en pleine nuit, sans même prendre congé.

Quelques jours plus tard, ce sera l'expulsion de Kate, dont j'ai déjà parlé. Je suis à bout de nerfs, il m'arrive souvent de pleurer sans raison apparente. Kate tente de me persuader de laisser tomber : il n'y a pas que l'hôpital dans la vie, me dit-elle. Mais je ne veux pas en entendre parler. Je suis trop orgueilleuse pour cela — ce serait une capitulation pure et simple.

Nouveaux combats, nouvelles souffrances

A Kaboul, de violents combats ont repris. Jour après jour, les nouvelles terrifiantes se succèdent. Des Hazara s'introduisent dans un hôpital et massacrent tous les patients pachtoun, y compris les femmes et les enfants ; ils leur crèvent les yeux et les égorgent. Le chaos est total. Les Hazara se battent contre les Pachtoun, les sunnites contre les chiites, les membres du Hezb contre les partisans de Massoud, lesquels se sont alliés avec le Gelam Jam... Il s'agit donc de rivalités à la fois ethniques et religieuses, doublées d'un affrontement entre les divers partis et factions politiques. Nous recevons de nombreux blessés, car les hôpitaux de Kaboul, en majeure partie détruits, ne peuvent plus les accueillir. Nous ne pouvons guère que leur prodiguer les premiers soins ; les intrigues, la corruption et l'incapacité nous ont rendu impuissants à faire mieux. La plupart du temps, nous ne faisons même pas descendre les blessés des véhicules, mais les examinons sur place. Serrés les uns contre les autres, ils sont allongés sur les plates-formes de vieux pick-ups. Ils ont attendu des heures durant avant d'être évacués, puis ont été cahotés pendant des heures encore sur des routes défoncées... Nous faisons le peu que nous pouvons, posant des perfusions et pratiquant des injections d'analgésiques, avant de les envoyer à l'hôpital arabe de Tangi Seidan.

Beaucoup de ces combattants nous regardent avec incrédulité quand nous leur disons que nous ne pouvons pas les garder. Quelques blessés légers peuvent rester ici, ainsi que les proches qui les ont accompagnés. Notre hôpital n'est pas un camp de réfugiés, mais qui aurait le cœur de les séparer ? Nous sommes particulièrement émus par le regard incrédule d'une femme blessée au ventre, qui met tous ses espoirs en nous. Nous sommes contraints de la décevoir ; c'est un spectacle presque intolérable de voir son mari et son frère repartir à contrecœur avec la blessée, dont l'état est grave. Le sort de deux autres blessés, atteints par des tirs de roquettes, n'est pas moins affreux. L'un a une jambe arrachée, l'autre un bras déchiqueté. Tous deux sont livides et exsangues. Ils ont absolument besoin d'une transfusion, et doivent aller de toute urgence à l'hôpital arabe. J'apprendrai par la suite que tous deux sont morts en route. Ils ont perdu la vie parce que nous ne sommes pas en mesure de les effectuer, bien que Fazil Elahi et « Selim-anesthésie » aient la formation indispensable. Il nous manque seulement des nécessaires de transfusion, pourtant peu coûteux.

Tous les jours, arrivent aussi des blessés venant de Maidan, victimes non des combats, mais des mines dont la région est truffée. Il nous est rarement possible de les soigner sur place. Un homme venant du village de Seb Noor nous amène son fils de quelques années. Il jouait dans un champ lorsqu'il a heurté une mine. Une main est déchiquetée, et il a reçu des éclats un peu partout, y compris au visage. Lui aussi a perdu beaucoup de sang ; une amputation de la main lui en ferait perdre encore davantage. Tout ce que nous pouvons faire pour cet enfant, c'est de mettre en place un goutte à goutte, pour pallier un peu la perte de liquide. Nous les gardons la nuit à l'hôpital, mais dès le lendemain matin ils doivent continuer jusqu'à Tangi Seidan. Portant précautionneusement le petit blessé dans ses bras, le père part à pied sur la route poussiéreuse, en espérant qu'une voiture s'arrêtera.

Seule à Peshawar

Nous sommes en août. Ma dernière journée de travail approche. Pour clore cette période je veux aller à Peshawar, afin de discuter avec les responsables de mon organisation de l'avenir du projet de Chak-e Vardak. L'ingénieur Mahmoud et Fazil Elahi m'accompagnent ; je tiens à ce qu'ils participent aux réunions, et fassent par la suite un rapport au personnel de Chak. J'ignore totalement si je pourrai revenir en Afghanistan. Comme en passant, l'ingénieur Mahmoud me murmure à l'oreille : « Nous sommes devenus très unis. » Sans doute veut-il dire que tout ce que nous avons vécu ensemble nous a rapprochés.

Hadji Daoud, venu de Peshawar exprès pour me chercher, n'est pas très heureux de mon choix. « Est-il vraiment nécessaire qu'ils t'accompagnent ? » me demande-t-il avant de s'enfermer dans le silence. J'ai remarqué depuis longtemps une certaine jalousie de sa part. Il considère l'ingénieur Mahmoud comme un rival. Hadji Daoud estime avoir une sorte de droit d'antériorité, car il a été mon premier protecteur. A Chak, il a été remplacé par Mahmoud depuis que je lui ai trouvé un meilleur travail (du moins de mon point de vue) à Peshawar. Je savais qu'il était malheureux à Chak, si loin de sa famille, qui vit dans un camp de réfugiés au Pakistan. Pourtant, Hadji Daoud n'a cessé de regretter son départ.

A Peshawar, il n'est pas facile de trouver une chambre bon marché. Après ce long voyage, nous sommes trop fatigués pour nous renseigner partout. Dans une petite rue de traverse, nous finissons par dénicher une auberge, qui ressemble fort à un hôtel de passe. Lorsque je dépose mes bagages dans la chambre, je suis au bord des larmes. L'ingénieur Mahmoud tente de me convaincre de venir chez lui, mais je ne veux pas m'imposer à sa famille qui, je le sais, vit très à l'étroit. Après le départ de Hadji Daoud, de Fazil Elahi et de Mahmoud, je me retrouve seule dans la chambre, qui est étroite et sombre comme un placard à balais. C'est la première fois depuis longtemps que je me retrouve sans protection masculine. Je me sens triste et oppressée. Je ne resterai pas un jour de plus ici.

Le lendemain matin, Fazil Elahi va chercher un rickshaw pour se rendre au comité d'entraide norvégien. Je connais une jeune femme qui y travaille : Mette est venue passer une journée à Chak. Je lui demande si elle peut m'aider à trouver un logement, pour au moins un mois. Cela tombe bien : un de ses collègues parti en congé a dit qu'on pouvait utiliser son appartement pendant son absence. Elle me donne la clef et promet de m'apporter le soir même des draps et des serviettes de toilette.

Décidément, les problèmes de l'hôpital de Chak ne sont pas terminés. Il ressort d'un entretien avec un représentant de l'Union européenne que celle-ci ne continuera pas à soutenir ce projet. Il me fait également comprendre que, faute de m'entourer de gens compétents et fiables, Chak ne tardera pas à devenir totalement incontrôlable. Un bilan bien déprimant. Une rencontre avec mon directeur afghan ne donne pas grand-chose : il se contente de m'assurer que de son côté tout va pour le mieux. Si je le souhaite, ajoute-t-il, rien ne m'empêche de fonder une nouvelle organisation humanitaire. Cette incroyable proposition me laisse bouche bée. Comment cette crapule peut-elle supposer qu'après tout ce qui s'est passé, je vais reprendre le travail comme si de rien n'était ?

Une semaine passe, sans la moindre nouvelle d'Allemagne. Je sais exactement pourquoi : les dirigeants du DAK veulent m'avoir à la fatigue, comme on dit, me mener au point où je serai prête à travailler à l'hôpital de Chak en tant que simple infirmière, dénuée de tous pouvoirs. Ils savent combien j'y suis attachée, cela fait partie de leur stratégie.

Mes nerfs sont sur le point de craquer. L'ingénieur Mahmoud est mon unique et fidèle soutien. Il s'efforce constamment de me redonner courage. Pour finir, je mets toutes les parties concernées face à un ultimatum : soit je peux rentrer en Afghanistan à mes conditions, soit je prends le premier avion pour l'Allemagne. Je ne tiendrai pas le coup longtemps dans ces conditions, c'est trop exténuant.

L'ingénieur Mahmoud est apparemment dans le même cas que moi. La terreur que lui inspire la police pakistanaise influe sur son comportement au point de le rendre méconnaissable. Parfois, il me fait pitié. Chaque fois que nous prenons un rickshaw, il se cache le visage avec son pakol. Je suis révoltée en voyant ce que le Pakistan a fait de cet homme fier et orgueilleux, de ce propriétaire d'une grandiose demeure fortifiée qui accueille ses visiteurs à cheval, tel un prince. Et maintenant, il a peur de représailles et de persécutions, voire d'être assassiné, et se cache pour ne pas être vu en ma compagnie. Je me suis rarement sentie aussi seule, aussi isolée.

Mariage avec une cousine

J'ai donc lancé mon ultimatum. En attendant les réactions, je suis en vacances. Je ne les passerai pas en Allemagne et pas davantage à Peshawar, mais dans le lieu qui m'est plus que tout autre cher : à Chak-e Vardak. En Afghanistan, je me sens plus libre, et mieux acceptée par les Afghans que je ne le suis par les Allemands et les autres étrangers établis au Pakistan. Beaucoup d'Européens qui vivent et travaillent dans ce pays ont gardé une mentalité de colons. Ils trouvent normal d'acheter des cigares à 40 marks pièce, mais estiment excessif que je dépense 30 roupies pour des aiguilles chirurgicales ou des compresses de gaze. Comme je n'ai pas de relations influentes et suis plutôt rangée dans la catégorie des mendiants, ils ne voient pas de raison de m'intégrer à leur groupe et me tiennent délibérément à l'écart. Je suis plus à l'aise en Afghanistan, où tout le monde me traite comme si j'étais une femme afghane respectable.

A Chak, tous sont étonnés de me voir revenir si vite. Personne ne s'y attendait, surtout pas Yarmohamad, qui suppose d'abord qu'une réconciliation a eu lieu. En conséquence, il s'empresse de faire préparer ma chambre. Mais quand je le détrompe, disant que je suis simplement venue en vacances, il devient insolent : « Où est la lettre qui vous autorise à pénétrer dans la zone résidentielle ? » Décidément, l'effronterie de Yarmohamad ne connaît pas de bornes.

Heureusement, l'ingénieur Mahmoud trouve aussitôt la réplique qui s'impose : « L'hôpital et les logements du personnel sont-ils donc la propriété privée du directeur afghan ? »

Pendant mon absence, une importante cargaison de médicaments et de matériel a été livrée. Je demande aux docteurs Saadat et Gulap de vérifier sur la liste si tout y est. Avant mon départ de Peshawar, je m'étais fait donner par la délégation de l'UE une copie du bordereau détaillant le contenu des dix-neuf caisses prévues. Notre vérification révèle que seule une partie des caisses est arrivée à Chak, et que certains médicaments, notamment les sérums pour perfusion, sont périmés. C'est de l'escroquerie, du vol pur et simple.

Ces « vacances » auraient été finalement assez mélancoliques, s'il n'y avait eu un mariage dans la famille de Fazil Elahi. Ahmadshah, le frère aîné de Fazil, va prendre pour épouse sa cousine Fatima. C'est un mariage d'amour. A l'époque, tout le monde a tremblé lorsque Ahmadshah est monté sur sa moto pour aller voir sa cousine et entamer les négociations avec son futur beau-père. C'était peu après le retrait de Nadjibullah. Les jeunes gens venant de la province, fief des moudjahidin, pouvaient de nouveau se rendre à Kaboul, mais compte tenu de la situation militaire incertaine cela restait très dangereux. J'avais trouvé cela fort romantique : rien, pas même la brutale réalité, n'arrête l'amoureux qui veut être près de l'élue de son cœur.

Lorsque les combats ont repris à Kaboul, la famille de Fatima s'est réfugiée non loin de l'endroit où habitait Ahmadshah. Mais cela n'améliorait en rien la situation, car le père de Fatima demandait un prix trop élevé pour la fiancée. Le cas est fréquent. Lorsque le soupirant ne peut pas payer, il arrive souvent que l'on procède à une sorte d'échange : un homme épouse une femme, et le frère de celle-ci épouse la sœur de l'homme ; ainsi, tout le monde est quitte. Habituellement, il est un peu plus avantageux d'épouser sa propre cousine — mais pas dans le cas de Fatima. Pourtant, rien ne peut faire renoncer Ahmadshah à son projet, pas même un beau-père aux prétentions excessives.

Fazil Elahi a tenté d'intervenir, en faisant comprendre au père de la fiancée qu'à cause de ses exigences sa fille prendrait un mauvais départ dans la vie : les caisses étant vides, il faudrait emprunter pour installer un beau logement aux jeunes mariés, et assurer le quotidien. En vain. Le père de Fatima resta sur ses positions.

Pour comble de malheur, Ahmadshah se retrouve au chômage. C'est d'autant plus grave que son salaire faisait vivre toute la famille. Il devrait aller travailler quelque temps en Australie. Ahmadshah ne dit pas non, mais à condition d'épouser d'abord sa Fatima. Sur ce, le conseil de famille se résout à lui prêter une somme conséquente pour faire aboutir les négociations avec le père de la future. Conscient de la persévérance du fiancé, celui-ci exige, en plus du prix convenu, une vache et deux moutons. On lui donne satisfaction, mais le mariage est de nouveau retardé parce que la jeune fille, estime le futur beau-père, doit rester à la maison jusqu'à la fin de la moisson. Finalement, ce dernier obstacle est levé. Oralement ou par écrit, tous les parents et amis sont invités au mariage, dont la date a été fixée.

Il est d'usage, avant les noces, d'aller admirer le « don du matin » de la future, l'équivalent de notre trousseau.

D'un geste à la fois fier et pudique, Fatima ouvre le vieux coffre où sont conservés ses trésors. Je vois luire des étoffes aux couleurs somptueuses. Plaquant tour à tour les vêtements sur son corps, Fatima se fait admirer comme un mannequin occidental.

« Tâtez ce tissu, Karla, voyez comme il est fin. Regardez ces superbes broderies, et ces perles chatoyantes. Chaque ensemble est accompagné d'un voile assorti. Je pourrai me faire belle pour Ahmadshah ! » Le regard ardent de Fatima suffirait à damner n'importe quel homme.

« Que comptez-vous faire de ce velours rouge foncé ? » J'ai découvert le lourd tissu au fond de la valise.

« Une jupe très ample. Et pour l'accompagner, de fines chaussures et un sac à main doré. » Tout excitée, Fatima me tend ces accessoires, puis, un peu gênée, elle me montre une combinaison brodée et un soutien-gorge arachnéen. « Voilà qui rendra Ahmadshah particulièrement heureux !

— Ce sont de vrais trésors que vous avez là, Fatima... »

Nous admirons longuement ces merveilles. « Et ça, c'est un cadeau d'Ahmadshah » : radieuse, Fatima ouvre une trousse de maquillage pleine de fards, et un flacon de parfum enivrant. J'y ajoute une montre-bracelet.

« Merci de tout cœur, Karla. »

A côté de la valise, j'aperçois un sac contenant une quinzaine de voiles et des coupons de tissu. Je demande à Fatima ce que c'est : « Chez nous, me répond-elle, il est de coutume de faire des petits cadeaux aux parentes les plus proches. »

La veille du jour des noces est très animée. L'après-midi et le soir, tous les amis, connaissances et collègues de travail peuvent venir sans être invités, aussi bien dans la maison du fiancé que dans celle de la future mariée. Il y a de la musique, surtout des tambours, et des danses exprimant la joie du grand événement à venir.

Fazil Elahi court affairé d'une maison à l'autre, à croire que c'est lui qui se marie. Pendant ce temps, Ahmadshah témoigne d'une attitude réservée exprimant le détachement ; seul son regard brillant trahit parfois sa joyeuse attente.

Dans la cour, des morceaux de mouton et de bœuf mijotent dans de grands pots posés sur des feux de bois allumés à même le sol. Les invités auront de quoi manger... Ce n'est peut-être pas le cas en ville, mais à la campagne les gens intègrent naturellement la fête dans leur vie quotidienne. Tout en participant aux réjouissances, ils vont s'occuper des bêtes, ou encore casser du bois.

Après avoir été accueilli avec du thé accompagné de raisins secs, d'amandes, de caramels et de biscuits, notre petit groupe de Chak va se promener dans les champs pour donner à nos hôtes le temps de poursuivre les préparatifs de la fête. Au coucher du soleil, nous nous regroupons pour la prière du soir. Confortablement assise sur un tas de paille de riz, enveloppée dans mon épais patu de laine, je regarde songeusement la pleine lune, qui vient d'apparaître dans le ciel. L'ingénieur Mahmoud récite la prière. Quand elle est terminée, nous regagnons tous la maison ; il fait si clair que nous retrouvons facilement notre chemin. Fazil Elahi nous emmène dans une pièce joliment décorée ; c'est également là que je passerai la nuit. Sur une grande nappe brodée et ornée de fleurs, des plats savoureux ont été disposés à notre intention. L'usage veut qu'un membre de la famille veille au bien-être des invités. Fazil Elahi reste donc avec nous, tandis qu'Ahmadshah et son père s'occupent d'autres groupes dans la grande salle.

Comme toujours, je me suis installée dans une encoignure, le dos soutenu par plusieurs coussins, le patu autour des épaules. En face de moi, sont assis l'ingénieur Mahmoud ainsi qu'un cousin de Fazil Elahi ; son regard intelligent, presque malicieux derrière ses lunettes rondes, me le rend aussitôt sympathique. Dans le groupe qui m'entoure, je reconnais également un commandant du Hezb, connu pour sa nature généreuse. Nous trempons des morceaux de galette dans un bouillon de viande qui répand un parfum revigorant de menthe et d'aromates. Sur de grands plats, sont disposés des montagnes de riz et des morceaux de viande bouillie ou rôtie, accompagnés de radis croquants et de petits oignons. Dans la pénombre, nous sombrons peu à peu dans une bienfaisante léthargie. Le repas s'achève par le thé traditionnel, tandis qu'une vieille pipe à eau fait le tour des convives. Plongés dans un état contemplatif, nous regardons se dissiper lentement les volutes de fumée bleutée. C'est l'Orient tel qu'on en rêve.

Avant la nuit de noces, la mariée se fait belle. La partie la plus importante de ces préparatifs est la cérémonie du henné. Peu avant minuit, on vient me réveiller car j'avais exprimé le souhait d'assister à ce rituel. Dehors, il fait très froid, mais tout le monde continue joyeusement à chanter, à danser, et bien entendu à manger. La mère de Fazil Elahi va d'une femme à l'autre pour servir du thé. J'éprouve un grand respect pour cette femme maigre et déjà âgée, qui, en dépit de sa pauvreté, tient à recevoir ses invités comme une aristocrate. Ses pieds nus ne semblent pas sentir la fraîcheur du sol en terre battue.

Complètement voilée, la mariée trône telle une princesse sur un grand coussin orné de merveilleuses broderies. Munies de minces éclats de bois, ses amies décorent avec application ses mains et ses pieds, traçant habilement les motifs et symboles traditionnels. Pendant tout ce temps, Fatima doit rester totalement immobile ; autrement le henné risquerait de couler. De temps à autre, une des femmes soulève légèrement le voile pour lui glisser des raisins secs dans la bouche. Pour que les motifs restent bien nets, certains endroits sont enveloppés des heures durant de bandes de toile. Ces dessins au henné, nommés *mehndi*, ont une signification symbolique. Les motifs symétriques évoquant la forme d'un cœur représentent l'union sexuelle, me dit-on. Je découvre plusieurs de ces petits cœurs sur les mains de la future mariée. Les pieds, considérés par les Afghans comme une zone particulièrement érogène, sont l'objet de soins attentifs. Ses chevilles sont ornées de subtils motifs en pointillé qui semblent se prolonger sous la longue jupe drapée. Quand tout est fini, on dirait que les mains et les pieds de la mariée sont couverts d'une fine dentelle noire.

C'est à mon tour de tendre les mains à une belle Afghane souriante. De ses doigts habiles, un jardin empli de fleurs et de vrilles prend forme sous mes yeux. Je la regarde avec fascination appliquer sur mes paumes le henné vert foncé, à l'odeur de terre. Le contact est agréablement frais. Le dessin terminé, elle le tamponne avec un tissu imbibé d'un liquide ambré ; aussitôt les motifs deviennent d'un noir luisant. Lorsque je lève une main pour admirer mon gant de dentelle, je perçois une forte odeur d'ail. Je me demande comment cette technique a été découverte et perfectionnée au fil des siècles. Qui, le premier, a eu l'idée de broyer des feuilles de henné pour en faire une pâte destinée à orner la peau ?

Souhaitant voir également ce que font les hommes, je me mets en route pour la maison du marié. Dans la vaste cour intérieure, je les vois qui dansent. Entourant quelques solistes qui font admirer leur virtuosité, les autres tournent au rythme des tambours. Je suis fascinée par ces paysans sains et vigoureux, qui s'abandonnent avec fierté et naturel à la musique. Les rythmes fouettent les corps, les danseurs improvisent, rivalisant d'habileté. Leurs gestes emplis d'énergie et de vitalité sont empreints d'une évidente sensualité. De nouveau, j'éprouve ce sentiment de contemplation quasi mystique, encore renforcé par le ciel limpide de cette nuit de pleine lune. Lorsque le jour commence à poindre, un flûtiste joue quelques airs anciens, tandis que les invités commencent à se disperser.

Jusqu'à l'heure du déjeuner, il ne se passe pas grand-chose. Ensuite, tous les invités, parés de leurs plus beaux atours, montent dans trois jeeps et un camion pour se rendre au village de la mariée. Il est suffisamment proche pour y aller à pied, mais en cette grande occasion une colonne de véhicules est de rigueur. Comme il s'agit d'une noce de moudjahid, des moudjahidin amis nous accompagnent avec leurs kalachnikovs et leurs lance-roquettes. En chemin, des grappes de gamins s'accrochent au camion en hurlant et en riant. La jeep des mariés, peinte de couleurs vives, a été astiquée jusqu'à ce qu'elle étincelle ; un large ruban rose l'entoure comme si c'était une boîte de bonbons. Le tintement joyeux des chaînes qui la décorent se mêle aux salves de kalachnikovs qui se répercutent sur les collines arides.

Au village de la mariée, l'accueil est chaleureux ; les salutations et les accolades n'en finissent pas. Ensuite, c'est le grand moment que tout le monde attendait avec impatience. Cachée par un long tissu tendu, Fatima est conduite jusqu'à la jeep par ses amies les plus proches. Elle est « emmenée chez elle », comme le disent les Afghans. Des pleurs et des gémissements s'élèvent, car la mariée quitte la maison de ses parents pour aller dans celle d'un autre clan, qu'elle ne connaît pas encore vraiment. Commentaire de Fazil Elahi : « Mon frère l'a choisie parce qu'elle s'intégrera bien dans notre famille. Elle n'est pas particulièrement belle, mais elle a bon caractère. Elle est très industrieuse et habile de ses mains... »

Assis à côté de sa femme entièrement voilée, Ahmadshah arbore une expression presque farouche. L'usage veut qu'il ne manifeste aucune émotion. Sur le chemin, les moudjahidin tirent de nouvelles salves de kalachnikovs, auxquelles se mêle le rugissement des roquettes. Bientôt, la maison de l'époux est en vue. Dès notre arrivée, une vieille femme, sans doute une tante du marié, conduit Fatima au quartier des femmes. Dans la chambre gaiement décorée, des femmes très maquillées, en habits de fête, attendent, entourées d'enfants. Fatima, emmenée au milieu de la pièce par sa mère et par une autre femme qui lui est attachée, est habilement débarrassée de l'un de ses trois voiles. J'observe avec attention ce processus presque érotique. Avec des gestes élégants, hiératiques, elles éventent la mariée. Finalement, celle-ci ne porte plus qu'un dernier voile, disposé de façon aguichante. J'ai déjà observé à maintes reprises comment les femmes savent jouer de leur voile afin de transmettre divers messages. Qu'il est affreux de penser que ce voile, primitivement utilisé par les femmes pour se protéger du regard importun des hommes, soit devenu un instrument d'oppression ! Mais ce n'est pas le moment de se livrer à ces réflexions.

La mariée a du mal à respirer, elle est manifestement tendue ; les femmes continuent à l'éventer pour la rafraîchir un peu. Lorsqu'elles s'écartent un moment, je peux enfin l'observer. Fatima baisse pudiquement les yeux ; elle ne doit regarder personne en face. Elle cache sa bouche avec un foulard qu'elle tient des deux mains. Elle semble triste. Son visage est artistement orné de fleurs, le dessin de ses yeux est souligné par du khôl presque noir, ses paupières sont couvertes de fard rouge et doré, quelques pétales bleu clair sont collés à ses cils, ses abondantes boucles noires tombent sur ses épaules. L'ensemble compose une surprenante symphonie de couleurs. Ensuite, le voile retombe ; il ne sera de nouveau levé quelques instants qu'à l'arrivée d'une invitée venue la saluer et l'embrasser. Deux jours et deux nuits durant, Fatima doit rester ainsi parée, pratiquement dans la même position. Elle ne doit rien faire, on lui glisse quelques morceaux de choix dans la bouche, ou on la nourrit de sucreries. Durant cette période, la jeune mariée est considérée comme l'invitée de sa nouvelle famille. Cette routine n'est interrompue que par la toilette matinale, à laquelle procède une femme experte en maquillage, qui lui refait une beauté pour la journée à venir.

Pendant ce temps, l'époux met la dernière main à la chambre nuptiale, dont il vérifie soigneusement le mobilier et le décor. Ahmadshah continue de feindre l'indifférence, et vaque à ses activités quotidiennes comme si de rien n'était. Ce que l'on appelle chez nous la consommation du mariage n'a lieu que la troisième nuit. Auparavant, le marié et la mariée sont lavés, maquillés, pommadés et vêtus de neuf. Tout se passera-t-il bien pour la mariée ? Comment se sentira-t-elle ? Comme toujours, Fazil Elahi a une réponse toute prête à mes questions : « Après la nuit de noces, la femme doit avoir l'air heureuse. » De fait, Fatima paraît heureuse, peut-être aussi parce que l'épreuve de l'immobilité est terminée. Elle fait maintenant partie de sa nouvelle famille, elle n'est plus traitée en invitée. La vie quotidienne peut commencer. Très concentrée, Fatima prépare le thé.

Les invités venus d'autres villages font leurs bagages et s'en retournent chez eux, en voiture ou à pied. Mon cœur se serre en pensant à l'existence difficile qui attend le jeune couple.

Repue de fruits

Je consacre mes derniers jours de vacances aux jardins de Chak, plus précisément aux vergers. Nous sommes depuis longtemps privés de fruits frais, mais maintenant ils sont mûrs ! La région de Chak-e Vardak est riche en mûres, abricots et pommes. Dès le petit matin, l'ingénieur Mahmoud, le Dr Saadat et Fazil Elahi confèrent gravement pour choisir le jardin dans lequel nous pourrons nous gorger de fruits succulents. Nous nous réjouissons à l'avance d'aller à travers champs dans le délicieux air estival, de suivre des allées ombragées ou de longer la rivière pour atteindre le paradis sur lequel nous avons jeté notre dévolu.

Aujourd'hui, nous sommes invités chez notre ami Hadji Latif. Son jardin est un vrai rêve, une oasis de bonheur. Sous une treille, Hadji Latif a disposé des coussins pour nous accueillir. Nous y paressons un long moment, entourés de l'odeur capiteuse des roses, qui sont en pleine floraison. Le Dr Gulap en a pris une entre les dents ; la fleur rouge vif met en valeur sa barbe d'un noir profond. Pendant que

Hadji Latif nous fait la conversation et s'enquiert des dernières nouvelles, des membres de sa famille servent du thé et des galettes de maïs encore chaudes, que nous tartinons de beurre fait à la maison. A la clinique, il n'y a jamais de beurre, et le peu de lait offert par des paysans est réservé aux enfants ; pour les grandes occasions, nous en faisons du yaourt. Après ce prélude, de grands plateaux chargés de fruits font leur apparition. Ils ont été cueillis par les enfants de notre hôte. Les douces mûres rose pâle fondent sur la langue ; d'autres, bleu foncé, ont un goût qui rappelle celui de nos mûres de ronces ; ici, il n'en pousse que dans le jardin de Hadji Latif. Je suis ensuite tentée par de petits abricots encore chauds de soleil, et je ne peux résister aux cerises acides d'un rouge foncé. Quel dommage que je sois repue, j'en aurais volontiers mangé davantage ! Je continue néanmoins à dévorer des yeux les fruits aux splendides couleurs. Hadji Latif sourit de tout son large visage : des hôtes satisfaits sont pour lui une occasion de se réjouir. A l'approche du soir, nous regagnons la clinique en longeant le lac de barrage.

En Afghanistan, je suis toujours émue par des détails, par de petites attentions qui me rendent ce peuple encore plus proche. Vers la fin de mon séjour, une ancienne patiente vient m'apporter un cadeau : six belles noix enveloppées dans une serviette qu'elle a brodée elle-même. Pour sa part, Fazil Elahi m'apporte un sommier métallique pour que ma dernière nuit à Chak soit plus confortable — où a-t-il pu trouver cette monstruosité dans un pays où tout le monde dort par terre ? L'ingénieur Mahmoud est lui aussi méconnaissable. Pour des motifs strictement religieux, car il est fondamentaliste, il ne peut avoir des attentions particulières à l'égard d'une femme. Le dernier soir, il trouve pourtant un moyen de me témoigner son affection. Il arrive avec une superbe fleur, qu'il tripote nerveusement entre les doigts, avant de la poser comme par mégarde sur une chaise inoccupée, juste à côté de moi. Ce n'est pas tout : après le repas, il prend son *rebab* et joue à mon intention quelques airs anciens — il sait que j'adore le son du rebab afghan, instrument à cordes pincées.

Les « vacances » sont donc terminées : retour à Peshawar sous la burqa. Pas de nouvelles, aucune confirmation écrite de l'acceptation ou du rejet de mes conditions. Peu après mon arrivée, il y a tout de même du nouveau. Pour clarifier la situation, le représentant de l'Union européenne propose une réunion de toutes les parties concernées, qui donnent leur accord. Nous exposons notre point de vue sur ce qui s'est passé à l'hôpital, preuves à l'appui. Ensuite, le porte-parole de mon organisation humanitaire me propose de prétendues nouvelles conditions de travail : je pourrai disposer d'une voiture et d'un logement, mais d'aucun pouvoir réel. C'est la rupture. Le directeur afghan me reproche d'avoir tout fait échouer.

En principe, plus rien ne peut m'ébranler. Mais la perfidie des gens est décidément sans limite. Peu après cette réunion infructueuse, trois policiers arrivent chez moi. Ces messieurs se montrent très polis. Ils veulent voir mon passeport. Ils auraient appris que je me sers de l'organisation humanitaire pour obtenir un permis de séjour. Je n'aurais d'ailleurs qu'un visa de tourisme, lequel n'est pas assorti d'un permis de travail. Pour autant que je sache, mes papiers sont en règle. Ils me prient néanmoins de les accompagner à la préfecture. Là-bas, l'interrogatoire se poursuit ; finalement, ils décident de garder mon passeport « pour vérification ».

Sans passeport, je suis libre comme un oiseau ; autrement dit, on peut me tirer dessus à volonté. Il ne me reste d'autre solution que d'aller à l'ambassade d'Allemagne pour demander de l'aide. Accompagnée d'un employé de l'ambassade, je retourne à la préfecture de police, où l'on consent à me restituer mon passeport.

C'est donc irrévocable : en octobre, je reprends l'avion pour l'Allemagne. Apparemment sans espoir de retour.

8

Un nouveau commencement

Pendant mon absence, l'hôpital de Chak-e Vardak, qui est toujours en travaux, est fermé. Il est en tout cas mis en hibernation. Seuls quelques infirmiers continuent obstinément à faire leur travail, et le Dr Gulap décide lui aussi de rester, bien qu'ils ne soient plus payés. L'ingénieur Mahmoud et Fazil Elahi, restés à Peshawar, me tiennent régulièrement informée des événements.

Au début de 1993, j'envoie un fax à la délégation de l'Union européenne à Peshawar : je voudrais savoir quel sera le sort de « mon » hôpital. Entre-temps, d'autres organismes m'ont proposé un contrat de deux ans au Yémen ou en Somalie, mais je suis trop profondément attachée à l'Afghanistan. A mon initiative, des amis fondent le « Comité pour une assistance médicale et humanitaire à l'Afghanistan » ; cette association, créée pour aider l'hôpital de Chak, existe d'ailleurs toujours. Un appel téléphonique de l'organisation humanitaire française MRCA se révèle décisif. Je dois aller dès que possible à Peshawar : l'organisation s'intéresse à l'hôpital de Chak ; avec le soutien de l'Union européenne, elle veut poursuivre ce projet et le mener à bien. Et à cette fin elle a besoin de moi.

Me voilà donc de retour à Peshawar. En mars, il fait encore assez frais. Comme je n'ai qu'un visa de tourisme pour le Pakistan, et que j'ai appris à me méfier de la police locale, je travaille dans la plus grande discrétion, à mon domicile privé. Je me comporte en vraie Afghane, toujours effacée pour ne pas dire invisible, tandis que les deux hommes, l'ingénieur Mahmoud et Fazil Elahi, entreprennent les démarches nécessaire à ma place.

De toute évidence, il faut avant tout que j'aille à Chak, pour me rendre compte de la situation *de visu* et faire un premier bilan. J'en profiterai pour rencontrer les autorités locales, leur exposer mon plan de réactivation de l'hôpital, et obtenir leur accord. Je revêts une fois encore la burqa pour faire le voyage ; obtenir un permis d'entrée en Afghanistan m'aurait fait perdre trop de temps. Or l'hôpital ne peut pas attendre. L'ingénieur Mahmoud a fait venir sa femme et ses enfants à Peshawar pour passer l'hiver. Le printemps venu, il veut les ramener en Afghanistan. C'est l'occasion rêvée : je voyagerai avec eux, en me fondant dans leur groupe et en me comportant en tous points comme un membre de la famille.

Le pick-up de location est conduit par Karim ; à côté de lui ont pris place l'ingénieur Mahmoud, sa fille et Fazil Elahi ; à l'arrière sont assis la femme de Mahmoud, en état de grossesse avancée, leurs deux fils et enfin moi. La fille, qui ne supporte pas la voiture, ne cesse de cracher et de vomir.

L'ingénieur Mahmoud a amené de la literie pour toute la famille, ce qui rend plus confortable la nuit que nous passons dans la région frontalière encore enneigée. Comme le veut la coutume, les femmes se partagent une chambre de l'auberge, tandis que les hommes et les enfants mâles s'installent dans une autre. Cela n'empêche pas l'ingénieur Mahmoud de veiller au bien-être de « ses » femmes ; il va jusqu'à se lever au milieu de la nuit pour rajouter du bois dans le poêle.

Chak ne s'attendait pas à me voir revenir. Tous les objets de valeur, tels que le pick-up de l'hôpital ou l'émetteur radio, ont « disparu » depuis un an. Zafer Chan, le gardien, a eu l'heureuse idée de mettre le reste sous clef. Après les salutations d'usage, nous nous attaquons sans tarder à l'inventaire. Tout est couvert d'une épaisse couche de poussière. L'ingénieur Mahmoud, Fazil Elahi, « Selim-anesthésie », Zafer Chan, le Dr Gulap et moi essayons d'y voir clair dans ce chaos.

Peu après, par une journée glaciale mais ensoleillée, la shura se rend à notre invitation. Pour l'occasion, nous avons fait le grand ménage dans une pièce de l'aile résidentielle. Presque à l'heure dite, les membres de la shura arrivent ;

certains sont venus de loin. « J'ai rarement vu une shura aussi importante », constate avec satisfaction l'ingénieur Mahmoud. Tous veulent savoir ce que deviendra l'hôpital. Nous commençons par faire une indispensable mise au point : nous tenons à travailler en toute indépendance, sans être inféodés à un quelconque parti ou faction, mais nous serions heureux que la shura soutienne notre action et assure notre sécurité. Par ailleurs, nous serons conduits à demander à chaque patient une somme modique, cinquante afghanis pour commencer, car ils doivent s'habituer à l'idée qu'un jour l'hôpital devra être financièrement indépendant.

Nous attendons avec impatience la réaction des membres de la shura... Il n'y a pas une seule objection, tous sont heureux de notre retour et approuvent nos projets. Nous transmettons l'information à nos anciens collaborateurs, qui attendaient dans le couloir. Ils veulent évidemment savoir s'ils seront de nouveau embauchés. En guise de réponse, nous leur distribuons un formulaire qu'ils devront remplir, soulignant que la décision n'est pas de notre ressort ; elle dépend uniquement des organisateurs de Peshawar.

Plus jamais face au mur

Tous attendent avec impatience la réponse de Peshawar. Qui sera embauché à la clinique ? Qui se retrouvera sans travail ? Lorsque les lettres arrivent, l'ingénieur Mahmoud réunit d'urgence quelques membres de la shura, car la décision des organisateurs signifie que beaucoup se retrouveront au chômage. Les autorités locales, ainsi qu'un mollah versé dans l'interprétation du Coran, expliquent aux candidats malheureux que, dans l'esprit de l'islam, chacun doit accepter son *kisma*, son destin. Pour notre part, nous précisons pour quelles raisons nous sommes contraints de nous contenter d'un nombre restreint de collaborateurs. Ensuite, chacun ouvre la lettre qui décide de son sort. Un silence consterné s'ensuit, puis la plupart quittent la salle la tête basse, sans un mot — les uns parce qu'ils ne sont pas réembauchés, les autres parce qu'ils sont déçus par le salaire modique qui leur est proposé.

Notre nouvelle équipe comprend l'ingénieur Mahmoud, Fazil Elahi, le Dr Gulap, le Dr Saadat, « Selim-anesthésie », Zafer Chan, Mohammed Chan (un deuxième gardien) et

Salamdin, aide-cuisinier. Nous débutons donc sans infirmiers, sans cuisinier attitré et sans personnel de ménage.

Les problèmes ne tardent pas. Le Dr Gulap demande à me parler. Il m'explique qu'il ne signera le contrat qui lui est proposé qu'à certaines conditions : en premier lieu, un salaire plus élevé ; ensuite, l'engagement de son meilleur ami en qualité d'aide-soignant. Je lui explique longuement la situation ; apparemment j'ai été convaincante, car il renonce à ses exigences. D'autres conflits ne tardent pas. Fazil Elahi témoigne d'une grande négligence en pratiquant les analyses de laboratoire, et se fie un peu trop à son imagination capricieuse. Pour sa part, « Selim-anesthésie » semble préférer la vie de famille à son travail, et brille par ses fréquentes absences. Enfin, au bout de quatre semaines, le Dr Saadat m'annonce qu'il a l'intention de démissionner ; son rêve est d'ouvrir une clinique privée, qui lui assurera, espère-t-il, de meilleurs revenus. Heureusement, il ne tarde pas à abandonner ce projet. Et nous mettons un mois à trouver un cuisinier compétent ; en attendant, l'ingénieur Mahmoud et Zafer Chan doivent aider à la cuisine en plus de leur travail.

Avec l'énergie du désespoir, je lutte contre la crasse. D'abord ma chambre, puis les logements du personnel, et pour finir l'hôpital et les entrepôts. L'opération de nettoyage dure au total un mois et demi ; tout est tellement sale qu'il faut déplacer les meubles pour faire le ménage à fond. Après une vive altercation, l'ingénieur Mahmoud et Zafer Chan acceptent de m'aider. Mahmoud ronchonne entre ses dents, « Je le fais uniquement pour moi. » Il a honte de faire le ménage, ce n'est pas un travail digne d'un homme. Sans compter qu'il doit le faire en compagnie d'une femme.

Au début, les autres collaborateurs ne nous aident pour ainsi dire pas. Un jour, ma patience est à bout. Ecumant de rage, je leur dis sans détours ma façon de penser. En Allemagne, tout le monde croit qu'ici je suis entourée d'amis prêts à me soutenir ; dans mes lettres je n'ose même pas leur dire ce qui se passe en réalité ! Je leur explique clairement que je n'ai pas seulement ramené d'Allemagne des cadeaux et du « choklat » mais aussi du travail, et que ce nouveau commencement constitue pour eux la dernière chance. Le salaire est modeste, certes, mais c'est mieux que rien. A moins qu'ils ne préfèrent se retrouver au chômage ? Dans la situation actuelle du pays, aucun d'eux ne trouvera un autre travail. Ceux à qui ces conditions ne conviennent pas sont libres de partir ! Lorsque j'ai fini de les chapitrer, l'ingénieur Mahmoud me fait observer que ses camarades et lui ont l'impression d'être à l'armée. « Très juste, rétorqué-je. Le travail à l'hôpital exige une grande discipline. Exactement comme à l'armée ! »

Je me suis emportée, mais je suis lasse d'écouter leurs constantes récriminations.

Au cours de l'hiver, nous avons épuisé presque toutes nos réserves, y compris le bois, indispensable pour se chauffer et faire la cuisine. Début avril, nous décidons par conséquent d'aller faire quelques achats à Ghazni. Nous en profiterons pour joindre l'utile à l'agréable : le Dr Gulap pourra rendre visite à sa famille, et je pourrai admirer le jardin de la nouvelle maison que l'ingénieur Mahmoud a fait construire à Jaghatu. Nous nous mettons en route ; Fazil Elahi est du voyage. Après avoir passé une nuit chez notre médecin, nous arrivons à Ghazni. Comme il est encore tôt, je propose d'aller prendre un thé avant de nous mettre en quête de bois de bonne qualité. Je choisis un restaurant où je suis déjà allée lors d'un séjour précédent. Je m'y sens en sécurité et il possède une terrasse couverte d'où l'on peut observer confortablement l'animation de la rue. Malheureusement, il est fermé aujourd'hui.

Nous ne connaissons aucun autre endroit où je pourrais attendre paisiblement le retour de mes compagnons. Il ne reste donc qu'une solution : pour ne pas trop attirer l'attention et éviter les regards indiscrets, je dois me mettre face au mur du restaurant. Le chauffeur Karim et « Selim-anesthésie » restent pour me protéger, tandis que Fazil Elahi et le Dr Gulap partent à la recherche de bois de chauffage. Ils ont promis de revenir dans une demi-heure, mais dans ce pays tout dure toujours plus longtemps que prévu. Je le sais, pourtant, mais je suis tellement imprévoyante ! J'aurais au moins dû amener un livre ou de quoi écrire. Une heure passe, puis deux heures, trois... pendant lesquelles je ne peux que regarder le mur du restaurant et les tables inoccupées derrière la vitrine. Tout en étant consciente que ma rage est inutile, je bous intérieurement ; je n'ai jamais appris à me résigner, à vider ma tête de toutes les pensées superflues.

Finalement, les deux hommes reviennent de leur expédition, mais aussitôt une vive discussion s'engage : ils ont effectivement trouvé du bois, mais il est beaucoup trop cher. Avec l'énergie du désespoir, je tente de les persuader d'acheter le bois, quel que soit le prix : « A Chak, il n'y a pas un seul morceau de bois, et nous n'avons pas le temps de chercher un autre marchand. » Convaincus par mon argument, les deux hommes repartent pour conclure l'achat. Nous nous retrouvons tous les trois assis en silence face à ce satané mur. Au bout d'un moment, j'essaie de convaincre « Selim-anesthésie » d'en profiter pour aller faire d'autres courses, au lieu de rester ici à ne rien faire : je n'ai pas vraiment besoin de lui. Mes efforts sont vains. « Pourquoi donc ? On est bien, ici. » Et il reste obstinément assis.

De nouveau, l'attente est interminable. C'est déjà l'heure du déjeuner ; pour gagner du temps, il faudrait au moins aller manger un morceau, non ? Non, répond mon protecteur, il faut encore attendre. Finalement, il se rend à mes arguments. Après avoir mangé des köfte, nous allons faire un tour au bazar pour de menus achats. Il est quatre heures de l'après-midi lorsque nous retrouvons enfin Fazil Elahi et le Dr Gulap. Ils s'excusent d'avoir mis si longtemps, mais il fallait charger le bois sur un camion, qui partira à l'aube pour le livrer à Chak.

Quant à moi, je n'ai plus de goût à rien. Je n'aurai même pas le temps de voir le jardin de l'ingénieur Mahmoud, ce dont je me faisais une grande joie. C'est bel et bien une journée fichue.

Nous arrivons à Jaghatu longtemps après le coucher du soleil. L'ingénieur Mahmoud nous a attendus tout l'après-midi ; pour nous recevoir, il a disposé des tapis et des kilims dans son beau jardin. Il nous accueille néanmoins avec un sourire radieux, tandis que je suis incapable de manifester la moindre joie. D'une humeur toujours aussi massacrante, je fais quelques remarques déplacées, et ne cache pas que je suis déçue et fatiguée. Sur ce, l'ingénieur Mahmoud appelle ses enfants, soigneusement peignés et vêtus de leurs plus beaux habits, et les regroupe autour de lui. Je sais ce que cela signifie : il prend la pose pour la photo. Continuant à faire la mauvaise tête, je m'obstine dans ma rancœur puérile, et ne sors même pas mon appareil. Toutes les tentatives de me rasséréner sont vaines. Ensuite, Mahmoud me donne le choix : est-ce que je préfère dîner dans le jardin ou dans la maison ? J'opte pour la seconde solution, ce sera plus simple. Après le repas, je lui demande toutefois de passer la nuit au grand air. Toujours aussi galant, Mahmoud accepte avec joie : « Je mettrai le lit près des rosiers, et vous pourrez contempler la lune. » Il apporte effectivement des couvertures dans le jardin, et les dispose de telle sorte que le parfum des roses m'entoure dans mon sommeil. Face à tant de gentillesse, ma résistance hargneuse céde enfin, et je me sens honteuse d'avoir agi ainsi. Un petit déjeuner au soleil me réconcilie définitivement avec la vie, et je prends en photo tous ceux qui le souhaitent.

Problèmes venus d'ailleurs

Le kisma ne nous est pas toujours favorable ; nous ne recevons qu'une trentaine de patients par jour parce que nous ne pouvons plus distribuer de médicaments. Cela fait déjà un mois et demi que nous attendons le camion avec le matériel et les produits pharmaceutiques demandés. Un commandant du Jamiat, le meilleur ami de l'ancien directeur afghan, souhaite me parler. Au cours de l'entretien, il me lance : « Pourquoi y a-t-il autant de salles vides ? C'était bien mieux avant ! »

Dès l'arrivée du camion, la rumeur que des médicaments sont enfin disponibles se répand comme une traînée de poudre. Par bonheur, le nettoyage est fini. La cuisine et l'ancien pavillon du personnel ont été rénovés de fond en comble et nous pouvons nous consacrer entièrement aux patients. Dès la fin du mois de mai, près de cent cinquante personnes viendront se faire soigner chaque jour chez nous.

Tout pourrait maintenant aller de l'avant si nous n'étions pas freinés par les revendications salariales des employés que nous n'avons pas repris. Ils persistent à réclamer leur traitement depuis décembre dernier, argumentant qu'ils ont travaillé plusieurs mois après cette date. Ces anciens employés refusent de comprendre que, n'ayant aucun contrat avec un quelconque organisme, nous ne sommes pas obligés de les rémunérer. Il me faut mener d'interminables négociations qui prennent mon temps, mon énergie et se terminent invariablement par des vexations et des injures. Un jour, la colère me prend et j'explique brièvement que leur coopération médicale est un devoir, écrit dans le Coran. Puis, je déclare que l'entrevue est terminée. L'après-midi, l'ingénieur Mahmoud me convoque dans son bureau. Assis à sa table de travail, il renifle nerveusement et sa main fébrile tente de coucher quelques mots sur le papier. D'une voix étranglée par la peur, il dit d'un ton hésitant : « Un ancien gardien vient de faire intrusion dans mon bureau avec un couteau. Il m'a menacé en déclarant qu'il n'avait ni père ni frère, que seul l'argent comptait. »

En entendant cette histoire, le Dr Gulap et lui décident de rédiger une lettre à la shura. Après s'être ressaisi, l'ingénieur Mahmoud m'annonce que cette lettre causera quelques problèmes à notre ex-gardien. Puis il me suggère de déplier provisoirement mon lit de camp dans son bureau et de ne revenir chez moi que le matin. Il poursuit en me demandant de n'en parler à personne : il aurait appris que d'anciens employés avaient l'intention de lancer des pierres dans ma chambre et qu'il valait mieux que je ne m'y trouve pas. Je déménage donc, tous rideaux tirés. J'accepte mon kisma et ne retourne dans ma chambre qu'après plusieurs nuits. Les premiers jours, j'épie constamment le moindre bruit suspect. Peu de temps avant, on avait lancé une bombe dans une maison du village voisin.

Aucune nouvelle de l'ONG française bien que l'année se termine déjà et que l'aménagement de l'hôpital n'ait guère avancé faute d'argent. Je pars donc pour Kaboul avec Fazil Elahi. J'y apprends que personne n'est en mesure de nous recevoir. De retour à Chak, je constate que la moustiquaire de ma fenêtre a été tailladée. Quelqu'un a pénétré chez moi et a emporté le poste de radio, le baladeur et ma caméra de secours. J'expose les faits au commandant, qui me demande sournoisement si l'on a aussi volé du matériel de l'hôpital. Je lui explique que tout vol est une affaire grave, qu'il s'agisse d'objets privés ou de biens appartenant à l'hôpital.

Après ce premier échec, je pars pour Peshawar, et tente une seconde fois d'en apprendre davantage sur l'avenir du projet Chak. J'y rencontre le nouveau coordinateur français, un chirurgien qui s'intéresse davantage à sa spécialité qu'à Chak. Il semble espérer que, de guerre lasse, je baisserai les bras — une idée d'autant plus absurde que cette ONG m'a fait venir d'Allemagne pour que je concrétise ce projet.

Mais, pour l'instant, il me faut résoudre un autre problème : à savoir trouver un moyen de repasser la frontière afghane sans laissez-passer. Avant même de me mettre en quête d'une solution, le kisma tourne à mon avantage. On peut désormais prendre l'avion de Peshawar à Kaboul. Deux appareils de la compagnie aérienne afghane Ariana desservent la ligne. Mais pour obtenir un billet il faut un visa. L'ambassade m'informe qu'on n'accorde pas de visa de tourisme pour l'Afghanistan en ce moment parce que deux étrangers ont été assassinés à Kaboul la semaine passée. La seule solution serait que je serve d'accompagnatrice à une Allemande. J'accepte sans chercher à savoir pourquoi cette dame d'un certain âge a le droit d'entrer dans le pays, car l'essentiel est d'avoir un visa et un billet.

Ma compagne m'invite à dîner avant le décollage. Elle me raconte qu'elle a lu dans le journal du matin que des combats se déroulent à Kaboul et qu'elle préfère annuler son vol parce qu'elle a peur. Je me retrouve donc sans rien. Un ami médecin, un Norvégien, me vient en aide et me conduit à l'aéroport où il me confie à un passager afghan qui travaille au ministère des Affaires étrangères. Une employée de l'ONU est assise à côté de lui ; je suis par conséquent en excellente compagnie. Pour me rassurer, elle m'explique qu'on ne risque pas de tirer sur cet avion parce que le frère de Massoud — un prédicateur de renom — se trouve à bord. La mise en scène me semble irréelle. Les hôtesses maquillées, presque vêtues à l'occidentale, évoluent avec la retenue qui s'impose entre pakols et turbans. Après un vol de courte durée, nous atteignons la piste cahoteuse de Kaboul. Des traces d'impacts témoignent des combats. Grâce à la notoriété de mon accompagnatrice, les formalités d'aéroport se déroulent rapidement et sans incident. Une voiture de l'ONU me conduit ensuite dans un lieu sûr où je peux attendre que Fazil Elahi vienne me chercher. Tout est pour le mieux.

L'hébergement est propre, mon hôte parle un allemand parfait. J'apprends qu'il faisait partie des premières troupes afghanes qui ont été entraînées pendant quatre ans en Allemagne et qu'il était officier de police. Il me parle avec ferveur de l'Allemagne de 1968 et de sa sœur qui y vit encore. Il semble avoir joué un rôle douteux pendant l'occupation soviétique, à Kaboul. Il est l'incarnation de ce type d'officier que l'on affectait volontiers à Pul-e Chakri, une geôle de sinistre mémoire, où les tortures à mort étaient à l'ordre du jour. Je n'ose pas lui poser de questions. Comme beaucoup d'autres fonctionnaires, il s'est laissé pousser la barbe après la chute du régime et se plaint de devoir porter pakol, patu et shalwar kamiz. Il avoue franchement avoir peur de quitter le quartier malgré sa métamorphose, et craint de se rendre à Vardak depuis que la région est tenue par les moudjahidin.

J'attends Fazil Elahi une journée entière, puis une autre ; je commence à m'inquiéter. J'explique à mon hôte qu'il faut absolument que j'aille à Chak, mais que j'ai aussi besoin d'un visa pour retourner au Pakistan. Nous nous rendons à l'ambassade de ce pays, où l'on me traite en privilégiée. J'obtiens mon visa sans délai. Heureusement, sinon j'aurais été prise au piège à Kaboul : la route de Maidan est de nouveau bloquée à cause d'une recrudescence des combats. A Kaboul même, de violents affrontements ont lieu ici et là, accompagnés de tirs de roquettes. La nuit est ponctuée par le crépitement des kalachnikovs. La situation politique est loin d'être stable et le pire est à redouter. On raconte, en ville, que le chef d'une organisation humanitaire anglaise a été assassiné, que son corps a été mis dans un sac puis chargé sur un pick-up d'où on l'a tout simplement jeté dans la rue. On raconte aussi qu'à Jalalabad la shura a fait couper le nez et les doigts d'un éminent commandant avant de le tuer ; son frère a ensuite subi le même sort parce qu'il aurait fait du trafic illégal d'argent. Or, ce sont les événements de ce genre qui provoquent sans cesse de nouveaux conflits. Dans le cas présent, on a arraché des Khogani des bus avant de les tuer en représailles. Comme mon hôte est de Jalalabad et originaire de la tribu des Khogani, il semble encore plus angoissé que moi.

Fazil Elahi refait enfin surface. Complètement défait. Ces derniers jours n'ont pas été simples pour lui non plus. Comme convenu, il était parti pour Kaboul où il était arrivé le même jour que moi. Il y avait déniché le pâté de maisons où je me trouvais, mais, au lieu de demander le numéro de l'appartement, il s'était enquis du nom de mon hôte que personne ne connaissait puisqu'il venait d'emménager. Fazil Elahi me raconte ensuite qu'il a essayé d'interroger des habitants pour obtenir l'adresse exacte et qu'il a été agressé. On lui aurait volé 15 000 francs et 100 000 roupies pakistanaises, l'argent de la collecte de fonds. Fazil Elahi termine sa confession en ajoutant qu'il a même été battu. Je suis à tel point choquée que j'oublie de m'enquérir de sa santé. D'ailleurs je ne détecte aucune trace de brutalités. Mes pensées se bousculent, j'éprouve tantôt de la compassion tantôt de la méfiance. J'ai été trop souvent dupée ces dernières années.

D'une voix aiguë, je lui fais comprendre que je n'irai pas à Chak sans l'argent destiné à aider les gens à passer l'hiver. Très vite, je me ressaisis, il me revient à l'esprit que j'ai encore des fonds à Peshawar et que nous pourrons les utiliser. Fazil Elahi devra rendre compte et se soumettre aux interrogatoires déplaisants que certains ne manqueront pas de lui faire subir. Mieux vaut donc ne pas le punir davantage. Nous quittons alors Kaboul par Logar, le seul trajet possible : huit heures de route.

L'argent manque, mais nous devons malgré tout équiper l'hôpital pour l'hiver et nourrir le personnel jusqu'au printemps. Après quelques jours à Chak, Fazil Elahi, l'ingénieur Mahmoud, le Dr Gulap et moi, nous nous mettons en route pour Ghazni pour y chercher du ravitaillement. Cette fois-ci, nous ne trouvons pas de bois de chauffage, mais trois sacs de riz, trois sacs de sucre, des biscuits, du sel, du savon, des allumettes et dix kilos de thé. Nous poursuivons vers Sheikhabad où nous dénichons un sac de haricots rouges, un camion de bois, dix sacs de farine, deux tonnes de diesel pour le chauffage et une tonne de kérozène pour l'éclairage. Ahmed Chah, le frère de Fazil Elahi, de retour d'Australie, transporte depuis Kaboul trois poêles à fuel et deux lampes à pétrole. Nous achetons des quintaux d'oignons et trois sacs de pommes de terre chez les paysans. Le ravitaillement dure trois jours. Nous avons fait des provisions, l'hiver peut arriver. Les salaires sont assurés jusqu'en avril, donc j'ai l'esprit tranquille et peux faire mes bagages pour mes congés d'hiver en Allemagne. Cette fois-ci, je prévois de ne passer en aucun cas par Kaboul, mais par Khost. Or, il en sera autrement.

Peu après notre retour, on signale de nouveaux affrontements près de Khost. Les Sadran, une tribu de la province du Paktya, ont installé de nouvelles boutiques dans le bazar de Khost sans demander l'autorisation de la shura locale. Le gouverneur du lieu oblige les Sadran à évacuer le bazar dans un délai donné. Or, ces derniers ne respectent pas l'ultimatum. En conséquence, les moudjahidin détruisent toutes les boutiques du bazar sur ordre des autorités de la ville. Les Sadran ne se laissent pas faire et répliquent. Au même moment, les moudjahidin de Khost s'en prennent aux moudjahidin vardaki. Si nous ne voulons pas être impliqués dans ces combats, la seule issue, pour l'instant, est de passer par Kaboul et prendre un vol pour Peshawar.

Nous atteignons Kaboul sans problèmes. De la voiture, j'observe l'animation qui règne dans les rues. Le soleil brille, mais la normalité est interrompue par des tirs. Kaboul ressemble à une poudrière qui peut exploser à tout instant sans que l'on sache qui allumera la mèche. Les hommes se déplacent comme des ombres. Les femmes aux maquillages criards, vêtues à l'occidentale et arborant des coiffures trop apprêtées pour mon regard de provinciale, me laissent une étrange impression. Fières et obstinées, les femmes de Kaboul montrent leur visage.

J'ai passé une nuit agitée chez des parents de Fazil Elahi. Le matin, comme d'habitude avant chaque voyage, je me montre pointilleuse sur la ponctualité du petit déjeuner ; or j'attends. Mon avion doit décoller à dix heures pile. Mais le thé n'est pas encore servi à sept heures et demie. Je me manifeste prudemment. « Ne vous inquiétez pas, me répond-on, nous avons le temps. » L'un des parents de Fazil Elahi était jadis cadre à l'aéroport de Kaboul où il connaît tout le monde, nous sommes donc sûrs de passer les contrôles rapidement et sans problèmes. Boire tranquillement son thé, tel est le mot d'ordre. Le signal du départ est enfin donné. Il est neuf heures quand nous arrivons à l'aéroport. Pas de soucis ! Avec assurance, Fazil Elahi et son cousin foncent au guichet, mon passeport à la main. Les saluts fusent de toute part, puis la perplexité se dessine sur les visages. Il manque un tampon ! Personne ne m'a dit qu'il me fallait une autorisation de sortie du territoire. Donc, retour en ville au ministère des Affaires étrangères pour l'obtenir. Il est neuf heures un quart, pas de soucis ! l'appareil ne décolle qu'à dix heures ! Fazil Elahi reste auprès de moi, les autres hommes se dispersent. Il ne reste plus qu'un quart d'heure avant le décollage et je commence à perdre contenance. Je demande à Fazil Elahi de rappeler toute sa famille car il est trop tard pour attraper l'avion. D'ailleurs, ce fameux tampon de sortie du territoire avec départ de Kaboul risque de poser des problèmes si je passe la frontière à Thurham. Il est désormais évident que je manquerai l'avion et qu'il me faudra partir en voiture. Et pourtant non ! Pas de soucis ! Fazil Elahi file au pas de course, puis revient un quart d'heure plus tard en m'annonçant qu'il n'a pas retrouvé les autres parce qu'ils sont retournés en centre-ville, au bureau principal qui délivre les autorisations de sortie du territoire.

Je me résigne. L'équipe masculine au complet réapparaît à dix heures et demie, fière de me présenter le fameux tampon. Découragée, je fais un geste évasif vers le ciel pour leur faire comprendre que l'avion a décollé sans moi. Mais non ! Pas de soucis ! Ils ont oublié de me dire qu'il ne s'envolait qu'à onze heures. Nous nous élançons vers le contrôle. Au guichet, j'apprends qu'il ne partira qu'à midi. Les paroles prononcées ce matin par l'influent cousin de Fazil Elahi me reviennent alors à l'esprit : « J'ai beaucoup de relations, Karla, je peux retenir l'avion jusqu'à votre embarquement. Pas de soucis ! »

9

Intrus

Nous avons de la visite. Mes yeux flashent comme un radar, je demande d'un ton sec : « Vous voulez venir aussi ? » Joussouf est choqué par la rudesse de ma question. Ce Français de trente-trois ans, né en Afrique et délégué par l'Union européenne, doit prendre la direction de l'hôpital lors de mon prochain séjour à Chak. Je ne peux cacher mon désaccord avec cet homme peu disposé à la coopération, qui se comporte en maître des lieux bien qu'il n'ait aucune compétence particulière, et qui m'interrompt invariablement par un : « Je verrai moi-même ! » dès que je fais mine de lui remettre les listes de matériel dont l'hôpital a besoin. J'en déduis que ce Joussouf est non seulement imbu de sa personne, mais aussi très susceptible. Celui que Fazil Elahi appelle « *the Black* » est venu avec sa compagne, Angélique, une blonde infirmière qu'il a convaincue de se joindre à lui pour cette mission.

J'ai de nouveau atterri à Peshawar par un humide mois d'avril et je suis en route pour Chak avec les deux Français. Après la grisaille de l'hiver allemand, je retrouve ici la boue et les giboulées de neige fondante. J'ai le cœur qui grelotte, les Français ne font aucun effort pour parler anglais.

Je propose de visiter l'hôpital Baraki Barak de Logar. Situé sur la route de Chak, cet hôpital était en projet en même temps que le « nôtre ». Or, la clinique de cette institution fonctionne à la perfection grâce à une direction très compétente. Ma suggestion n'est donc pas désintéressée car je voudrais que les Français se rendent compte de ce qu'il faut pour que Chak devienne un véritable hôpital. Mais leurs visages restent impassibles pendant toute la visite. Nous remontons dans la jeep et nous arrivons à Chak quatre heures plus tard. Personne n'a prononcé un seul mot pendant le voyage. Dès que je faisais une remarque sur l'Afghanistan ou sur le paysage, Angélique me signalait d'un geste qu'elle était au courant. Mais peu importe, je me retrouve enfin chez moi. Après avoir fait le tour de l'hôpital, Joussouf me demande d'un ton exaspéré : « Qu'avez-vous fait, au juste ? »

J'en reste sans voix. Je lui explique nos difficultés de l'année dernière tout en ayant la certitude qu'il ne comprendra guère. Il tire parti de la visite de Logar pour m'envoyer une claque. La menace de voir Chak fermer pèse de nouveau sur nous.

Angélique et Joussouf veulent rester deux semaines. Il faut dresser l'inventaire, définir les besoins pour faire les achats nécessaires quand ils seront de retour à Peshawar. Après avoir déballé les bagages, Angélique m'attribue généreusement deux savons Palmolive et un rouleau de papier hygiénique. J'avais rapporté du savon d'Allemagne, je les offre au personnel. Je pars ensuite à la recherche d'une maison à louer car Joussouf et Angélique ne veulent pas cohabiter avec les Afghans. Il faut tout acheter pour les installer et même engager un cuisinier. Que de dépenses ! Certes, ils me proposent d'emménager avec eux, mais je refuse. Je me sens bien dans ma chambre et je préfère mon indépendance, pouvoir m'isoler après les repas partagés avec les Afghans, écouter les informations ou de la musique. Mon petit royaume donne sur la magnifique vallée de Chak. J'y respire librement, rien ne bouche la vue, pas même le mur typique d'une de ces maisons afghanes qui ressemblent à des forteresses. Pour rien au monde je ne renoncerai à cette vision idyllique.

J'essaie de trouver aussi vite que possible une maison en pisé qui soit à leur convenance. L'affaire s'avère difficile car beaucoup de réfugiés sont arrivés de Kaboul. Nous trouvons enfin un logis correct, mais le propriétaire, un enseignant, se rétracte à la vue du couple. Angélique est assise au soleil, les cheveux défaits, Joussouf vautré à côté d'elle. Les instituteurs de Chak étant payés par les Arabes, qui récusent un tel comportement, l'attitude du couple aurait nui à la réputation du propriétaire. On nous fait poliment comprendre que l'on ignorait qui voulait louer la maison. Pour finir, nous dénichons une autre occasion. La veille du déménagement, l'ingénieur Mahmoud vient me voir et me confie que le propriétaire a cédé sa maison à des Arabes contre un loyer plus élevé. Nous cessons alors les recherches, vu le peu de temps restant.

Comme d'habitude, j'invite la shura. Plusieurs de ses représentants viennent, mais les notables les plus influents sont absents. La situation politique afghane a également des répercussions sur les gouvernements locaux. La cohésion jadis intacte a été mise à mal par la guerre civile. Pourtant, cette invitation est importante pour satisfaire aux usages. Je présente les Français, Angélique en tant que responsable du côté médical, et Joussouf chargé de la logistique. Je parle aussi de notre projet de faire de Chak un hôpital de vingt lits, avec un laboratoire, un service de radiologie et une petite clinique chirurgicale. Mais, compte tenu de l'instabilité politique, nous nous demandons si ce plan est réalisable.

Angélique et Joussouf s'attèlent à la tâche, seuls. Comme aucune participation n'est attendue de ma part, je vais me promener dans mes endroits favoris au bord de la rivière. L'eau qui s'écoule lentement emporte mes idées noires. Le comportement des employés, que je comptais parmi mes amis, m'a blessée. On se tourne vers les nouveaux détenteurs du pouvoir, on les courtise comme l'abeille la fleur pour en collecter le miel. Depuis que Joussouf a donné le pouvoir décisionnaire à l'ingénieur Mahmoud, ce musulman convaincu adopte à mon égard la posture d'un présumé directeur. Il daigne à peine lever les yeux quand j'entre dans le bureau et bougonne dans sa barbe comme s'il voulait dire : « Qu'est-ce que vous venez faire ici ? », tandis qu'il salue Angélique avec une obséquiosité que je ne lui connaissais pas auparavant. Tous adoptent une attitude de dévotion en présence de Joussouf. Dans les cas semblables, les Afghans disent : « Ils rampent sous ses semelles. » Avec une énergie insoupçonnée, Fazil Elahi réussit à attirer Angélique et Joussouf chez lui et me demande de me joindre à eux. Je décline l'invitation et reste à Chak. Il me faut aussi voir avec quel zèle tout le personnel assiste Angélique lors de l'inventaire. L'année dernière, j'avais dû accomplir seule tout le sale boulot. J'avais averti les collègues qu'il était important de faire bonne impression parce que les Français feraient un rapport sur Chak et que les subventions seraient en conséquence. Mais je n'aurais jamais imaginé que l'on puisse m'écarter de la sorte. Je constate que plus j'accumule les expériences, plus je deviens susceptible. La coupe déborde lors d'un dîner entre collègues, quand l'ingénieur Mahmoud fait preuve d'une insupportable condescendance à mon égard. Je pose mon assiette et quitte la pièce, en larmes, laissant un silence consterné derrière moi. Une heure plus tard, l'ingénieur Mahmoud frappe à ma porte et demande une explication. Je lui réponds que j'en suis incapable. Je finis par lui ouvrir et devine derrière mes larmes sa silhouette drapée d'un patu, sa tête coiffée du pakol. D'une voix de tragédien, il m'annonce : « Le Dr Saadat et le Dr Gulap m'ont parlé, ce sont eux qui m'envoient. Je vous prie de m'excuser. Je ne mange plus, je ne dors plus. Pourquoi donc ai-je parlé avec une telle suffisance ? Je vous prie de revenir dîner avec nous. »

Je ravale mes larmes et regagne la salle à manger sans parvenir à lever les yeux. Pourtant, je ne veux pas laisser cet homme sans un geste de réconciliation.

Comme prévu, Angélique et Joussouf quittent Chak au bout de deux semaines. Les habitudes reprennent. Il ne reste plus rien du zèle des jours précédents. On va et vient à sa guise, vie privée oblige. Désemparée, je constate ce manque d'entrain et laisse faire le temps. La fin du ramadan approche et les fêtes aussi. Nous recevons de nombreuses invitations, mais je les décline pour les punir tous et moi de même. Chacun rentre chez soi. Je reste avec le gardien Zafer Chan et un cuisinier. Sans doute pour me réconforter, Zafer Chan se met à cirer mes chaussures dans les règles de l'art. Il les nettoie d'abord à fond, il étale le cirage à petits coups de brosse comme s'il voulait fermer chaque pore du cuir. Il crache pour que ça brille. Puis vient le polissage, le soleil donnant la dernière touche de lumière.

Au travail !

Les grands travaux commencent. Tandis qu'Angélique et Joussouf sont à Peshawar pour y acheter des médicaments et du matériel, à Chak nous nous occupons des travaux de construction. Il faut d'abord rénover le pavillon du personnel, terminer l'extension, puis achever un autre bâtiment qui contiendra trois salles. Je mets la pression aussi bien sur le personnel que sur moi-même. Si nous voulons ouvrir l'hôpital dans les délais prévus, les travaux doivent être finis avant l'arrivée du camion qui apportera le matériel de Peshawar.

Je jongle avec les couleurs. Les idées de l'année dernière se concrétisent puisque j'ai enfin une chambre habitable que je décore en style oriental. Je recouvre les matelas de velours rouge et je drape les épais coussins, où j'aime me reposer, d'un tissu à motif fleuri. Aux fenêtres, j'accroche des rideaux brodés de magnifiques ornements que le soleil met en valeur. Nous entreprenons la décoration de la salle à manger dans l'enthousiasme. Les paillasses qui servent de sièges sont d'un vert sombre qui s'harmonise parfaitement avec le rouge lie-de-vin des accoudoirs et du tapis. Dans toutes les pièces, j'accroche des agrandissements de mes photos d'Afghanistan. Tous mettent la main à la pâte. Le chirurgien remplit les paillasses, le cuisinier bourre les coussins de coton, le Dr Gulap fixe les tringles à rideaux. Il règne une joyeuse ambiance. Pour remercier tous ces hommes, je les invite à prendre le thé dans mon domaine féminin. Ils entrent, gênés, n'osent pas vraiment s'étendre sur les coussins comme ils le font ailleurs.

Angélique et Joussouf reviennent en juin. Ils veulent s'attaquer à l'aménagement de l'hôpital. Les camions doivent arriver de Peshawar, mais, comme de coutume, nous les attendons. De nouveau, l'ingénieur Mahmoud tente d'étendre son pouvoir et cherche à se faire valoir, par exemple en organisant une invitation de son oncle, commandant à Chak. Je n'ai pas envie de m'y rendre car je n'ai aucune affinité avec cet homme qui ne s'est jamais soucié de moi.

Les camions et le fret tant attendus arrivent enfin. Une chaleur humide règne sur Chak. Nous souffrons de ces conditions climatiques inhabituelles à 2 400 mètres d'altitude. Des myriades de moustiques envahissent le bâtiment et se posent au plafond. Nous passons une semaine à déballer le nouveau matériel acheté non pas selon des critères de qualité, mais de prix. Du matériel *made in Pakistan* qui nous arrache des soupirs chaque fois que nous constatons une malfaçon, un trou qui manque aux montants des lits et qu'il nous faut percer. L'aménagement de l'hôpital peut enfin commencer !

Parallèlement, une équipe de cinq ingénieurs afghans émigrés en Europe construit une autre extension en pierre qui hébergera la cuisine, le réfectoire, la boulangerie et la laverie. L'un d'eux, Abdul Bazir, un parent de l'ingénieur Mahmoud, vit en France. Dès le début des travaux, il tombe gravement malade. Les ragots vont bon train, on raconte que son séjour en Occident l'aurait amolli. On lui reproche aussi de mépriser ses compatriotes et de clamer à la ronde que nul ne saurait vivre plus de deux mois en Afghanistan. Une rumeur qui vient peut-être du fait qu'Abdul Bazir ne cesse de critiquer l'équipe. De plus, devoir vivre avec les autres ingénieurs dans une seule pièce ne lui convient pas. Mais la place manque.

Une fois rétabli, Abdul Bazir fait accélérer le travail des maçons et des autres ingénieurs, et exige d'eux un rendement surhumain. C'est, certes, nécessaire car la paresse tend parfois à se généraliser, mais ces hommes sont exposés toute la journée aux ardeurs du soleil. Le soir, ils tombent d'épuisement, les lèvres desséchées, souffrant de maux de tête, hâves et déshydratés.

D'inévitables querelles opposent l'ingénieur émigré et Mahmoud parce que Abdul Bazir, le cadet, agit à sa guise et décide sans tenir compte de la position de l'ingénieur Mahmoud. Ce même Abdul Bazir va jusqu'à congédier des partisans du Hezb, amis politiques de Mahmoud, sans motif apparent. Le fossé entre les Afghans locaux et les ingénieurs émigrés, habitués à la grande ville, se creuse inexorablement car ces Afghans de l'étranger ne connaissent que la vie facile du Kaboul qu'ils ont connu à l'époque où ils étaient encore au pays. La société masculine et traditionnelle de la province leur fait horreur.

Un jour, un maçon ose se moquer d'Angélique. L'ingénieur Mahmoud exige son licenciement immédiat. C'est alors la rupture définitive. Une délégation, à laquelle les ingénieurs se sont joints, vient me voir et me demande qui a le pouvoir décisionnaire, l'ingénieur Mahmoud ou moi. Je leur fais comprendre que je suis responsable en dernière instance et que je trouverai un terrain d'entente entre les deux parties adverses. L'inverse aurait été fâcheux car nous aurions dû en référer à la shura pour une affaire, au fond, anodine. L'incident passé, Abdul Bazir fait accélérer la construction pour en finir au plus vite avec le nouveau bâtiment. Certes, il y parvient, mais les derniers travaux sont exécutés à la va-comme-je-te-pousse. Les évacuations de fumée de la cuisine et de la boulangerie sont mal placées, les évacuations d'eau oubliées, toutes les portes doivent être réajustées. Aucune remise officielle n'a lieu car toute l'équipe d'ingénieurs disparaît en une nuit. Les Français nous quittent peu après et je ne m'en plains pas.

Limites humaines

Il est intolérable que nos gardiens vivent dans l'hôpital car, d'une part, leurs châlits ne sont guère accueillants et, d'autre part, ces hommes sont sans cesse dérangés dans leur sommeil par les nouvelles admissions de patients. Même l'été, quand ils dorment dehors, leur sort n'est pas meilleur car ils sont la proie des moustiques qui les assaillent. Comme notre budget pour le personnel ne nous permet pas d'engager d'autres gardiens, les deux hommes dont nous disposons doivent veiller sur les malades pendant la journée tout en nettoyant l'hôpital l'après-midi et accomplir ensuite leur service de nuit. En outre, Zafer Chan prête assistance au bloc, puis désinfecte la salle après chaque opération. Il nous faut donc une maison pour les gardiens. Un nouveau problème à résoudre.

Ce conflit permanent entre la sensibilité et la raison devient presque insupportable. A peine ai-je résolu un problème que je me retrouve au pied du mur. Je me heurte à mes propres limites et crains souvent de ne pas être à la hauteur de l'attente d'autrui. L'équilibre est difficile à trouver. Pendant des années, les Afghans ont connu et enduré tant de souffrances que la douleur est devenue une habitude à laquelle ils se résignent ; il s'ensuit souvent une sorte d'apathie dans tous les domaines de la vie. On cache les désarrois les plus profonds, les faces sombres de la vie et même le mal, mais on rencontre aussi l'euphorie et les éclats de rire qui dissimulent souvent tant de misère. Parfois, j'ai l'impression que beaucoup d'Afghans manifestent leur joie au moment le plus inopportun. Il me faut admettre que c'est le seul moyen de survivre ici. S'ils n'étaient pas ainsi, ils ne pourraient pas supporter les difficultés. Un jour où je me plaignais d'un de ces rires que je tenais pour déplacé, le Dr Saadat me calma par ces paroles : « Le rire est le sel de la vie. »

J'accumule les expériences parfois pénibles. D'une part,

je suis responsable de la discipline, indispensable pour que l'hôpital fonctionne, d'autre part, il me faut être compréhensive. Par deux fois, j'ai dû blâmer le Dr Saadat parce qu'il refusait de venir à l'hôpital le week-end et lui expliquer que nous n'avons nul besoin d'un médecin qui n'est présent que par son nom sur une plaque. Alors qu'une fois encore le Dr Saadat n'avait pas pris son service le matin, je lui fis savoir que j'amputerais son traitement. J'appris par la suite que son beau-frère était venu le chercher pour le conduire à Kaboul parce que son frère avait été blessé par une roquette. Il me fallut changer de ton.

Un jour où les ingénieurs s'étaient laissés aller à des critiques contre leurs compatriotes, j'essayai de les forcer à réviser leur jugement en leur disant qu'il fallait respecter leur personnalité et leur dignité, que c'étaient leurs seuls biens. Je suis souvent attristée de voir la façon dont le personnel use d'astuces pour obtenir des avantages dans l'espoir que je ne le remarquerai pas. Je comprends leur lutte pour la survie. Qui donc serait prêt à sombrer volontairement dans la misère ? Je tente alors de rester au-dessus de la mêlée mais y parviens rarement. Je ne suis pas toujours d'humeur à voir l'aspect positif de certains incidents désagréables et j'ai parfois envie de congédier certaines personnes. Je manque souvent de discernement et de patience. J'exige des autres des choses dont ils sont incapables. Je demande un engagement qu'ils ne peuvent donner compte tenu de leurs conditions de vie. Un autre jour, je lance à Fazil Elahi que les discours de sa famille, qui prétend voir une sœur en moi, ne sont que balivernes car personne ne se soucie de ma personne. C'est une critique injuste parce que cette famille connaît de grandes difficultés.

Je sais que ce genre de pensées me viennent quand je me sens seule. Je n'ai pas reçu de lettres d'Allemagne depuis longtemps et j'ai attendu, en vain, la visite d'un ami d'Angleterre. Pour me changer les idées, je pars passer le week-end dans la famille de l'ingénieur Mahmoud, à Jaghatu. Je loge dans le petit pavillon d'accueil. Le soir, à six heures, il fait déjà si sombre qu'il me faut aller à tâtons jusqu'à la maison principale. L'ingénieur Mahmoud sort et me demande ce dont j'ai besoin. Rien ne me manque, je m'en retourne seule. J'aurais voulu qu'il m'accompagne...

Je reste allongée sur mon lit à réfléchir au destin de cet

aristocrate déchu, aux vêtements rapiécés, qui ère en turban noir dans son immense castel plus que centenaire dont le donjon, touché par une roquette soviétique, n'est plus qu'une ruine. Jusqu'à présent, l'ingénieur Mahmoud a consacré tant de temps à l'hôpital de Chak qu'il n'a pas pu s'occuper de sa demeure. Il s'était reposé sur son frère cadet, or en son absence celui-ci a négligé la vente de la récolte de pommes et n'a pas soigné le bétail. Les pommes sont tombées des arbres, les pies les ont mangées, les vaches sont mortes de ballonnements pour avoir brouté trop de trèfle vert. Je me souviens alors de l'instant où l'ingénieur Mahmoud m'a confié : « Nous avons perdu beaucoup d'argent. »

Les familles se serrent les coudes

A présent d'imprévisibles guerres intestines éclatent partout en Afghanistan. D'âpres combats se déroulent dans la province voisine autour de l'hôpital Baraki Barak de Logar. Tous les étrangers quittent le pays. La paisible province du Vardak est également en crise. Le Hezb a attaqué plusieurs postes, et celui occupé par le Jamiat, juste au-dessus de notre hôpital, lui est une épine dans le pied. C'est aussi la fin de cette singulière unité qui régnait entre les factions présentes à Chak. Après maintes menaces, des hommes d'Hekmatyar défilent en armes devant les positions du Jamiat. Un violent assaut est lancé, deux roquettes sont tirées. Je me dresse sur mon lit. Je m'attends à ce que l'on apporte des blessés. Depuis les combats de Logar, nos gens ont peur et barricadent les portes de la maison du personnel sans songer un instant qu'ils s'enferment eux-mêmes. Quand toutes ces souffrances et toutes ces destructions cesseront-elles en Afghanistan ?

Nos malades viennent de très loin. Ils ont parfois trop attendu, supporté trop longtemps leurs douleurs. Certains ont d'abord essayé de se soigner eux-mêmes, et arrivent souvent trop tard. Beaucoup redoutent les frais de transport sur de longues distances. Dans les villages isolés, on ne parvient pas toujours à dénicher une jeep, alors on charge les chameaux ou les ânes. On voit parfois les parents et amis des malades, qui habitent à proximité, transporter le patient en brouette ou dans son lit, surtout quand il leur faut traverser la rivière Chak. Dans un cas comme dans l'autre, ces moyens de transport sont très pénibles en cas de maladie grave.

Nous ne faisons le lit qu'à l'admission du patient car l'expérience nous a enseigné que, quand tous les lits étaient prêts, les parents du malade s'y installaient aussitôt et salissaient la literie. Nous n'acceptons qu'un seul accompagnateur pour toute la durée de l'hospitalisation ; les femmes seront soignées et protégées par leur mari. Chaque parent chargé d'un malade reçoit lors de l'admission un plateau, deux assiettes, deux verres à thé, une théière, un broc, une timbale, une cuiller et une poubelle. A la sortie, ces objets doivent être restitués, propres évidemment. Etant donné le manque de place, les lits pliants où les parents peuvent dormir à côté de leurs malades ne sont distribués que le soir. On les rassemble le matin. Les accompagnateurs ont également pour tâche d'aller chercher leur plateau et celui du malade à la cuisine. Ainsi les voit-on, le matin, à midi et le soir, porter les repas à leurs protégés, avec l'indispensable théière accrochée au bras.

Le dévouement avec lequel ces familles s'occupent de leurs malades me touche beaucoup. Les mains sont soigneusement lavées avant chaque repas. Si le patient est incapable de manger avec ses doigts, la personne qui est à son chevet prend une galette de pain pour glisser le riz dans sa bouche. Certains utilisent la cuiller, mais ils préfèrent s'alimenter à la main. Puis ils couchent le malade en cherchant la meilleure position pour qu'il dorme bien. On glisse un oreiller ici, là une couverture ; parfois un voile recouvre un visage. Le mari de cette jeune mère berce souvent le bébé ou le tend à sa femme pour qu'elle l'allaite. Il dépose délicatement le nourrisson à côté d'elle et ne s'allonge sur le sol pour y dormir que lorsque la mère et l'enfant sont plongés dans leurs rêves. Les petites familles restent toujours ensemble. Dès le réveil, chaque pièce de linge est lavée puis étendue sur les buissons pour sécher.

Le matin et le soir, Zaher Chan et Mohammed Chan, nos deux surveillants, lavent les sols de l'hôpital. Il faut aller chercher l'eau et l'évacuer, nettoyer les toilettes. Les parents des malades prêtent leur concours. Là, une pomme offerte, rouge et joufflue, luit sur une table de nuit. Les yeux enfiévrés des enfants atteints de typhus regardent les allées et venues du médecin et des infirmiers en blouse, qui administrent des piqûres ou qui viennent pour la visite. Ils consacrent la même attention à chaque patient. La mère ou le père des jeunes enfants en voie de guérison les portent à l'air libre et les installent sur un patu étendu sur le gazon, le plus près possible des fleurs. L'air frais et le parfum des fleurs accélèrent la guérison.

La présence des parents est un grand soulagement pour le personnel médical. Comme il n'y a pas d'électricité la nuit, le malade ne peut actionner la sonnette pour appeler, ne serait-ce que pour utiliser l'urinoir. Ces gardes-malades sont également indispensables pour le psychisme du patient car les Afghans ne supportent pas d'être seuls. Dès l'enfance, ils sont habitués à vivre dans la cellule familiale. Leur relation naturelle au corps et leur manière de se comporter me fascinent. Quand je vois un tel dévouement, je sais pourquoi je me bats, pourquoi je suis là.

La Lady Doctor

Les examens gynécologiques ne pouvant être pratiqués que par des femmes médecins, nous sommes à la recherche d'une doctoresse. Si l'on est plus souple dans les villes, à Kaboul ou à Herat, cette règle est strictement observée en province. Pour résumer, on peut dire que là où la burqa est obligatoire, tout ce qui concerne les femmes est tabou. Comme partout ailleurs, la province afghane est plus conservatrice que la ville. Quant aux femmes médecins, leur rareté s'explique quand on sait que bien avant 1979, soit le début de la guerre contre les Soviétiques, quatre-vingts pour cent de la population était analphabète et que seules les filles des classes supérieures étaient en mesure d'aller à l'école et d'étudier.

Il y a toujours eu très peu de femmes dans les universités et encore moins de femmes médecins, or ces dernières exerçaient presque exclusivement en ville. Les femmes gynécologues étaient courtisées, on s'adressait à elles avec respect en les appelant « *Lady* ». Quant aux femmes de province, il leur fallait aller consulter une *Lady* en ville, ce qui, en temps de guerre, s'avérait de plus en plus difficile, voire impossible. En vingt ans, la guerre a saigné l'Afghanistan à blanc. La plupart des femmes médecins ont fui vers les pays voisins comme le Pakistan, ou pour l'Occident. Il en résulte que les provinciales restent désormais sans soins médicaux parce que les dernières praticiennes n'ont guère envie de s'installer dans une zone rurale où règne encore le Moyen Age. Attirer une femme médecin en province relève du miracle parce qu'il lui est interdit d'y travailler seule, sans protection masculine. D'ailleurs, le code d'honneur afghan, le *Pachtunwali*, exige l'accord du père, du frère ou du mari avant toute embauche.

Notre seule *Lady* était une Hazara. Elle était arrivée de Kaboul au printemps, mais n'était restée qu'un mois avec nous. Or, nous venons d'apprendre qu'une *Lady Doctor* Zakina habite à Chak, qu'elle a exercé dans la capitale et qu'elle s'est réfugiée dans sa famille en province. Des circonstances presque idéales. Le Dr Gulap et l'ingénieur Mahmoud se mettent aussitôt en chemin pour demander à ce médecin de venir travailler à l'hôpital de Chak. Ils reviennent avec un refus. Peu après, deux femmes gynécologues, également réfugiées de Kaboul, se présentent à nous, mais les conditions de travail de cet hôpital de province ne les attirent guère. D'un air hautain, elles refusent nos propositions et préfèrent partir pour Peshawar.

A intervalles réguliers, la shura s'enquiert de nos recherches et demande si elles ont été fructueuses. Et chaque fois nous répondons par un « non » navré. Un jour, j'entends parler d'une réunion de femmes. Je m'y rends aussitôt pour exposer notre problème. Ce n'est qu'en faisant connaître notre offre d'emploi par le bouche à oreille que je trouverai peut-être la *Lady* qui convient. Les paysages que je traverse sont baignés du bleu des lavandes en fleur. Ce fameux stage de « travailleuses sociales » a lieu dans une maison isolée où se rassemblent une douzaine de jeunes femmes qui ont fréquenté l'école. Toutes ont fui Kaboul, beaucoup sont mariées et ont un enfant. Certaines portent des vêtements à l'occidentale et évoluent avec une assurance naturelle. Je remarque que deux d'entre elles cherchent à attirer l'attention en oscillant des hanches, comme si les contraintes de la province les restreignaient dans leurs mouvements. Le but de la réunion consiste à élaborer un programme pour améliorer la prévention médicale dans les villages. Il est intéressant de constater que l'on peut trouver et réunir des femmes cultivées dans ces contrées. J'explique à l'assemblée qu'en dépit de nos efforts nous sommes toujours à la recherche d'un médecin femme et qu'aucune *Lady* n'a manifestement envie de travailler à la campagne. Une fois mon exposé terminé, elles m'assurent vouloir m'aider. Je sais qu'elles répandront la nouvelle parmi la « population féminine » afin de tirer pour quelque temps leurs sœurs de la résignation et leur laisser espérer une nourriture intellectuelle.

Convaincre le Dr Zakina

Toujours pas la moindre *Lady Doctor* en vue. Le nom de Zakina nous revient à l'esprit de nouveau. Peut-être aurions-nous davantage de succès en tentant une fois encore notre chance ? Le Dr Gulap et l'ingénieur Mahmoud vont lui rendre une nouvelle visite chez elle. Ils essuient un autre refus. Pourtant, ils reviennent profondément émus. Ils racontent que le Dr Zakina n'est pas aussi hautaine qu'ils le supposaient, qu'elle a étudié parce qu'elle désirait travailler pour soulager les autres femmes et que l'argent ne l'intéresse guère. La seule chose qui l'attire est de recommencer à exercer, mais elle n'a eu aucune expérience pratique depuis trois ans et craint d'avoir oublié toutes ses connaissances. Mais... ! Elle n'est pas mariée, et donc entièrement soumise à l'arbitraire familial. Ils expliquent qu'elle a grandi à Kaboul, que son père, hélas décédé, lui a permis d'étudier, qu'elle a trois frères, l'un aux Etats-Unis, l'autre en Angleterre, tandis que le troisième vit encore dans la capitale avec ses deux sœurs. Le code de l'honneur voulant que les parents chez qui elle s'est réfugiée soient responsables, elle ne peut rien décider sans l'avis de son frère, puisque à Chak le représentant masculin de la famille refuse qu'une femme célibataire se rende au travail tous les jours. S'il lui arrivait une chose contraire aux bonnes mœurs sur le trajet, elle serait considérée comme une femme de mauvaise vie. Toutefois, Zakina a promis de parler une fois encore avec sa famille. J'attends qu'elle se manifeste, mais rien ne se passe. Lasse d'attendre, je lui écris pour lui demander de venir nous voir à l'hôpital afin que je puisse lui parler et faire sa connaissance.

Ce doit être elle ! Une femme jeune, sans burqa mais dissimulant son visage avec son voile, se dirige vers l'hôpital, accompagnée d'un enfant. Après avoir échangé des saluts, le Dr Zakina me raconte qu'elle a pu quitter la maison de sa famille sans complications parce qu'elle leur a fait croire que la pétillante petite fille qui est à ses côtés était malade. Je me dis que c'est une fine mouche. Après lui avoir exprimé ma joie de la rencontrer et de lui montrer l'hôpital, j'appelle le Dr Gulap et l'ingénieur Mahmoud pour qu'ils traduisent notre entretien. Le Dr Zakina est assise devant nous, les yeux pudiquement baissés. Elle n'est plus toute jeune mais possède cette beauté mature des Afghanes. D'un ton plaintif, elle explique que le problème majeur réside dans sa peur du trajet jusqu'à l'hôpital.

« Avec tout ce qui peut m'arriver ! Et si les gens me regardent, se moquent de moi, me lancent des paroles désobligeantes ! Il y en a même qui pourraient me jeter des pierres...

— Alors portez donc la burqa. (Mon conseil passe mal.)

— Jamais je ne porterai ce genre de voile. Mon père était officier. Nous avons vécu librement et dans l'aisance. Je ne vais tout de même pas me cacher dans un sac. De toute façon, j'ai déjà tant perdu que je ne m'en laisserai pas prendre davantage...

— Je ne vois aucune autre solution.

— Ne pourrions-nous pas faire en sorte qu'on vienne me chercher le matin avec le pick-up de l'hôpital et qu'on me raccompagne le soir ? (Le Dr Zakina semble avoir pensé à tout.)

— C'est impossible car nous ne pouvons garantir que la voiture soit toujours disponible. Nous en avons besoin non seulement pour faire les courses, mais aussi comme ambulance. Il vous faudra chercher un autre moyen de transport. »

Avec la meilleure volonté du monde, il m'est impossible d'immobiliser le pick-up en fonction des désirs de la *Lady*. Je lui demande alors :

« Avez-vous déjà songé à la personne qui vous protégera ?

— J'ai pensé à mon neveu.

— Et que demande-t-il pour ce service ?

— Le traitement normal d'un employé.

— Seulement pour vous accompagner ? »

Je suis indignée. Le Dr Zakina le remarque et fait mine de réfléchir : « Bon, sa présence sera peut-être superflue. En vérité, je veux m'installer chez ma tante qui habite à proximité de l'hôpital. Le chemin est plus sûr et je pourrai me déplacer librement. »

Je ne peux m'empêcher de penser qu'elle s'y entend à tirer

les choses à son avantage. Je crois lui avoir fait comprendre que nous sommes incapables de résoudre ses problèmes privés : elle finit par promettre de prendre son service après le week-end. Je lui laisse entendre que Karim, le chauffeur, pourrait aller la chercher s'il n'a pas d'autres obligations.

Le père décide pour la fille

A la même époque, le Dr Saadat apprend qu'une *Lady Doctor*, appelée Aquela, habite à une heure de Chak dans un foyer pour réfugiés. Le Dr Gulap m'explique avec un certain cynisme qu'il serait bon qu'elle s'y trouve mal car nous aurions ainsi une chance de la convaincre de venir travailler à l'hôpital. Comme nous ignorons encore si le Dr Zakina se joindra réellement à l'équipe, il est primordial de continuer à rechercher un second médecin. De plus, l'affluence de femmes est telle que nous avons d'urgence besoin d'une seconde gynécologue. Le Dr Saadat a un premier entretien avec le père de la jeune femme. Il promet de faire le voyage pour Chak afin de voir à quoi ressemble notre hôpital.

Selon la coutume afghane, il ne se présente pas à l'heure convenue, mais bien plus tard. Ce qu'il y voit lui plaît et il promet d'en parler à sa fille. Nous attendons une réponse en vain. Impatiente, je demande au Dr Saadat de me conduire chez Aquela et sa famille pour que nous sachions enfin où nous en sommes. Entre-temps, le Dr Saadat avait attiré l'attention de l'un des commandants du Hezb-e islami de Vardak sur la famille d'Aquela. Ce dernier a alors exercé de « légères » pressions pour rallier la jeune gynécologue à notre cause.

Dans une maison en ruine, nous trouvons une famille un peu inquiète mais bien disposée. J'ai alors l'impression que le problème financier poussera le Dr Aquela à accepter. Dès que nous entrons, les femmes de la maison se retirent dans l'obscure pièce voisine, laissant la porte entrouverte pour suivre le déroulement des événements. Nous devinons toutes ces paires d'yeux qui nous observent. Obéissant à un appel du père, une femme, sans doute le Dr Aquela, sort de l'ombre. Je lui trouve un air doux et maternel dans sa façon de regarder ceux qui lui font face. Le Dr Aquela fait un geste maladroit pour saisir son voile, un geste révélant que c'est une citadine qui n'a guère l'habitude de porter ce genre de fichu sur la tête. Les vêtements du père sont bien coupés, en tissu de qualité. Jadis, à Kaboul, c'était un tailleur réputé qui habillait les officiers et les notables. Ses vêtements sont tout ce qui lui reste de la splendeur d'antan. Il nous raconte que le mari du Dr Aquela est agent de police à Kaboul et que, comme tant d'autres, il a mis sa femme et ses enfants en sécurité en province.

Nous ne pouvons engager le Dr Aquela sans embaucher aussi son frère en qualité d'accompagnateur. Il est assis à côté d'elle, c'est un jeune homme aux yeux presque bridés portant une barbe irrégulière qui me fait supposer qu'il se rasait quand il était encore à Kaboul. Aujourd'hui, il obéit à l'obligation tacite du port de la barbe. Il a abandonné le pakol, le bonnet traditionnel pachtoun, pour une étoffe à carreaux qu'il a enroulée autour de sa tête. Le Dr Saadat a des sentiments mitigés à son égard car cet homme vient de passer les deux dernières années à l'Académie militaire gouvernementale, une institution honnie de tous. D'ailleurs, avec une telle formation, ses chances de trouver du travail à Chak sont presque inexistantes. De plus, le Dr Saadat affirme qu'il consomme de l'héroïne. Mais si nous voulons le Dr Aquela, il nous faut bien accepter le frère en prime. Concernant la prise de service, le Dr Saadat les place devant un véritable ultimatum. Le père et le Dr Aquela hésitent, émettent des réserves parce que l'époux de cette dernière n'a pas été informé et qu'il faut encore attendre son accord. Pour finir, nous convenons qu'il est préférable d'organiser le déménagement à Chak dès que possible et de mettre le mari devant le fait accompli.

Notre nouveau médecin a donc besoin d'un logement. Il serait impensable qu'elle habite dans la maison du personnel, sous le même toit que des hommes. Dans le passé, un commandant du village voisin nous avait déjà proposé de nous louer des chambres, une solution qui nous semble tomber à point. Avant qu'elle ne s'installe, il nous faut d'abord creuser un puits devant la maison ; chose promise, chose faite. Le Dr Aquela prend ses fonctions deux jours plus tard. Nous sommes heureux d'apprendre du père que son fils n'a guère envie de travailler et qu'il le remplacera. La coutume sera respectée et l'honneur de sa fille restera sauf. Très vite, nous convenons avec le père qu'il contrôlera l'entrée de l'aile des femmes pendant les consultations.

Or, le même jour, le Dr Zakina, sur qui je ne comptais plus, se présente également à l'hôpital. Je l'accueille avec un large sourire et préviens les médecins et le personnel de la venue des deux femmes, puis je demande à toute l'équipe de venir saluer nos deux nouvelles collaboratrices après la visite. Nos deux gynécologues doivent se sentir bienvenues parmi nous. Les uns après les autres, les membres de l'ancienne équipe pénètrent sagement dans la salle, en blouse, le pakol masquant une partie du visage. Les uns se tripotent les doigts, d'un air gêné, les autres osent un regard direct et curieux. Le Dr Saadat prononce une brève allocution de bienvenue. Nous avons peine à croire que nous avons deux femmes médecins d'un seul coup ! Le Dr Aquela nous observe et nous jauge ouvertement, le Dr Zakina baisse les yeux.

Révolution à l'hôpital

Peut-on déclencher une révolution dans un hôpital ? C'est possible et même très facile. Il suffit de changer la couleur des blouses du personnel médical, de les faire confectionner non pas en blanc mais dans un tissu bleu vif. Le jour dit, je commence à distribuer les blouses. Un pesant silence s'installe. J'entends des murmures, d'abord hésitants, puis des paroles de plus en plus insistantes et le mot « *spin* », qui signifie « blanc », sur un ton revendicatif. Le blanc est la couleur des médecins. Une moue méprisante s'inscrit sur le visage du Dr Saadat qui refuse ostensiblement d'enfiler la nouvelle blouse. Il est le plus ancien, et les autres suivent son exemple sans aucune autre explication. Ils restent tous plantés devant moi, les bras croisés, me défiant du regard.

« Que se passe-t-il ? Cette couleur ne vous plaît pas ? A travailler en blouse blanche dans cette poussière, vous ressemblez à des sacs gris en un instant ! »

Ce devrait être clair. Pourtant, mes explications se heurtent à un mur : en Afghanistan, le bleu est réservé aux ouvriers.

Le Dr Saadat brise ce silence glacial. Que puis-je donc faire pour remédier à cette aversion du bleu ? Une idée me vient alors à l'esprit. Je vais dans ma chambre pour y prendre des photos des salles d'opération allemandes que je fais circuler : « Vous voyez ! dis-je pour tenter de les convaincre, tout y est en couleur parce qu'on a constaté que les teintes lumineuses étaient meilleures pour le psychisme, qu'elles rendent les hommes plus sereins et que, contrairement au blanc, elles protègent les yeux contre la lumière aveuglante. »

A force d'arguments, les visages des médecins se détendent et semblent approuver. Je les embobine alors à l'orientale en faisant valoir que l'hôpital a été peint en bleu, que nous avons des rideaux bleus, donc un hôpital céleste. Que Le Dr Gulap est un soleil, le Dr Saadat, la lune, et que les autres en sont les étoiles. Un timide ricanement se fait entendre, puis un grand éclat de rire. Ils enfilent la blouse bleue.

Seule le Dr Zakina rechigne. La *Lady* veut absolument conserver sa blouse blanche. Elle explique son refus en prétextant que la coupe ne convient pas aux femmes. Je lui rappelle qu'aucune femme médecin ne travaillait à l'hôpital quand ces blouses ont été confectionnées et lui propose de profiter de mon prochain voyage à Peshawar pour acheter du tissu afin que le père d'Aquela puisse lui faire une blouse sur mesure, une blouse bleue. Mais le Dr Zakina n'en démord pas, elle veut du blanc. Les femmes médecins peuvent être des anges, mais aussi des démons. Le Dr Gulap, qui perd visiblement patience, lui fait remarquer que ce n'est pas la couleur qui fait le médecin. A ma grande surprise, la *Lady* se soumet sans commentaire et enfile, elle aussi, la blouse bleue.

Mais à peine cet incident est-il clos qu'éclate un autre conflit avec le Dr Zakina. Madame ne travaillera que jusqu'à midi et si possible deux jours par semaine seulement. Elle expose ses désirs lors d'interminables discussions qui mettent ma patience à rude épreuve. Pour finir, je lui demande de faire venir son frère de Kaboul afin qu'il prenne une décision et que cette pénible affaire soit définitivement réglée. Une fois encore, je tente de faire comprendre au Dr Zakina que nous nous passerons d'elle si elle ne veut pas travailler comme les autres. Elle se braque et décide d'attendre l'arrivée de son frère avant de poursuivre la négociation. Nous lui laissons alors entendre, poliment mais avec fermeté, que mieux vaudrait qu'elle reste chez elle jusqu'à ce qu'une solution soit trouvée : elle connaissait nos conditions et ce serait absurde de toujours vouloir négocier l'impossible.

A cela s'ajoutent les exaspérantes querelles entre les deux *Ladies*, l'une comme l'autre ne parvenant pas à convenir d'un moment où le chauffeur pourrait aller les chercher ensemble. D'un jour à l'autre, chacune d'elles indique à Karim une heure différente. Pis encore : bien qu'ayant cessé provisoirement de travailler, le Dr Zakina continue de commander le chauffeur sans nous prévenir. Nous ne pouvons tolérer de telles initiatives qui portent préjudice à la réputation de l'hôpital. Nul ne songe à se défaire d'elle, mais nous refusons toute forme de chantage. Enfin, le Dr Zakina finit par accomplir le nombre d'heures prévu, plus personne n'évoque le frère et elle renonce au chauffeur. La *Lady* vient à pied, accompagnée par une nièce ; elle ne manque d'ailleurs pas de réclamer immédiatement un traitement pour la petite.

Notre équipe féminine s'agrandit donc peu à peu. Ce sont des circonstances tragiques qui nous amènent Kamina. Son mari, comme beaucoup d'autres habitants de Kaboul, est mort victime d'un empoisonnement pour avoir consommé des pastèques contaminées par une substance mortelle. Désormais veuve, elle ne peut subvenir ni à ses besoins ni à ceux de ses trois enfants. Nous la chargeons du nettoyage de l'aile des femmes. Pour éviter que Kamina ne se sente trop seule, je lui propose de prendre ses repas avec le père du Dr Aquela qui est beaucoup plus âgé. Mais on ne tarde pas à m'expliquer que c'est impossible parce que Kamina pourrait avoir des pensées déplacées.

Entre-temps, le mari d'Aquela est arrivé de Kaboul et a aussitôt ordonné à sa femme de rentrer à la maison. Une réaction compréhensible puisqu'il n'avait pas été informé de son déménagement et qu'aucun Afghan ne saurait tolérer que sa femme agisse en toute indépendance. Qui plus est, il aurait appris de-ci de-là que sa femme « se promène partout ». Attristés, nous laissons partir le Dr Aquela et son père qui ne s'adresse à son gendre qu'en l'appelant « Commandant ». Nous nous demandons si le fait que le « commandant » envoie un chauffeur prendre sa femme à l'hôpital, au lieu de se présenter en personne, n'est pas un mauvais présage. Je ne peux qu'inviter le mari pour qu'il puisse se convaincre lui-même que tout se passe dans les règles et que rien, à l'hôpital, ne porte atteinte à la vertu des femmes. Le lendemain, quelle est alors notre joie de voir arriver le Dr Aquela en compagnie de son mari. Il s'avère qu'Achmed est un homme conciliant, qui ne s'oppose pas à ce que sa femme travaille, mais qui doit contrôler si toutes les règles dictées par le code de l'honneur sont respectées. Toutefois, il insiste sur une dernière condition : il ne veut pas que sa femme fasse des visites à domicile. Nous lui donnons l'assurance que notre seul lieu de travail est en principe l'hôpital. Le « commandant » est satisfait. Il a une fois encore joué son rôle d'homme.

Les femmes trouvent très vite leur place parmi nous. Après quelques hésitations d'usage, le Dr Zakina remplace parfois le Dr Gulap à la consultation des hommes et aide aux accouchements en cas d'absence du Dr Aquela. Il faudrait être aveugle pour ne pas voir le sourire radieux et presque paternel du Dr Gulap chaque fois que le Dr Zakina aide un enfant à venir au monde. Parfois, je retrouve sur son visage ce regard déconcerté qui est si souvent le mien.

Pain béni et linge sale

Travailler à la laverie ? Non, merci ! Qui voudrait donc laver le linge sale des autres ? D'ailleurs, il est inconvenant pour un homme d'exercer une activité qui nuirait à sa « dignité de mâle ». Mais, comme les femmes sont obligées de rester à la maison et que nous avons besoin de deux personnes à la laverie, il nous faut bien rechercher des volontaires parmi la population masculine — sauf si, par chance, nous réussissons à trouver des veuves. Notre quête est rendue encore plus difficile par les compétences supplémentaires que nous demandons : un de ces hommes doit au moins être capable de coudre et de faire quelques petits travaux de raccommodage. Il faut qu'il sache se servir de la machine à coudre qui vient d'arriver de Peshawar et puisse repriser les draps et blouses pour prolonger leur durée de vie. Comme le nombre des patients hospitalisés ne cesse de s'accroître, il nous faut pourvoir ce poste d'urgence d'autant plus que je constate que la literie n'est parfois pas changée à cause de la surcharge de travail. Hormis les problèmes de saleté, cette situation risque de devenir dangereuse car nous avons beaucoup de malades atteints du typhus. Une idée me traverse l'esprit : pourquoi ne pas engager un couple ?

Le bouche à oreille fonctionne bien puisqu'un jeune couple se présente à nous avec un nouveau-né. Ce sont des réfugiés de Kaboul, leur situation désespérée se lit sur leurs visages amaigris. Inquiets, ils me demandent si je permets qu'ils amènent leur enfant sur leur lieu de travail. Je n'ai évidemment rien à y opposer. Comment pourrions-nous prétendre être une organisation humanitaire défendant les principes fondamentaux d'entraide, si nous étions incapables de tenir compte de certaines situations familiales ? Faïs, le jeune père, se charge des négociations et s'efforce de ne pas perdre un seul jour de salaire. Puis il part aussitôt à la recherche d'un logis dans les environs pour enfin faire venir sa femme et l'enfant.

Le nouveau bâtiment, auquel sera adjointe la laverie, est encore inachevé à cause des négligences des ingénieurs émigrés, mais nous trouvons à proximité du barrage un endroit adéquat pour une laverie provisoire. Les murs sur lesquels on tend les couvertures pour qu'elles sèchent au soleil protègent Zaïra des regards masculins et le bébé dort au calme à l'ombre d'un petit perron. En regardant cette jeune mère faire sa première lessive, je comprends pourquoi son mari est aussi attentif. Son beau visage ouvert est illuminé par d'immenses yeux noirs qui inspirent une grande confiance. C'est un plaisir d'observer ce jeune couple qui travaille avec sérieux et en parfaite harmonie. Faïs puise l'eau du canal et foule le linge sale de ses pieds nus, tandis que Zaïra l'aide à essorer les couvertures et les draps.

Dès lors, nous pouvons établir une liste de règles d'hygiène. Les plus importantes sont les suivantes : le lit est défait dès qu'un patient quitte l'hôpital et la literie est remise à la laverie ; les salles de soins reçoivent régulièrement des serviettes propres, le linge de la salle d'opération est mis à tremper dans une cuve à part dès la fin de l'intervention. Comme l'islam considère le sang comme impur, je suis très reconnaissante à Zaïra d'accepter ce linge-là aussi. Aucun membre du personnel n'aurait touché à ce qui sort de la salle d'opération.

Le froid arrive. Les premières gelées nocturnes sont là dès la fin septembre. Nous ne pouvons tolérer que ce jeune couple fasse la lessive avec l'eau glaciale qui descend de la montagne. Il nous faut ouvrir le nouveau bâtiment et mettre la cuisine, la boulangerie et la laverie en service, du moins provisoirement. Or il est impossible de dénicher le moindre matériel de tuyauterie en Afghanistan et le Pakistan boycotte les exportations de matériaux de construction. Mais improviser est tout un art en Afghanistan. Dès le matin, on chauffe une grande quantité d'eau pour le thé ainsi que pour la nouvelle laverie. Tandis que Faïs est encore occupé à ramasser le linge sale, Zaïra est assise, les jambes écartées, devant une grosse lessiveuse et frotte le linge dans l'eau chaude. Elle relève sa robe pour ne pas la mouiller et son long pantalon orné de dentelles à la mode afghane apparaît au grand jour. Son voile a glissé sur ses cheveux laissant entrevoir deux épaisses nattes noires. Jamais elle ne perd son sourire malgré son dur labeur. Faïs essore le linge et le met à sécher. Puis il prépare le charbon de bois pour les fers à repasser qu'il manie avec dextérité. Si le tas de linge est moins important que d'habitude, Zaïra reste à la maison et son mari accomplit le travail seul. Non seulement elle s'occupe de son bébé, mais aussi des trois enfants de sa belle-sœur qui vient de mourir d'un dysfonctionnement rénal. Le courage de ce couple force mon admiration.

Les années passées, nous confiions la cuisson des galettes de pain à une famille. Mais, depuis que nous avons agrandi l'hôpital, aucun ménage n'est en mesure de fournir la quantité de pain nécessaire. Nous avons prévu des pièces pour une boulangerie dans le nouveau bâtiment, mais le four manque encore. Dans les environs du village, nous rencontrons un vieil homme qui prétend savoir en construire. Nous lui passons commande. Le jour dit, il commence par transporter la glaise rouge de la montagne, lui ajoute de l'eau et des poils de chèvre pour donner davantage de solidité à la masse. Puis il foule et malaxe cette pâte jusqu'à ce qu'elle ait la bonne consistance. Ce vieil expert et son ouvrier façonnent ensuite le four en le modelant. Quelques jours plus tard, ils l'encastrent brut et sec dans le sol et forment un conduit pour l'évacuation de la fumée. La dernière opération consiste à brûler ce four. Pour la chauffe, il a besoin de bouses de vache. Un commerçant nous propose deux conditionnements différents : des boulettes ou des galettes plates, le poids déterminant le prix. Nos achetons une centaine de galettes à cinq cents afghani pièce. Soigneusement, les deux ouvriers étalent les galettes de bouse sèche à l'avant du four, ils ajoutent des copeaux et du charbon de bois puis allument. Au bout d'un certain temps, nous entendons une clameur : « Le four a éclaté ! » Il n'en reste plus que des disques de bouse calcinés et quelques piteux bris de terre couverts de suie.

Les boulangers aussi sont une denrée rare. Les premiers qui se présentent sont des créatures faméliques. Ils ont certes besoin de ce travail, mais je suis obligée de les renvoyer à cause de leur mauvaise condition physique car il nous faut un boulanger capable de cuire plus d'une centaine de galettes à midi et le soir. Avec son mitron, il doit aussi donner un coup de main en cuisine parce que le chef qui prépare les repas d'une quarantaine de personnes trois fois par jour est à bout de forces. Or, de nouveau, notre kisma nous est favorable. Des employés de l'hôpital ont entendu parler d'un boulanger qui a la réputation d'être excellent. On ne tarit pas d'éloges à son égard, on raconte même que ce fameux Salmadsh serait capable de fabriquer des galettes de la taille d'un bras. Nous nous mettons donc en route dans le but d'attirer cet homme à Chak. Ayant appris qu'il est parti pour Ghazni à la recherche d'un travail, nous laissons chez lui un message l'invitant à se présenter à l'hôpital. Nous espérons le voir bientôt apparaître car les Afghans ne s'éloignent jamais longtemps de chez eux. En effet, peu après, un homme aux joues creuses et aux yeux bleu acier est assis face à moi. Fondamentaliste convaincu, il ne me regarde pas, mais raconte qu'il a été boulanger pendant plusieurs années au service du Hezb-e islami. J'imagine les quantités de pain qu'on pouvait y avaler et je l'embauche aussitôt. Encore un poste important pourvu. Il s'avérera en effet que c'est un maître dans l'art de pétrir de savoureux pains. Salmadsh amène avec lui un jeune parent imberbe qui sera son mitron. Ils organiseront la nouvelle boulangerie ensemble.

La chance veut que Salmadsh connaisse un autre fabricant de fours, qui demande un salaire supérieur et exige que la glaise vienne d'un endroit très précis à proximité de son village. Nos collaborateurs partent de nouveau, armés de pelles, pour récupérer le précieux matériau au lieu indiqué. Seuls les poils de chèvre ont la même origine que lors de la précédente tentative. Alors, l'air important, les jambes de pantalons retroussées, il foule la glaise. Puis il façonne un four de grande taille qu'il brûle après l'avoir tapissé de bouse de vache. Une épaisse fumée acre nous asphyxie presque. Les yeux pleins de larmes, nous sortons en trombe de la boulangerie. Les ouvriers se dépêchent de ménager une ouverture dans le toit pour évacuer la fumée. Les ingénieurs avaient commis une grave erreur et prévu une hotte très insuffisante. Puis un cri s'élève : « Le four marche ! » Nous sommes tous soulagés.

Le premier pain cuit à l'hôpital doit être évidemment fêté en compagnie des patients. Après avoir consulté l'ingénieur Mahmoud, nous décidons d'aller acheter du miel au bazar. Nous invitons tout le monde à célébrer le pain à la fin du service, vers quatre heures, en espérant que la fumée sera dispersée. Avec de fines baguettes, Salmadsh bricole une sorte de grille qu'il recouvre de lin pour y déposer de fins disques de pâte. Il prend la pâte qui avait été mise à lever dans une grande jatte et forme de ses mains des boules portions. Le mitron les étire avec adresse et les tend au maître qui, d'un geste habile, les colle contre la paroi du four en les claquant. Les bûches incandescentes se sont métamorphosées en braises rougeoyantes. Fascinés, nous observons avec recueillement les pains chauds qui sortent du four. L'ingénieur Mahmoud prononce une prière, puis chacun palpe le pain. Nous formons un cortège pour le distribuer aux malades, agrémenté d'une petite coupe de miel. Avec nos vœux de bonheur, le *mubarak*, nous apportons cette merveille en offrande. Entre-temps, le boulanger a cuit une pile de galettes que nous dégustons toutes chaudes en laissant couler le miel goutte à goutte. Une fête magnifique.

Maintenant, c'est au tour de la cuisine. Notre aide-cuisinier, qui prépare toute la journée le thé du personnel et des patients, se plaint depuis longtemps que les bouilloires sont trop petites. Je me souviens soudain de ces magnifiques samovars que j'admirais dans les bazars. J'en avais acheté plusieurs lors d'un voyage de ravitaillement à Ghazni, mais ils n'avaient pas tardé à disparaître dans le dépôt parce que personne n'avait envie de les assembler. Maintenant je suis décidée à ne pas lâcher prise jusqu'à ce qu'ils soient nettoyés, briqués et installés dans la cuisine et qu'ils chauffent sur un bon feu de bois sec.

Ragots en blouse bleue

Il faudrait être aveugle pour ne pas voir que le Dr Gulap est amoureux. Il se conduit comme un jeune coq en parade nuptiale. Il se frotte la barbe avec des pétales de fleurs et prétend tout savoir mieux que les autres. L'élue de son cœur est le Dr Zakina. Tantôt il lui offre une belle pomme rebondie, tantôt une rose odorante ou une boîte de biscuits. Comment s'y prend-elle ? Le Dr Zakina n'est pas une personne très généreuse. Pendant toute la durée de notre collaboration, jamais elle ne m'a fait le moindre cadeau, pas même d'un bonbon et encore moins d'un mouchoir brodé alors qu'il est d'usage de s'offrir ce genre d'ouvrage entre femmes. Or, elle brode à merveille ! Vipères comme les femmes peuvent l'être, nous pensons immédiatement que le Dr Zakina a mis le grappin sur le Dr Gulap. Les avantages coulent de source : le Dr Zakina n'est plus toute jeune puisqu'elle vient d'avoir quarante ans, et la vie d'une femme célibataire n'est pas facile, surtout en province. En épousant le Dr Gulap, il y aurait un second salaire dans la maison, ce qui est extrêmement rare en Afghanistan. Devenant carrément médisantes, le Dr Aquela et moi murmurons que cet avantage n'a rien d'anodin étant donné l'intérêt qu'elle porte à l'argent ; nous la soupçonnons même d'être trop radine pour payer un domestique.

Le « Dr Coq » semble l'aimer vraiment. Ce sont des choses qui arrivent. Nous ne voulons pas faire obstacle à son bonheur. Pourtant, nul n'ignore que le Dr Gulap est marié et qu'il a six charmants enfants. Nous apprécions sa femme qui est une personne aimable et chaleureuse, mais analphabète. Il s'est probablement laissé entortiller. D'ailleurs sa réputation aurait tout à gagner d'avoir une femme médecin et lettrée. Se sentant ainsi courtisée, le Dr Zakina est assez rusée pour pousser au mariage, puisque avoir une seconde épouse n'est pas un problème dans l'Islam à condition que la première accepte. Or, même si le mari ne peut rien faire sans son accord, il l'obtient toujours, car la première femme n'a guère le choix, étant donné qu'elle dépend financièrement de son époux. Mais ce qu'il y a d'odieux dans cette affaire est que le Dr Gulap a envoyé sa famille habiter chez des parents qui vivent dans une autre province. On suppose que le Dr Zakina veut empêcher le Dr Gulap de voir trop souvent ses enfants.

Le Dr Aquela étant confrontée à une situation semblable, nous comprenons son agressivité à l'égard de sa collègue. Qui donc aimerait, jour après jour, voir un homme marié courtiser une autre femme que son épouse, alors qu'on se sent soi-même menacée sous son propre toit. En effet, le frère du mari du Dr Aquela vient de perdre la vie lors d'un combat à Kaboul. Et la coutume afghane veut qu'Achmed prenne sa belle-sœur comme seconde épouse, une perspective qui n'enchante guère le Dr Aquela. Sa belle sœur est non seulement séduisante, mais aussi fortunée, tandis qu'Achmed est chômeur depuis qu'il a perdu son emploi d'agent de police à Kaboul. Que pourrait-il lui arriver de mieux que d'avoir une charmante seconde femme auprès de lui puisque la première travaille et est absente la plupart du temps ? Il pourrait vivre comme un coq en pâte, ce que veut empêcher le Dr Aquela. Sans son accord, il n'y aura pas de deuxième épouse, et comme c'est elle qui gagne l'argent du ménage, Achmed devra s'incliner. Elle cherche donc un autre poste de médecin dans un hôpital à bonne distance de la ville pour s'y installer avec Achmed et ses deux enfants — très loin de sa belle sœur. Son départ nous attriste parce que c'est une excellente gynécologue. Mais je suis fière d'elle et de la façon dont elle a brisé le joug de la tradition.

Journée portes ouvertes

Longtemps, nous avons attendu avant d'inaugurer l'hôpital. Pourtant cette fois-ci, c'est sûr, l'événement aura lieu avant que les gelées nocturnes ne fanent les fleurs et que les arbres perdent tout leur feuillage. Il est donc grand temps d'écrire les invitations que les employés distribueront dans leurs villages, souvent très isolés.

Nous réglons les derniers détails, nous complétons la liste des invités, établissons un programme des festivités, décidons de ce que nous servirons avec le thé ainsi qu'au déjeuner. Autant de questions dont nous discutons le soir après le travail. Nous achetons plusieurs kilos de bonbons à Ghazni, nous commandons quatorze kilos de biscuits à Chak et cent kilos de riz. Il n'y aura pas de petites économies car ce jour doit rester gravé dans les mémoires même si, en octobre, le temps est assez imprévisible. Le ciel se couvre souvent dans l'après-midi et les averses sont fréquentes. Or, la fête ne peut se dérouler qu'en plein air parce que nous n'avons pas suffisamment de place ailleurs.

L'ingénieur Mahmoud, maître dans l'art du langage fleuri et fin politique, se charge de formuler les invitations. Nous demandons ensuite au maître d'école de notre village de les taper à la machine en pachtou. Alors, cet homme dévoué fait bénévolement cinq heures de route pour se rendre au centre du Hezb-e islami, le parti fondamentaliste dirigé par Hekmatyar, parce qu'il y a une machine à écrire. Il s'acquitte d'environ cent cinquante invitations que nous faisons aussitôt envoyer.

Plusieurs jours durant, l'ingénieur Mahmoud et le Dr Gulap parcourent les villages environnants à la recherche de bétail, la viande servie lors de notre festin doit être de premier choix. Nous finissons par prendre une génisse et un mouton. Nous empruntons la vaisselle au village voisin car il nous en faut autant que pour un mariage ou un enterrement. Nous aménageons ensuite une cuisine extérieure construite avec de simples briques de glaise.

La veille de la fête, la vache meugle et le mouton bêle. Je demande au *maolaoui*, un lettré islamique, ainsi qu'à tout le personnel réuni de prier pour ces animaux qui vont être sacrifiés selon le rite musulman. C'est un spectacle émouvant de voir prier cette assemblée. Il y a toute l'équipe, le maolaoui en turban blanc ainsi que le commandant du lieu en tenue. Nous avons tant attendu ce jour !

Après l'abattage des bêtes commence le grand nettoyage. On enlève toutes les pierres pouvant se trouver là où les invités seront assis, puis on aplanit le sol. L'école nous a prêté des haut-parleurs fonctionnant sur batteries, que nous accrochons aux murs du pavillon du barrage. L'équipe de la cuisine passe plusieurs heures à découper la viande, hache cinquante kilos d'oignons et émince vingt kilos de carottes.

Le grand jour est enfin arrivé ! Nos sommes le 6 octobre 1994. Le matin, à l'aube, la rosée luit aux premiers rayons du soleil quand tout le personnel réuni transporte matelas et couvertures et les range d'abord sur une bâche en plastique. Tout sera mis en place quand le sol sera sec. Il semble que le temps soit avec nous et que nous ayons un ciel bleu et un soleil radieux. Mais déjà la viande mijote et l'eau du thé bout dans les samovars. Dans la cuisine provisoire, nous avons mis le riz à cuire dans trois énormes marmites enduites de glaise pour qu'elles ne noircissent pas.

A peine les dernières gouttes de rosée se sont-elles évaporées que nous étalons les coussins sur des nattes en harmonisant les couleurs, puis nous disposons de confortables accoudoirs. Il nous reste à peine le temps de nous changer. L'ingénieur Mahmoud apparaît propre comme un sous neuf et vêtu d'un shalwar kamiz vert qui lui va parfaitement. Il porte même des chaussettes et — chose très importante — des chaussures cirées. Fazil Elahi réussit encore à cueillir quelques fleurs pour décorer la tribune.

Les invités arrivent. Ils viennent tous, car rares sont les occasions de faire la fête en Afghanistan. Certains ont fait quatre heures de route jusqu'à nous. Les uns se comportent en curieux, ou affichent leur dignité, d'autres sont franchement heureux d'être là. Plus de trois cents personnes s'agenouillent en direction de La Mecque quand un maolaoui aveugle ouvre les festivités en prononçant les premières sourates du Coran. L'ingénieur Mahmoud se charge de l'organisation de la journée en même temps qu'il me sert d'interprète. J'explique d'abord ce que signifie une « Journée portes ouvertes », à savoir que chacun peut visiter tout l'hôpital, y compris la salle d'opération, et que nous répondrons à toutes les questions. Puis, je raconte l'histoire de l'hôpital, comment « notre hôpital » est devenu une « clinique pour tous ». Je conclus en exposant notre projet d'y ajouter vingt lits supplémentaires et d'y créer un centre de formation. Je n'oublie bien sûr pas de mettre l'accent sur la philosophie de l'hôpital : tout le monde ici reçoit les mêmes soins quelle que soit son appartenance à un parti ou à une tribu. Peu importe qu'il soit Pachtoun ou Hazara, nous lui fournirons l'aide dont il a besoin. Après cette allocution, je passe entre de longues rangées d'hommes et sens leurs regards se poser sur moi.

Quand j'ai fait disposer des sièges à l'écart du banquet officiel pour que notre personnel féminin puisse aussi participer à la fête, l'ingénieur Mahmoud a manifesté sa désapprobation en me signalant que cela allait faire des histoires et que ça ne plairait pas à tout le monde. Il se sent mal à l'aise et ne cesse de jeter des regards inquiets vers l'aile du personnel. Il me demande : « Vont-elles venir ? », évoquant ainsi les femmes de l'hôpital. Mais les bancs restent vides. Je suis la seule femme parmi ces centaines d'hommes et n'en suis pas très fière. Un sentiment de mépris pour cet univers masculin et ses règles implacables s'insinue en moi. Je comprends très bien que nos collègues féminines ne se montrent pas en public et refusent de s'exposer aux médisances et aux ragots. Cette société exige que les femmes restent invisibles et leur présence briserait un trop grand tabou. D'ailleurs, quelle femme vivant dans un environnement religieux aussi strict serait capable de provoquer le monde des hommes ?

C'est maintenant le tour du Dr Gulap de remercier les invités. Hier encore, il m'avait confié qu'il craignait de parler en public. Il prononce son discours en s'accrochant à son papier. Il a peur d'être étranglé par le trac. Il parle, le regard introverti comme s'il allait s'évanouir. Le Dr Saadat, qui lui succède à la tribune, expose avec assurance les possibilités de l'hôpital. Puis vient le prêche moralisateur d'un mollah et le programme se termine par une nouvelle lecture du Coran. Pendant les discours, nous offrons du thé, des biscuits et des bonbons.

Nous avions décidé de ne donner la parole à aucun des commandants locaux pour éviter toute forme de débat politique. Je ne peux m'empêcher de réagir vivement en voyant arriver deux commandants armés jusqu'aux dents avec une artillerie qui n'a pas sa place ici. Toutefois, je les invite au même titre que les anciens du village, les dignitaires musulmans, les écoliers et les paysans, à visiter l'hôpital.

Après avoir fait le tour des salles, nous les convions au festin parce que l'amour d'autrui a besoin de se nourrir. On dresse de grands plats de riz kabouli que l'on passe de main en main. Ce riz est accompagné de *kurmar*, un ragoût de bœuf dans une épaisse sauce et de morceaux de mouton dans leur jus. On lance les fines galettes de pain aux convives affamés. Le repas se termine par une distribution de belles pommes rouges. Tous sont repus et satisfaits. La journée a été une réussite. Le signal du départ semble être donné et nos invités nous quittent les uns après les autres. Nous passons plusieurs heures à ramasser les restes et à ranger les paillasses.

C'est aussi pour moi le moment de faire mes adieux. La date de mon départ pour l'Allemagne approche. Le Dr Saadat, l'ingénieur Mahmoud et Abdoul Bari, notre nouvel anesthésiste, me conduisent à Peshawar. Ils passeront l'hiver au Pakistan où ils suivront une formation complémentaire. L'ingénieur Mahmoud envisage de s'initier à l'informatique. Le nouveau directeur de notre organisation humanitaire veut me conduire à l'aéroport avec notre pick-up tandis que mes collaborateurs expriment eux aussi leur désir de m'accompagner pendant un bout de chemin comme il est coutume de le faire en Afghanistan. Etant donné qu'ils ne peuvent pas tous prendre place dans le véhicule, je demande au directeur de les laisser monter, tandis que je suivrai dans un rickshaw. Il refuse : « C'est impossible, je ne le permettrai pas ; mieux vaut qu'ils restent à Peshawar. »

La veille de mon départ, je fais donc mes adieux à mes collègues afghans dans notre lieu d'hébergement et tente de leur expliquer que nous pourrions avoir des difficultés au point de contrôle de l'aéroport si nous n'arrivons pas tous dans la même voiture. Ils m'approuvent d'un signe de tête et me tendent la main.

Le lendemain matin, le directeur me conduit à l'aéroport avec le pick-up. Je passe plusieurs contrôles de sécurité dans le hall des départs. Quelle est alors mon émotion, quand, levant fortuitement les yeux, j'aperçois tous mes collègues, alignés comme des enfants sages, venus me saluer une dernière fois. Pas un ne manque. C'est un véritable instant de bonheur.

10

Psychopathes

Je suis de retour à Peshawar au printemps et le MRCA, l'organisation humanitaire française qui m'a chargée de développer l'hôpital de Chak, m'attribue un nouveau coordinateur afghan qui s'occupera des problèmes médicaux de la clinique. C'est un homme fluet et de petite taille, aux mouvements vifs et à l'épaisse chevelure rousse. Un homme aussi que beaucoup ne prennent pas au sérieux d'emblée, mais qui ne tarde pas à s'avérer avide de pouvoir et de reconnaissance. On le sous-estime et il sait en tirer parti. Sa force réside dans une manière d'accumuler les témoignages d'amitié qui frise la flagornerie.

La première impression que laisse ce coordinateur ne surprend pas car les marginaux et les fous apparemment inoffensifs sont légion à Peshawar. Il m'accueille très chaleureusement, m'offrant des colliers de fleurs, du jambon, du fromage ; il me prépare même un café bien fort. Les jours suivants, il ne me quitte pas un instant du regard, ce qui me laisse la désagréable impression d'une entrave à ma liberté. La façon dont il tire des informations éveille chez moi le soupçon que la pratique des interrogatoires ne lui est pas inconnue. D'ailleurs, il ne manque jamais de venir se coller à moi dès que je suis en compagnie d'un Afghan. « *Mad Man* », « le Dingue », tel est le surnom dont l'affublent ses collaborateurs. Un fait qui donne un sens à la question qu'il m'a posée dès le premier jour : « Savez-vous comment on vous appelle ? Karla la folle ! »

Je n'avais pas pu m'empêcher d'en rire et de lui répondre que je prenais cela pour un compliment. Or, je sais maintenant qu'il cherchait à me provoquer pour me faire dire ce que j'avais appris sur son compte et ce que j'en pensais.

Quand il m'a extorqué toutes les informations susceptibles de l'intéresser, je cesse d'exister à ses yeux. Une fois encore, on ne me convie plus ni aux réunions ni aux discussions. Connaissant ce genre de petit jeu, je me retire dans la chambre mise à ma disposition dans la maison d'accueil de l'organisation française. Contrairement à mes habitudes, je ferme ma porte à clé. On ne sait jamais, quelqu'un, une certaine personne, pourrait avoir envie de fouiller dans mes papiers personnels. Je profite de ce temps libre pour réfléchir sur la stratégie à adopter afin d'échapper aux griffes de ce dingue et de ne plus dépendre de ses lubies. Il me vient alors une idée géniale : lui faire croire qu'il est plus facile de trouver les instruments médicaux dont nous avons besoin pour l'hôpital à Lahore qu'à Peshawar.

Le vendredi après-midi, je prends un avion pour Lahore en compagnie d'un médecin français du MRCA. Je suis donc provisoirement débarrassée de *Mad Man*. Nous avons prévu de partir à la recherche du matériel nécessaire dès le samedi. A Peshawar, le médecin m'avait dit qu'il dormirait à l'*Officer Club*, un lieu où les femmes ne sont pas admises, mais qu'il avait relevé l'adresse de l'*American Club* qui dispose de chambres réservées aux dames. Pourtant, une fois arrivés à Lahore, cette proposition semble oubliée. Je l'entends marmonner qu'il a perdu l'adresse. Peu importe. Le chauffeur du taxi connaît en centre-ville une pension qui pourrait me loger. Il ne me reste rien d'autre à faire que de lui demander de m'y déposer. Cette pension est sinistre, sans le moindre jardin, juste supportable pour une nuit.

Je ne vais tout de même pas me laisser abattre. Je me ressaisis et décide de passer l'après-midi à l'hôtel Intercontinental. Je prends un livre et de quoi écrire, puis j'appelle un rickshaw. Assise dans les jardins de l'*Interconti*, je commande un café et une glace onctueuse et me laisse aller aux plaisirs de la vie. Dans la soirée, un jeune Saoudien et un Pakistanais d'un certain âge viennent se joindre à moi. Nous avons une intéressante conversation autour d'un verre de jus de papaye. Le vieux Pakistanais prend souvent la parole tandis que le jeune homme est plutôt réservé. Ses paupières lourdes sont-elles dues au haschich ? Je ne suis pas spécialiste en matière de symptômes des divers stupéfiants, mais en tout cas il est drogué, ce qui limite chez lui l'usage de la langue et l'empêche de s'exprimer. Je réussis néanmoins à comprendre qu'il cherche un sens à la vie et se demande ce qu'elle peut encore lui offrir puisqu'il a tout : de l'argent, des femmes et sans doute trop de drogues. J'aimerais aussi avoir ce genre de problèmes ! En revanche, le Pakistanais a l'esprit vif et pétillant, il ne cesse d'émettre des idées originales.

Comme je veux dîner avant de retourner dans ma sinistre chambre, je m'apprête à prendre congé des deux hommes, mais le Pakistanais refuse de me laisser partir : « Venez donc avec nous, nous dînons avec le président de la République fédérale d'Allemagne », dit-il sur un ton résolu, décidant ainsi du programme de ma soirée. Il est vrai que j'avais lu dans le journal que Roman Herzog et Christine, son épouse, étaient en visite officielle au Pakistan et que les notables de Lahore donnaient un dîner en leur honneur dans la citadelle de la ville. Je décline sa proposition en invoquant que je n'ai pas d'invitation.

« Eh bien ! Essayons quand même, réplique-t-il en balayant mon objection d'un geste de la main. Et si ça ne marche pas avec le dîner du Président, l'*Interconti* sera toujours une solution acceptable pour nous, car ce soir on célèbre un mariage dans la salle de bal. »

« Ce type est complètement fou, me dis-je, à moins qu'il ne soit journaliste. Il a l'air d'être connu comme le loup blanc. »

Devant le portail de l'hôtel est garée une vieille Rolls Royce aux rétroviseurs parés de guirlandes de fleurs, tandis qu'un drapeau en papier bat au vent. Il s'installe au volant. Sur le tableau de bord est posée une casquette de chauffeur qui déclenche chez lui un rire hystérique. Il démarre, et nous voilà partis. « *Lahore by night* », me chuchote-t-il. Nous faisons d'abord un détour par un quartier inquiétant et sordide à souhait, parce qu'il a encore quelque chose à faire à l'extérieur de la ville. Une sourde angoisse s'insinue en moi. Je suis seule avec ces hommes dont j'ignore tout ! Mais la curiosité et l'envie d'aventure l'emportent. Le périple continue et le Pakistanais me montre le quartier de la mafia. « Ici, m'explique-t-il, on décide en une nuit de la politique à venir. » J'apprends également qu'un parrain mafieux a acheté des Rolls Royce flambant neuves et toutes de la même couleur pour chacune de ses filles et que ces voitures sont garées devant sa maison.

Un rire nerveux le prend de temps à autre tandis qu'il

parle et que nous traversons le quartier des lanternes rouges pour nous rendre à la citadelle. Au bout d'un certain temps, nous arrivons devant un barrage de police. Il se coiffe de la casquette et tente une première offensive. Sans doute est-il connu des autorités car après un bref échange de paroles, les fonctionnaires le dirigent vers un lieu à l'écart où il se rend avec force rires et coups de klaxon. Je n'ai pas compris ce qui s'était dit, mais ce cinéma commence à me fasciner. L'escorte du Président allemand est d'ores et déjà en vue. Mon nouvel ami, qui tenait sa Rolls prête à bondir comme un animal à l'affût, réussit d'un coup de volant expert à s'accrocher à la colonne de voitures et à s'y insérer comme s'il en faisait partie. Nous passons les portes de la citadelle et le cordon de gardes sans histoire. Mon étrange compagnon gare ensuite la voiture dans le parking et coupe le moteur.

Des femmes en tenue de soirée et des messieurs en costumes sombres descendent des limousines. On y voit aussi des hommes en shalwar khamiz et des Pakistanaises déguisées en femmes-fleurs. Empruntant le tapis rouge déroulé pour la circonstance, nous pénétrons dans les grandes cours intérieures de la citadelle où l'on a disposé fauteuils et tapis pour quelque quatre cents convives invités à écouter des discours où l'on souligne l'importance historique de la citadelle. Des minutes appartenant à une autre histoire s'écoulent. La nuit est chaude et étoilée. Quelques instants durant, je me sens entourée de Maharadjahs somptueusement vêtus et d'éléphants couverts de perles. L'air s'emplit d'une musique discrète jouée sur des instruments anciens. Les illuminations des fontaines et des tourelles donnent la dernière touche à cette féerie. En signe de bienvenue, chacun reçoit un bouquet d'odorantes roses jaunes et roses. Ensuite, la foule se dirige vers les lieux où le dîner sera servi. Les grills et les buffets dressés sur toute la longueur des remparts sont pris d'assaut par les convives. Je suis assise enroulée dans mon patu, portant un shalwar khamiz bon marché au milieu de ces richesses, et me laisse prendre par cette ambiance des Mille et Une Nuits. Roman Herzog et son épouse dînent avec l'hôte pakistanais sur un podium. Nous, donc le peuple et moi, les regardons d'en bas. Je me sens irrésistiblement attirée vers ce couple ; je voudrais approcher mon Président, lui serrer la main. En Allemagne, jamais pareille idée ne me serait venue à l'esprit, mais ici j'ai l'avantage d'être allemande. Après maints efforts, je réussis à être

présentée à Roman Herzog. Il me tend la main en accompagnant son geste d'un : « Donc, vous travaillez en Afghanistan. N'y a-t-il pas de nombreux combats dans cette région ?
— Oui, monsieur le Président. » Je bats en retraite. La foule se met en mouvement. Le protocole a prévu la visite de la Galerie des glaces de la citadelle. Tout le monde prend ensuite le chemin de la sortie. Les portières de voitures claquent et l'apparition disparaît dans la nuit. Quel événement ! Mon cœur jubile. Pendant quelques heures, j'ai échappé aux intrigues nauséabondes et vécu des instants sublimes. Je demande à mon compagnon de me reconduire à ma pension. La princesse redevient Cendrillon.

Le lendemain matin, le médecin se vante de ses exploits dans le quartier des lanternes rouges, me raconte ses beuveries et dit avoir appris des choses très intéressantes de la part d'officiers. Sans doute espère-t-il que je vais faire grise mine, ma sérénité semble l'agacer. Je ne peux contenir un petit ricanement nerveux, mais je me garde bien de lui relater la fin de ma soirée.

Effigies brûlées

Je suis inquiète. Je dois partir pour Chak avec le coordinateur médical, « le Dingue ». Il veut passer par Kaboul et moi par Khost car ce trajet me semble plus sûr étant donné que les combats ont repris sur les nouvelles lignes de front entre Kaboul et Chak. Je comprends très bien pourquoi *Mad Man* préfère la route de Kaboul. C'est un partisan du commandant Ahmed Chah Massoud qui occupe la capitale depuis 1992, celui qu'on appelle le « Lion du Panshir » parce qu'il est né dans la vallée du même nom, dans la province tadjik qui s'étend au nord de Kaboul. La réputation de ce brillant chef de guerre en fait un être presque légendaire que ses troupes vénèrent comme un saint. Pourtant, depuis la prise de la ville, les rivalités et les luttes intestines l'ont bien changé. Son armée est devenue une troupe arrogante. Les soldats harcèlent les civils, dévalisent les boutiques et confisquent les maisons. Nous avons trouvé un nouveau surnom pour notre coordinateur médical, nous l'appelons désormais « Frère Massoud ». Et Frère Massoud témoigne de sa fidélité en clamant à la ronde que Kaboul vit en paix et qu'il n'y a « *no problems* ». Il a probablement d'excellents appuis politiques dans la capitale. Quant à moi, je suis étrangère et je préfère me méfier de toutes les assurances qu'il me donne concernant ma sécurité. Frère Massoud fourre donc ses dossiers dans le pick-up et part seul pour Kaboul, à ma grande satisfaction. Avant de me faire ses adieux, il me promet d'ouvrir un bureau qui représentera l'hôpital dans la capitale afin de faciliter le transport de matériel vers Chak. Je ne peux que hocher la tête. Comment peut-on partir du principe que le personnel de l'hôpital de Chak se rendra à Kaboul pour aller chercher du matériel ? Personne n'ignore que l'on risque à tout moment d'être victime d'une fusillade ou d'une arrestation arbitraire. En guise d'adieux, le nain prétentieux ne peut s'empêcher de me lancer une dernière remarque : « Faites du sport, Karla, ça fait maigrir. » Il a certainement raison, mais venant de sa part ce genre de réflexion est insupportable et surtout inopportune dans la situation actuelle. Mais, comme je le disais, il a une façon bien à lui de maintenir les gens sous sa coupe.

Débarrassée de Frère Massoud, je peux donc me mettre en route pour Chak à la mi-avril. C'est toujours une sensation de bonheur de revenir dans cet endroit où je suis utile à tous, où les hommes me confient leurs femmes pour que je les examine. Comme les années précédentes, l'équipe se rode très vite. Comme prévu, je ne tarde pas à recevoir des nouvelles de notre coordinateur qui me demande d'envoyer un véhicule de location à Kaboul pour venir chercher des perfusions et de l'oxygène. Nous décidons de confier cette mission à Redi Gul, notre assistant du laboratoire de radiologie, car il connaît la capitale comme sa poche. Mais, craignant pour sa vie, il refuse et nous raconte qu'il a appris qu'une petite fille avait été tuée hier par un éclat d'obus dans un bus. Nous parvenons toutefois à le persuader d'accepter ce travail. Ayant perdu le pick-up de l'hôpital dans la jungle des intrigues et n'ayant pu dénicher une autre voiture, nous le déposons sur la route où passe un bus. Cette affaire ne me plaît pas.

De retour le lendemain, Redi Gul m'apostrophe : « Je l'avais pressenti. Il fallait bien que quelque chose se produise. »

Je lui demande, inquiète : « J'espère qu'il ne t'est rien arrivé ?

— Nous avons dû faire demi-tour avant Maidan et

prendre la déviation par Logar. Une voiture de location avait été prise sous les tirs, elle était complètement carbonisée. Il n'y avait que des civils à l'intérieur, ils sont tous morts. »

Tous se taisent. Redi Gul déballe le matériel. Il n'y a que des perfusions, l'oxygène manque.

« Comment est-ce à Kaboul ?

— La ville est entièrement détruite. Les chars sont partout. Des poupées en chiffons de taille humaine sont pendues aux arbres, une corde autour du cou. Certaines ressemblent à Nadjibullah, d'autres aux soldats de Dieu. Les gamins et les jeunes y mettent le feu avec force cris et hurlements. Ils se bousculent ensuite pour piétiner les cendres. C'est terrifiant. »

Comme la plupart des gens de la région, Redi Gul a une profonde horreur de la violence.

« Et notre psychopathe ?

— Il est encore plus dangereux que les incendiaires. Quand on parle avec lui, on a l'impression que ses oreilles deviennent des antennes, ses yeux sont durs comme l'acier, même les verres de ses lunettes deviennent des meurtrières. Puis, en un instant, il se fait mielleux et amical. Il a même cherché à me faire croire que l'oxygène arriverait plus tard. Je le connais, cet oxygène n'arrivera jamais.

— Cet homme est sans scrupules, renchérit Fazil Elahi en imitant le "frère foldingue" et sa façon de se gratter la barbe.

— Autre chose m'a frappé, dit Redi Gul d'un air songeur. A Kaboul, j'ai vu de nombreuses affiches sur lesquelles il était écrit que ceux qui œuvrent dans la capitale sont de mauvais musulmans. »

Les soldats de Dieu arrivent

Il est encore très difficile de saisir la complexité des alliances politiques. Des accords sont conclus puis rompus dans l'heure qui suit. On change de camp, on se bat sur divers fronts. Tandis qu'Ahmed Chah Massoud contrôle la capitale, Ismail Khan occupe trois provinces autour de Herat. Notre petite région qui s'étend au sud-est de Kaboul est entre les mains de Hekmatyar et de son Hezb-e islami. Des chefs de milices, anciens moudjahidin ou bandits, se partagent tout le sud de l'Afghanistan. Quant à la région de Kandahar, c'est le fief du Mollah Omar. Au cours des années précédentes, j'ai observé la façon dont cet enseignant coranique à la barbe noire a attiré à lui les élèves des madrasas et les Pachtoun déçus par les moudjahidin. Ce sont pour la plupart des adolescents, des enfants de réfugiés. Beaucoup sont nés dans ces camps du Pakistan où ils ont suivi l'enseignement de mollahs afghans ou d'extrémistes pakistanais. Le groupe qui se constitue autour du Mollah Omar se nomme *Taliban*, ou « étudiants du Livre ». La religion détermine autant le sens de leur existence que tous les aspects du quotidien. Jusqu'à présent, la vie n'a guère été clémente pour ces taliban, souvent orphelins ou ayant perdu un parent lors de ces interminables guerres. Ils ont grandi sans liens familiaux, et parfois sans présence féminine. Certains de ces jeunes ignorent leurs origines, l'appartenance à un clan ou à une tribu. Déracinés, ils ne sauraient se souvenir avec nostalgie d'une quelconque vallée de leur enfance. Ils n'ont ni passé ni avenir. Seul le présent compte, c'est-à-dire la pacification au nom d'Allah.

En octobre 1994, alors que j'étais encore à Chak, nous avons entendu parler des violents combats qui se déroulaient à Kandahar. Les taliban commandés par Omar le borgne s'en prenaient à l'anarchie ambiante et aux commandants locaux. Vainqueurs, ils ont pris le contrôle de la ville d'où a commencé leur inexorable avancée. En mars 1995, ils avaient conquis les provinces de Ghazni, Paktya, Logar et Vardak, mais piétinaient devant Kaboul. En Allemagne, le mouvement taliban inquiétait mes amis. Toutefois, j'étais convaincue que nous n'avions rien à craindre des étudiants en religion à Chak car les habitants de cette province ont une conception extrêmement stricte, voire même puritaine de l'islam. Je les ai rassurés en leur expliquant que la population n'avait pas besoin d'adapter ni ses pratiques religieuses ni son mode de vie aux désirs des nouveaux maîtres. Les femmes de la région se sont toujours cachées sous leur burqa lors de leurs déplacements à l'extérieur. Quant à moi, je me considère comme ayant passé l'âge d'être inquiétée et pense être protégée par ma notoriété.

Dès mon arrivée à Peshawar, au début avril, j'interroge l'ingénieur Mahmoud et Fazil Elahi pour savoir quelles sont les intentions des taliban à mon égard. L'ingénieur Mahmoud me dit qu'il a rencontré le gouverneur talib de Chak et qu'il l'a informé de la présence d'une femme à l'hôpital.

Mais ce n'est qu'après mon arrivée à Chak que je comprends l'étendue des changements survenus.

On me rapporte des histoires révoltantes, on raconte qu'ils abusent des jeunes, filles et garçons, et commettent des excès de toutes sortes, qu'ils dévalisent les commerçants des bazars. Les plus vils instincts humains nichent dans les circonvolutions des turbans considérés comme symboles de pureté. La shura, l'assemblée des sages, n'existe plus, elle a été remplacée par un maolaoui, un gouverneur talib. Les commandants ont dû remettre leurs armes et leurs munitions avant d'être renvoyés dans leurs villages d'origine où ils travaillent désormais comme paysans ou jardiniers. Leurs jeeps et pick-up ont été confisqués par les taliban. Plusieurs commandants ont fui vers Kaboul, d'autres à Peshawar. Un commandant du Hezb-e islami, respecté de toute la population, a été arrêté par les taliban et condamné à couper du bois et à accomplir d'humiliantes corvées, comme porter l'eau et faire la vaisselle. Ayant réussi à s'enfuir, il a été acclamé par tous les villageois.

Un soir, pendant le dîner, Fazil Elahi nous livre l'information suivante : « Le gouverneur taliban local déteste les Vardaki.

— Pourquoi ? lui demandons-nous en chœur.

— Un de ses frères a été assassiné par le Hezb. Alors il se venge.

— Est-ce donc le genre de justice à laquelle il faut s'attendre dans l'avenir ? demande l'ingénieur Mahmoud en buvant son thé d'un air songeur.

— Il suffit de se souvenir de l'affaire des jeeps, fait remarquer Redi Gul. La plupart des commandants avaient acheté leur véhicule — certes sans papiers, mais ils les avaient payés. Aucun d'entre eux n'a volé sa voiture. Mais d'où les tenaient-ils ? Des moudjahidin. Or, ces mêmes moudjahidin ont confisqué quantité de pick-ups quand ils sont arrivés au pouvoir. Alors, je me demande pourquoi on ne sanctionne pas les premiers à avoir volé ?

— Je pense qu'il est juste que certains commandants soient punis, interrompt le Dr Saadat. Ils ont laissé passer leur chance. Les seules choses qui les motivent encore sont le pouvoir et l'enrichissement personnel. Il y a trop de corruption. »

Il n'y a rien d'étonnant à ce que la population ait d'abord accueilli et acclamé les taliban comme des sauveurs. Tous espéraient une paix définitive et que revienne le calme, condition nécessaire à la reconstruction du pays. Les gens d'ici n'exigeaient pas davantage, et d'ailleurs, ne voyant aucune alternative politique, que pouvaient-ils demander d'autre ? Pourquoi des religieux, des hommes qui ont étudié le Coran, donc des hommes instruits, seraient-ils dans l'erreur ? Le désenchantement ne s'est pas fait attendre. Les jeunes sont contraints à prendre les armes malgré eux ; la conscription forcée menace partout alors qu'elle n'existait pas auparavant. Incapables d'exercer ce pouvoir tout neuf, beaucoup de taliban en abusent de façon éhontée. Ils taillent les barbes de musulmans convaincus à la longueur réglementaire, leur coupent les cheveux s'ils les jugent trop longs. Peut-on gagner des hommes ainsi humiliés à la cause taliban ? Alors que nous étions encore à Peshawar, le Dr Gulap s'est fait raccourcir sa barbe, particulièrement impressionnante. Quant aux taliban, j'en ai vu un grand nombre qui auraient bien besoin d'un coup de ciseaux.

Le Coran seul ne suffit pas pour gouverner. Les soldats de Dieu s'attirent des inimitiés en contraignant les chauffeurs de jeep et de pick-up à travailler pour eux et à faire des allées et venues au front pour transporter des blessés. Résultat : un énorme manque à gagner, les voitures s'usent et la population civile n'a plus de moyens de transport. De crainte de se voir réquisitionnés, beaucoup laissent leur voiture devant la porte et se déplacent à pied. Qui plus est, la population déjà misérable du district de Chak est contrainte de nourrir gratuitement les taliban, ce qui devient de plus en plus problématique. Le retour au Moyen Age commence.

Les taliban arrachent mes photos

A mon arrivée à l'hôpital, un nouveau maolaoui remplace déjà celui avec qui l'ingénieur Mahmoud avait évoqué ma présence. L'actuel gouverneur a la réputation d'avoir une conception très messianique de la religion. A peine ai-je dit souhaiter un rendez-vous avec lui, que tous commencent à s'affairer. On court consulter un autre maolaoui pour qu'il glisse quelques mots en ma faveur au gouverneur et lui explique l'importance de ma mission à l'hôpital. Voyant les moyens mis en œuvre, j'en déduis que je suis une présence gênante pour le nouveau maître de la place. D'ailleurs, celui-ci aurait fait une remarque désobligeante à mon égard à Zafer Chan, qui lui aurait répondu que j'étais meilleure que certains musulmans. Mais je suis une femme, comme le faisait si bien remarquer l'ingénieur Mahmoud, et par conséquent indésirable. De plus, considérant avoir toujours respecté les us et coutumes afghanes, j'ai déclaré ne plus être disposée à supporter d'autres brimades et menacé de partir si jamais je ne pouvais pas me déplacer dans Chak avec la même liberté qu'auparavant. C'était mon dernier mot. Les maolaoui présent se sont retirés, la mine déconfite et dans un pesant silence.

Quelques jours plus tard, Fazil Elahi arrive dans un pick-up d'où descendent trois vieux maolaoui venus de très loin. Ils s'assoient face à moi dans le foyer de l'hôpital. Jadis, cette salle était décorée d'agrandissements de photos que j'avais prises, dont un groupe d'hommes en prière en plein soleil. Les taliban les ont ôtées en me faisant remarquer qu'il est interdit de prier dans une pièce où des représentations humaines sont accrochées aux murs. Les trois maolaoui me font comprendre que le gouverneur ne souhaite pas venir au rendez-vous convenu. Je leur demande s'il ne pourrait pas se faire représenter. L'expression désolée que je lis sur leur visage en dit long. Ils semblent résignés et continuent de boire leur thé sans prononcer un mot. Le non-dit laisse un grand vide.

Les mufleries que nous avions connues du temps des moudjahidin se répètent. Les taliban armés de kalachnikovs se répandent dans tout l'hôpital pour rendre visite à l'un de leurs camarades. Ils s'agglutinent autour de son lit et ne cessent de donner des instructions concernant son traitement : « Pourquoi ne mettez-vous pas plus de compresses sur ses blessures ? Il faut lui faire une piqûre ! Pourquoi n'a-t-il pas plus de perfusions ? » Notre chirurgien, le Dr Saadat, perd patience et chasse les intrus en leur assenant une harangue capable de rivaliser avec des salves de mitraillette. Quant à moi, la présence constante de ces hommes en armes rôdant dans le périmètre de l'hôpital me révolte. Une affaire qu'il nous faudra encore régler.

Pour remédier à la situation, Fazil Elahi décide d'aller voir un de ses oncles qui est chez les taliban, dans l'espoir que ce religieux intercède auprès du gouverneur. Cette initiative se solde par un échec. « C'est un vieil imbécile extrêmement conservateur », explique-t-il à son retour.

Je lui demande : « Et que penses-tu du gouverneur taliban ? »

La réponse est claire : « Il est jeune, stupide et imbu de sa personne. »

Le lendemain, Fazil Elahi accourt pour m'annoncer que le gouverneur désire me parler, qu'il m'attend le vendredi, mais entièrement voilée. Je refuse, décidée à ne jamais enfiler de burqa, un entêtement qui risque de nous mettre en grandes difficultés, mes collègues et moi.

Les choses se gâtent. Fazil Hadi, le suppléant de l'ingénieur Mahmoud, est convoqué chez le gouverneur pour fournir des explications sur mon attitude. A son retour, il me rapporte d'une voix tremblante : « Je n'ai jamais entendu autant d'horreurs de toute ma vie, pas même pendant les trois ans passés en prison à Kaboul parce que j'étais moudjahid. »

Je lui demande, inquiète : « Qu'a dit exactement le gouverneur ? »

Voulant sans doute m'épargner les détails, Fazil Hadi dévie la conversation : « Le gouverneur est furieux contre Fazil Elahi, il m'a demandé de quel droit il portait un shalwar khamiz blanc. Il lui reproche de s'être montré irrespectueux lors de son dernier entretien. Le gouverneur a ensuite ajouté que le blanc était la couleur réservée aux notables et qu'il risquait la bastonnade s'il continuait d'en porter. » Connaissant la fierté et l'obstination de Fazil Elahi, les menaces d'une telle punition me terrifient.

Les taliban appliquent la charia à la lettre, sans tenir compte de sa complexité et des changements survenus au cours des siècles. Les fondamentalistes réduisent cette charia à quelques sanctions aussi odieuses que draconiennes. Or, voilà qu'il se produit une chose jamais vue ici : le personnel de l'hôpital reçoit l'ordre de se rendre au bazar de Chak pour assister à une exécution capitale. On va assassiner un homme qui en a tué un autre. Une mise à mort en public. Je refuse de venir à un tel spectacle. Face au personnel, je justifie ma décision en citant un passage de la Bible : « Que celui qui n'a jamais péché, lance la première pierre. » C'est sûr, je ne marquerai pas de points auprès du gouverneur avec une telle conduite. D'ailleurs, sa réaction ne s'est pas fait attendre. De rage, il se serait écrié qu'il était insensé de pouvoir contrôler toute une province, mais de n'avoir aucune emprise sur un hôpital ! Cet hôpital, il ne le contrôlera pas parce que, dès le début, j'ai expliqué clairement que je ne tolérerais aucune ingérence politique et que le seul parti ayant droit de cité dans notre hôpital était celui de la médecine.

Les brimades continuent : maintenant, c'est au tour de l'ingénieur Mahmoud et du Dr Gulap de devoir se présenter au gouverneur pour expliquer les raisons de mon absence. Ils s'en tirent en invoquant que je n'ai pas été informée à temps et que je ne pouvais laisser les patients sans soins. Tout l'hôpital sera sanctionné pour ma conduite, et le personnel condamné à participer à une prière collective.

Les positions se sont à tel point durcies qu'aucun des deux camps ne peut revenir en arrière sans perdre la face. Le gouverneur persiste à juger intolérable de voir le corps d'une femme (pauvre homme !) ; quant à moi, je reste ferme sur mon refus de me voiler. Entre-temps, les taliban occupent le réfectoire du nouveau bâtiment où ils ont établi leur campement. Il nous faut donc intervenir auprès de ce même gouverneur pour qu'ils évacuent les lieux. Nous y parvenons grâce au plaidoyer de l'ingénieur Mahmoud qui avait déjà réussi à éviter précédemment que l'hôpital ait à nourrir tous les taliban. A l'époque, il avait invoqué que les repas des patients et de leur famille n'étaient pas compris dans le budget et que nous devions apporter notre contribution personnelle. Cet argument avait convaincu. Dans le cas présent, il a évoqué l'éventuelle visite d'une délégation allemande qui ne manquerait pas d'être surprise de voir les taliban dans le réfectoire. Il a expliqué que les subventions dont bénéficie l'hôpital pourraient disparaître.

La femme du Prophète portait aussi le voile

Tandis que nous nettoyons le réfectoire après le départ des taliban, une idée me vient à l'esprit : si je m'assieds dans un coin de cette pièce spacieuse et compartimentée par des piliers en pierre, le gouverneur n'aura pas à endurer le spectacle d'un visage féminin sans voile. Les répétitions commencent aussitôt. La mise en scène n'est guère probante. L'ingénieur Mahmoud conseille d'installer un paravent.

Incapable d'une pensée sereine, je refuse catégoriquement. Blessée dans mon orgueil, j'ai envie de tout laisser tomber et de descendre à la rivière pour lui confier mon désarroi.

« Arrêtez ! s'écrie l'ingénieur Mahmoud en me barrant la porte, ce n'est pas ainsi que nous avancerons.

— Je ne suis pas stupide : burqa ou paravent, cela revient au même. Vous êtes en train de vous mettre à la botte du gouverneur. »

Piqués au vif, les deux hommes me martèlent : « Le gouverneur tient exactement le même langage. Il dit que nous rampons devant une étrangère. Nous ne pouvons pas nous laisser insulter de la sorte ! D'ailleurs, pour qui faisons-nous tout cela ? Pour qui supportons-nous tant d'injures ? Pour vous, Karla ! »

Je me rends compte qu'ils ont raison et qu'ils ne m'ont sans doute pas raconté tout ce qu'ils avaient dû entendre. Je ne vais tout de même pas mettre notre cause en péril et laisser tomber ces hommes pour un gouverneur.

Je sors pour essuyer mes larmes et nous faisons un autre essai. Jamais je n'aurais pensé qu'être de sexe féminin aurait pu provoquer de telles situations. A mon retour, Fazil Elahi me chuchote que j'ai encore grandi dans l'estime des collègues.

La visite du gouverneur taliban vire au grotesque. Le gouverneur et sa suite s'assoient en premier. J'arrive ensuite avec mon escorte et prends place de l'autre côté de la pièce. Le paravent, rendu plus opaque par des patu, est posé de façon à ce que le gouverneur n'ait pas à me voir — et réciproquement. Comme nous les recevons chez nous, plusieurs employés de l'hôpital doivent s'asseoir aux côtés du gouverneur. L'ingénieur Mahmoud fait fonction d'interprète et s'installe de façon à avoir les deux parties dans son champ de vision. Avant que nous ne pénétrions dans la salle, il me glisse : « Nous sommes avec vous, Karla. »

L'entrevue commence par une prière, l'ingénieur Mahmoud fait ensuite les présentations et me donne la parole. Je commence par exposer nos projets pour l'hôpital, mais je remarque que je manque de concentration, que je débite des informations sur un ton indifférent comme si parler n'était qu'une corvée. Je regrette cette chaleur que j'avais ressentie l'année dernière lors de notre Journée portes ouvertes. La rencontre d'aujourd'hui est oppressante. Nous sommes prisonniers d'un règlement qui ne permet ni liberté d'expression ni compréhension mutuelle. L'ingénieur Mahmoud traduit mes explications techniques d'une voix neutre. Le gouverneur prend ensuite la parole. Sur un ton singulièrement monotone, il rappelle d'abord que la vénérée femme du prophète Mahomet occupait la place qui lui revenait, mais voilée. Et que du temps de Mahomet déjà, la médecine jouissait d'une si grande considération qu'il avait promis de lui fournir l'aide nécessaire. Son discours ressemble à une justification teintée de sonorités pleurnichardes.

La pitoyable entrée en scène de cet homme d'à peine trente ans n'est guère convaincante. Il n'est pas à la hauteur de sa fonction. Il semble sous l'emprise d'une sorte de démence religieuse. Sans doute ne voit-il pas d'autre issue que d'endosser le rôle d'un dictateur. Sans doute n'a-t-il guère eu la chance, dans sa jeune vie, de s'interroger sur d'autres formes d'exercice du pouvoir. Néanmoins, ses interminables considérations religieuses m'agacent. Fazil Elahi me glisse à l'oreille que rien ne sert de s'emporter parce que le gouverneur sera muté dans quelques jours.

Je prends mon repas à l'écart, derrière le paravent. Ne pouvant observer l'assemblée des hommes qui mangent derrière le mur, j'ignore l'état d'âme qu'expriment leurs visages. Après le repas, je quitte la pièce sans lever les yeux.

« Dans ma seconde vie, je veux être réincarné en femme »

Un jour, lors de ma tournée matinale, je tombe sur Rachid, un parent de Fazil Elahi, en traversant les chambres des hommes, mon appareil photo à la main. Rachid manifeste sa joie de me voir et l'homme qui l'accompagne me lance un regard bienveillant. Dans leur chambre se trouve un blessé. Il a une balle logée dans la joue. Je demande à Rachid si je peux le photographier avec les siens, il acquiesce aussitôt. L'infirmier de service m'avertit que l'autre patient est un taliban et qu'il serait préférable de ne pas le prendre en photo. Je veille à ne pas l'avoir dans le champ de l'objectif, quand, à ma grande surprise, le taliban me demande de le photographier aussi, en sous-entendant qu'il ne faut pas tout prendre à la lettre.

Peu après, le Dr Saadat m'appelle. Un taliban blessé doit être immédiatement transporté à l'hôpital de Logar avec notre tout nouveau pick-up. Ne comprenant pas pourquoi le Dr Saadat n'opère pas cet homme, je lui demande : « Que se passe-t-il ?

— C'est comme d'habitude, me répond-il, il n'y a rien de spécial, ils veulent seulement transférer le taliban aux urgences chirurgicales parce qu'il est blessé à la tête. Deux des hommes qui l'accompagnent ont tenté d'entrer de force dans la voiture.

— Le Dr Saadat en a mis un dehors parce qu'une seule personne a le droit d'accompagner le blessé, poursuit Redi Gul. Là-dessus, il a couru chez le gouverneur pour se plaindre. Le gouverneur a fait venir Karim, notre chauffeur, et lui a donné l'ordre de transporter immédiatement le patient à Logar. »

Ma réaction à cet incident est claire. Je demande au Dr Saadat et à l'ingénieur Mahmoud de se rendre chez le gouverneur et de lui signifier que nous n'avons nullement l'intention d'aller à Logar maintenant, mais que nous le transporterons demain s'il peut passer la nuit dans notre hôpital. Le gouverneur ne veut rien entendre, il réitère ses instructions au Dr Saadat : « Puisque l'hôpital de Chak ne veut pas porter assistance à un talib, il faut tout de suite l'hospitaliser ailleurs. »

A son retour, le Dr Saadat laisse exploser sa colère : « J'en ai assez de ce gouverneur qui promet la lune, mais qui ne fait rien quand on a besoin de lui ; il n'y a que lui qui compte. » Je demande alors à chacun de rassembler ses affaires pour que nous partions pour Logar dans l'après-midi même.

Nous embarquons le taliban et ses deux accompagnateurs. Ces quatre heures de route sur des pistes semées d'ornières sont un véritable supplice pour cet homme blessé à la tête, qui souffre d'un traumatisme crânien. Il aurait mieux valu pour lui qu'il reste au calme à Chak. Arrivés à l'hôpital de Logar, l'équipe présente ne peut lui proposer aucun autre traitement adéquat. Toutes ces péripéties sont visiblement fâcheuses pour le patient et ses compagnons ; ils semblent désolés pour nous.

De retour à Chak, nous apprenons que le gouverneur a été remplacé ; je suis donc dans l'impossibilité de faire part à ce jeune blanc-bec taliban du désastre qu'il a provoqué.

Toutefois, le nouveau gouverneur est d'une autre trempe. Il me salue d'une poignée de main et laisse entendre qu'il me recevra à tout moment.

Dans le feu de l'action, je me suis fait une entorse. Etant une malade irascible, je me suis réfugiée derrière le mur de ma chambre parce que je ne supporte pas le regard des hommes qui observent mes claudications maladroites. Je m'allonge sur une natte étendue sous un mûrier séculaire et écoute les oiseaux. La chance incarnée dans un hanneton attire mon regard, les herbes et les brins de menthe se balancent au vent chaud en diffusant leur parfum épicé.

Comme le veut la coutume, diverses délégations viennent s'enquérir de ma santé. Les enfants des écoles m'apportent des fruits et des concombres à profusion. Zafer Chan me fabrique une chaussure en plâtre qu'il moule autour de mes orteils. Il m'offre aussi des roses qu'il a coupées dans les buissons qui entourent l'hôpital. Redi Gul arrive du poste taliban en me racontant qu'ils auraient demandé comment j'allais. Question sincère ou mensonge de politesse ? Peu importe. Mais il semble en tout cas que les relations entre les taliban et moi se normalisent, si c'est toutefois possible dans la société afghane.

J'avais l'intention de me rendre à Maidan pour rencontrer le grand maolaoui après mon retour de Logar et lui donner à voir une scène digne des plus féroces Walkyries, pour lui extorquer la promesse que « notre » hôpital et « notre » pick-up ne seraient jamais tributaires de l'arbitraire des taliban. Pourtant, je sais bien qu'il ne faut pas trop attendre ici, et encore moins quand on fait partie des créatures qui ne sauraient circuler que dissimulées sous une burqa.

« Dans ma seconde vie, je veux être réincarné en femme », me glisse Redi Gul, comme pour m'extraire de mes pensées. Comment peut-on faire un vœu aussi absurde ? Je lui demande, étonnée : « Tu en es sûr ?

— Sûr et certain, parce qu'on ne risquerait pas de me voler ma voiture.

— Qu'est-ce que tu veux dire par là ?

— Nous avions une jeep, mon frère et moi. Et mon frère a filé avec un taliban en prenant notre voiture.

— Et en quoi cela concerne-t-il les femmes ?

— Elles n'ont pas le droit de conduire. Elles se font trimballer par les hommes. Elles n'ont pas à s'inquiéter de l'argent dont elles ont besoin, ce ne sont pas elles qui sont responsables de toute une famille. »

Avec un soupir venu du plus profond du cœur, il se lève en se drapant dans son patu et regagne son laboratoire de radiologie.

La lutte continue

Les soldats de Dieu campent toujours dans notre réfectoire bien qu'ils aient installé un centre taliban dans l'ancien poste jamiat, juste au-dessus de l'hôpital, d'où ils contrôlent la route. Leur impressionnant arsenal lance des reflets maléfiques sous le soleil. Il suffirait d'une explosion, d'une seule bombe bien ajustée par l'ennemi pour tout réduire en cendres, y compris l'hôpital. Mais avant que je n'intervienne et ne leur demande d'installer leur dépôt d'armes dans une zone inhabitée, les taliban le déplacent en direction du front.

En signe de ralliement, les taliban et leurs sympathisants portent un turban qu'ils arborent à la manière d'une couronne. Les pakol, les traditionnels bonnets de laine, ont pratiquement disparu du paysage. Les agressifs chapelets de cartouches qu'ils portent en bandoulière pointent parfois vers un visage d'enfant qui les regarde d'un air intimidé. Il ne faut pas les sous-estimer, les taliban. Beaucoup éprouvent du plaisir à cette guerre qui est la seule occupation que leur vie de déracinés puisse leur offrir. J'observe la façon dont ils sont poussés dans les jeeps comme du bétail pour partir une fois encore en direction de Kaboul ou de Maidan. Malgré un siège de plusieurs mois, les taliban n'ont pas encore réussi à investir la capitale. Les pertes augmentent parmi les soldats de Dieu et le mécontentement se répand dans leurs rangs. La rumeur circule que ces pacificateurs seraient faibles et qu'ils se seraient surestimés. A Kaboul, le commandant Massoud, chef de l'alliance antitaliban, tire parti des dissensions qui opposent les factions fondamentalistes et lance une attaque éclair sur Maidan. Or, contrairement aux prévisions, les taliban tiennent leurs positions et les soldats de Massoud sont contraints de se réfugier dans une mosquée où ils se déguisent en s'affublant du turban blanc des taliban. Le stratagème échoue parce qu'ils parlent farsi tandis que la langue courante des taliban est surtout le pachtou. Une centaine de soldats de Massoud sont faits prisonniers.

En ces temps de guerre, l'angoisse ne nous quitte pas à Chak. Tous se raidissent en entendant les incessantes détonations. D'un regard anxieux, nous observons chaque véhicule qui arrive, craignant qu'on ne nous apporte des morts. C'est d'ailleurs dans des circonstances semblables que Fazil Elahi a reconnu le corps d'un de ses cousins, tué lors de l'explosion du char qu'il conduisait. Quatre bombes ont été lancées à proximité de l'hôpital ; elles visaient un véhicule taliban qui se dirigeait vers Chak en battant le pavillon blanc de la foi. Malgré l'atmosphère oppressante, le Dr Gulap marmonne un ordre dans sa barbe : « Fazil Rahman, je t'ordonne de désarmer tous ceux qui combattent et de leur donner une bonne paire de gifles ! » Idée saugrenue ou humour noir ? Fazil Rahman, chargé de l'éducation sanitaire, et toutes les personnes rassemblées ne peuvent s'empêcher d'en rire.

Pourtant, les taliban sont obligés d'admettre qu'ils ont commis des erreurs lors de leurs premières avancées victorieuses. Seuls et peu aguerris, ils ne peuvent pas venir à bout des troupes disciplinées de Massoud. Ils lancent alors des campagnes de propagande relayées par les maolaoui et appellent les commandants locaux à l'aide. Mais ceux-ci se montrent réticents. Ils ont été trop mal traités pour accepter de se soumettre.

11

De service dans un hôpital arabe

La coopération fonctionne parfaitement avec toutes les institutions médicales de la région, sauf avec Tangi Seidan, un hôpital arabe qui se trouve à deux heures de route de Chak. Après maintes tentatives pour le visiter, sans jamais obtenir d'autorisation, je crains que cet immobilisme soit dû au fait que les Arabes n'aiment guère avoir affaire aux femmes. Toutefois, il me semble que le moment est désormais venu d'essayer de nouveau car notre laboratoire a épuisé ses stocks de produits servant à déterminer les groupes sanguins. Comme un réapprovisionnement par Peshawar nous contraindrait à attendre trop longtemps, il nous faut coûte que coûte tenter d'acquérir cette substance ailleurs, et peut-être à Tangi Seidan.

Attendant en vain l'autorisation de Tangi Seidan, je décide d'un commun accord avec le Dr Saadat que nous nous y rendrons au début de l'été. Par une radieuse matinée ensoleillée, nous longeons la rivière et traversons d'idylliques villages dans une région d'une rare beauté. L'hôpital de Tangi nous prépare une petite surprise. Tout comme celui de Ghazni, c'est un hôpital construit pendant la guerre contre les Soviétiques. Il a été littéralement creusé dans la montagne pour être mieux camouflé et n'est accessible que par une passerelle qui enjambe un torrent. Les visiteurs ont pris l'habitude d'attacher leur âne à une des piles de ce pont rudimentaire. Pas même un hélicoptère ne peut l'atteindre. Certes, on a maintes fois tenté de le viser, mais en vain. A notre arrivée, le Dr Saadat me précède pour essayer d'obtenir les renseignements que nous souhaitons récolter. Il revient avec un large sourire : non seulement on lui a promis cette fameuse substance, mais aussi une visite de l'hôpital.

Celui-ci est propre et bien équipé. Ses minuscules fenêtres diffusent une faible lumière dans les salles. Le directeur est originaire de Marrakech. C'est un homme intelligent et avenant. Après avoir fait connaissance, il m'explique que le seul islam valable à ses yeux est une religion qui ne s'attache pas à des règles obscurantistes, mais fait preuve de tolérance et d'ouverture. Une attitude qui m'est sympathique puisqu'elle va à l'encontre des lois édictées par ces taliban qui interdisent l'école aux petites filles et séquestrent les femmes à la maison. De même, l'application systématique et sans compromis de certains principes dans le domaine médical le préoccupe. Il déclare qu'il est, certes, important d'avoir un code de conduite, mais que l'utilisation de ces règles cesse si elles mettent une vie en danger. Il raconte qu'une jeune femme enceinte de son premier bébé était arrivée en urgence à l'hôpital quelques jours auparavant et qu'il aurait fallu qu'elle soit soignée par un médecin expérimenté. Or, il était interdit aux médecins de toucher à la jeune parturiente et la gynécologue ne pouvait pas intervenir parce qu'elle était elle-même en train d'accoucher. L'enfant avait été mis au monde par une sage-femme, mais la mère était morte d'une hémorragie pendant l'accouchement. « Quiconque interprète les lois de l'islam avec une telle rigueur, dit-il pour conclure, oublie l'être humain. »

Sur la route du retour de Tangi Seidan à Chak, nous faisons une intéressante rencontre. Nous croisons un maolaoui et ses deux élèves. Ils vont vers un but incertain dans la poussière et la lumière que fait vibrer le soleil torride. L'état de leurs bâtons laisse supposer qu'ils marchent depuis longtemps déjà. Karim, notre chauffeur, arrête la voiture, il semble connaître le religieux. Le Dr Saadat me demande de descendre. Le vénérable marcheur me tend alors une main décharnée, il me regarde avec des yeux d'une jeunesse presque innocente et me dit : « Il faut appliquer des règles particulières à votre égard, madame. Vous pourrez aller librement partout où vous voulez, vous serez toujours la bienvenue. »

Même si Karim avait sans doute renseigné le vieil homme à mon sujet, je lui témoigne ma reconnaissance pour les instructions qu'il donnera en ma faveur. Un manteau sombre et rapiécé est négligemment jeté sur ses épaules, il contraste avec le blanc immaculé de son turban et la barbe argentée qui encadre ce visage d'où émane une grande humanité. Longtemps, je garderai le souvenir de cette émouvante rencontre.

Caravane pour Kandahar

Je dois partir pour Kandahar : une ONG allemande s'apprête à y construire un atelier de prothèses orthopédiques qui collaborera avec Chak. Kandahar ! Ce nom possède une musique qui évoque les caravanes et les chameaux, les tapis d'Orient et de somptueuses tartes aux fruits. Située à la croisée des anciennes routes des épices et de la soie, c'est la deuxième ville d'Afghanistan. Outre ses célèbres bazars, elle recèle en ses murs le reliquaire qui contient le manteau du prophète Mahomet. Mais en cette période tourmentée, je me demande à quoi ressemble aujourd'hui cette ville jadis si prospère. Avant la guerre contre les Soviétiques, cette région possédait d'immenses vergers donnant chaque année d'abondantes récoltes grâce à un système d'irrigation très sophistiqué. Les premiers chars de l'Armée rouge ont investi Kandahar en 1979. Puis les Soviétiques ont miné les champs, plus tard les moudjahidin ont fait de même et la population rurale s'est enfuie au Pakistan, laissant les plantations à l'abandon. Maintenant, c'est le mollah borgne, le Mollah Omar, chef des taliban, qui a conquis Kandahar. Il en a fait son principal point d'appui, d'où il lance ses opérations et ses adolescents, ces soldats de Dieu, à l'assaut de Herat et de Kaboul. Kandahar est aussi le fief des chefs taliban qui édictent les lois qui régissent le pays.

Je veux éviter de prendre le moindre risque car je sais que les taliban ont expulsé les étrangères dès leur entrée dans la ville. Il me faut donc un laissez-passer pour Kandahar. Or, il se trouve qu'un cousin de Fazil Elahi compte parmi les chefs taliban de Maidan et que ce cousin entretient d'excellentes relations avec le maolaoui de la province de Vardak.

Par un matin d'été, Fazil Elahi, son frère Ahmad Chah et moi, nous nous mettons en route pour Maidan afin d'obtenir ce fameux laissez-passer par l'intermédiaire du cousin. Avant d'arriver dans la zone dangereuse, les deux frères descendent de voiture près d'un avant-poste taliban. Le cousin est absent. Nous décidons de l'attendre pour qu'il nous accompagne chez le grand maolaoui. Comme il est prévu que je reste au poste de secours de la Croix-Rouge internationale pendant la durée de la négociation, nous rebroussons chemin et les frères me déposent à l'endroit convenu. J'étends une couverture sous un pommier. L'odeur de l'herbe fraîchement coupée compte parmi ces petites choses qui font oublier la guerre pendant quelques instants. Mais l'arrivée de mes compagnons et du cousin me tire de mes rêveries et me ramène à la réalité. Le cousin est parvenu à se faufiler jusqu'au grand maolaoui, qui, très occupé, n'a eu que le temps de lui griffonner sa signature sur une feuille blanche. Un procédé très peu bureaucratique ! Nous voilà donc obligés de rédiger le texte. Le contenu est clair, ce billet m'accorde un laissez-passer pour Kandahar, la lointaine, à deux jours de voyage de Chak.

Le jour du grand départ, mon imagination me fait voyager dans l'univers des contes des Mille et Une Nuits. Je rassemble mes affaires, la tête pleine d'images féeriques. Notre pick-up est un chameau moderne. Karim, le chauffeur, le Dr Saadat, l'ingénieur Mahmoud et moi sommes des caravaniers. Pour me mettre dans l'ambiance de ces temps rêvés, je glisse une cassette de musique d'Asie centrale dans le lecteur. Le charme n'agit pas. La musique saute au rythme des cahots de la route. A vrai dire, notre chameau n'a pas la démarche altière et ne traverse pas l'étendue des fins sables chauds du désert, mais il roule et tangue sur la piste comme un navire pris dans la tempête. Dans cette caravane de camions et de bus, notre pick-up ressemble plutôt à un bébé chameau. On se salue en se croisant, on se connaît. On prend le temps de se demander d'où l'on vient et où l'on va.

Nous atteignons Macor, la première étape. Karim et l'ingénieur Mahmoud partent aussitôt à la recherche de quelques provisions de bouche. Ils reviennent un peu plus tard en faisant ce triste constat : « Pas le moindre kebab ! » La localité la plus proche est à deux heures de route. « Eh ! bien ! allons-y ! » dis-je. Ma proposition les déconcerte. Ils s'apprêtent à repartir quand je les retiens : « Ce n'est pas ce que je voulais dire. Je ne tiens pas absolument à un kebab. On doit bien trouver quelque chose ici ! »

Nous pénétrons alors dans un caravansérail typiquement afghan. Hormis un petit groupe d'hommes vautrés sur le sol, les convives y sont peu nombreux car l'heure du déjeuner est passée et la plupart ont déjà repris la route. Faute de viande, on me sert une masse graisseuse que je laisse de côté. Sans doute veut-on être prévenant à mon égard, mais je préfère me rassasier en enroulant quelques menus morceaux dans une galette.

Entre-temps, le vent s'est levé et des colonnes de sable montent en tourbillonnant vers le ciel. L'état pitoyable de la route nous contraint à faire de grands détours ou à rouler sur le sable. Un sable sec et poussiéreux que les camions qui nous croisent soulèvent par nuées. Il nous ensevelit presque, pénétrant dans la voiture malgré les vitres fermées. Chaque fois qu'une de ces vagues ocre s'abat sur nous, nous avons l'impression que tout s'assombrit, que nous pénétrons dans un royaume imaginaire en quête des merveilles de l'Orient. Une caravane de chameaux chargés d'inestimables trésors passe peut-être à côté de nous en cet instant sans que nous la voyions.

Nous atteignons Naurak en fin d'après-midi. Notre première pensée est de trouver un endroit où boire une tasse de thé pour adoucir nos gorges irritées par le sable. Les hommes descendent ensuite vers la rivière pour faire leurs ablutions rituelles. Je les envie mais, trop fatiguée pour chercher un endroit où je pourrais me baigner, je me contente de tirer quelques lingettes de mon sac pour me rafraîchir. Nous serons hébergés chez un jeune couple qui tient une pharmacie, des amis du Dr Saadat.

Pendant le dîner, le père de notre hôte nous dit qu'il est inquiet pour son second fils qui combat en première ligne avec les taliban. Il raconte qu'il est parti à sa recherche parce qu'il n'a plus de nouvelles depuis longtemps. Il est allé partout, on lui a montré beaucoup de morts, mais il n'était pas parmi eux.

Il nous reste encore six heures de route jusqu'à Kandahar. La région est de plus en plus belle. Des haies d'amandiers bordent la chaussée et dispensent une ombre bienfaisante. Sans cesse, nous rencontrons des nomades qui poussent des chameaux ou des ânes chargés de leurs maigres biens. On voit parfois même des poules ou des chevreaux dont les oreilles tombantes se balancent au rythme de leur pas. Même les nourrissons et les bambins sont ficelés à ces curieux attelages. Les adultes et les enfants plus âgés marchent à côté du convoi. Les jupes de couleurs vives des femmes ondulent à chacun de leurs pas. Elles ont des visages expressifs que nul voile ne vient masquer.

Les tentes rapiécées des nomades ressemblent à des champignons dispersés sur les terres ocre de ces zones semi-désertiques. Au bord de la route, des bandes d'enfants comblent les ornières à mains nues avec du sable dans l'espoir que les chauffeurs leur donneront quelques pièces en guise de salaire. Dans cet Afghanistan détruit par les guerres et sous la férule des taliban, les nomades semblent mener une vie libre et hors du temps. Leurs visages burinés par le soleil, le vent et la pluie expriment des horizons infinis qui me font rêver. J'aimerais les suivre, faire partie de leur caravane, laisser hommes et villes derrière moi, m'arrêter à des endroits inconnus. De nouveaux horizons s'ouvriraient.

Une nomade m'invite à pénétrer dans sa tente. De jeunes animaux blottis les uns contre les autres cherchent de l'ombre sous les pans ouverts fixés aux piquets. Comme les nuits sont très fraîches, hommes et bêtes dorment ensemble pour se réchauffer mutuellement. Un foyer est toujours prêt pour faire bouillir l'eau. Leurs quelques biens sont empilés dans un coin. L'ancêtre de la tribu, reconnaissable à son turban blanc, est assis dans l'obscurité. Sa mission est de protéger les femmes. La patronne, la femme à la natte blanche, surveille les plus jeunes. Chaque geste, chaque rituel est immuable et soude le clan. Les nomades tiennent à préserver leur univers.

Les champs de blé aux couleurs d'or nous annoncent le Sud et la province de Kandahar. Nous découvrons les premières prunes sur les étals des bazars qui bordent la route. Les abricots sont déjà mûrs. En passant, nous achetons quelques fruits, des tomates, des concombres et des morceaux de viande grillée. Puis nous déroulons des nattes dans un parc à l'ombre des grands pins pour y pique-niquer. Mais grande est notre déconvenue quand nous constatons que nous avons établi notre campement à proximité du QG du gouverneur taliban local.

Je ne peux m'empêcher de lancer sur un ton sarcastique : « Mais que font ces gens assis là et mangeant avec une femme sous les yeux des taliban ! »

Un rictus se dessine sur la bouche de mes compagnons et le Dr Saadat marmonne : « Quoi qu'il en soit, nous nous sommes déjà adaptés à la situation. »

Maintenant seulement je remarque le changement et lâche, étonnée : « Vous avez troqué votre pakol contre un turban !

Et qui plus est, vous portez vos lunettes. Voulez-vous ressembler à un lettré islamique ?

— L'ingénieur Mahmoud portera aussi le turban, déclare le Dr Saadat pour justifier la métamorphose.

— J'espère bien que vous mettrez le noir. »

Rien d'autre ne m'est venu à l'esprit. L'ingénieur Mahmoud acquiesce d'un hochement de tête. Je me souviens alors du jour où il avait voulu m'impressionner en arborant un turban vert qui lui donnait une curieuse allure.

Un sentiment d'amertume s'empare de moi. Eux, eux aussi cherchent à se montrer complaisants à l'égard des taliban. Ils se déguisent, renient le pakol, ce fier attribut des Pachtoun et des moudjahidin. Notre caravane se rapproche des portes de Kandahar. Le paysage se désertifie et devient sinistre. Les alentours de la ville ont été entièrement détruits par les combats et les tirs de roquettes.

Le fief taliban

Il ne reste presque plus trace de la prospérité d'antan dans le vieux quartier du bazar. Les mines laissées par les Soviétiques et les abus de pouvoir des commandants, qui ont gouverné la ville dans l'intervalle, en ont fait une cité fantomatique. Des bandits de grand chemin dévalisaient les caravanes, les réquisitions arbitraires et les pillages étaient à l'ordre du jour. Personne ne se sentait en sécurité. La population a alors pris les taliban pour des anges libérateurs.

Nous sommes luxueusement logés dans un petit hôpital allemand. Le pavillon du personnel est de style occidental et j'y occupe une belle chambre avec salle de bains. Un générateur fait marcher le chauffe-eau et je peux remplir la baignoire à loisir. Un bain ! J'ai peine à le croire. Je me laisse aller à ce divin plaisir en m'inventant des contes de fées.

Je vois apparaître une jeune châtelaine des temps anciens. Elle est belle, jeune, descend d'une noble lignée. Elle vient du lointain Occident et possède tous les attraits de l'étrangère. Son teint de lis et ses cheveux dorés contrastent avec les beautés brunes du pays. Comme elle est menue et que ses vêtements de petit garçon soulignent son charme exotique, elle envoûte tous les hommes. De près comme de loin, ils accourent pour lui rendre hommage et se prosternent devant elle à la manière orientale en lui offrant tous les fruits et toutes les fleurs de Kandahar. Allongée sur un lit de velours entre des coussins de brocart, elle reçoit les plus nobles et les plus beaux chefs et dignitaires du pays ; pourtant, celui qu'elle attend est un chevalier pillard.

« C'est donc ici que l'on va installer l'atelier de prothèses ! » me dis-je le lendemain matin en découvrant un hôpital aux murs épais situé dans un parc à la lisière de la ville. Il a l'air encore solide même si quelques corps de bâtiments sont noircis par les explosions de bombes et s'il manque des vitres à plusieurs fenêtres. J'en fais le tour en attendant l'ingénieur Mahmoud et le Dr Saadat qui, coiffés de leur turban, sont allés voir le responsable taliban pour obtenir l'autorisation de visiter cet hôpital.

Je rencontre alors une Anglaise qui a instauré une consultation pour femmes. Jessica me raconte qu'au début les taliban l'ont forcée à porter la burqa, mais que maintenant le voile leur suffit et qu'il lui est même permis en certaines occasions de prendre ses repas dans la même pièce que le responsable médical taliban. Nous sommes toutes deux heureuses de pouvoir montrer nos visages sans ce maudit voile. Les taliban ne seraient-ils pas aussi inflexibles qu'on le dit ?

Les hommes reviennent avec une bonne nouvelle : la visite peut commencer. Trente-cinq lits sont occupés dans une des ailes de l'hôpital prévue à l'origine pour deux cents patients. Sous maints aspects, il me rappelle l'hôpital de Khost aussitôt après la prise de la ville par les moudjahidin. Le matériel et le mobilier ont été jetés dans les coins et il y a du ménage à faire. Nous rencontrons un médecin qui aurait travaillé pour des services secrets de sinistre mémoire. J'ignore s'il est encore à leur solde, mais en tout cas on raconte qu'il aurait dénoncé plusieurs de ses collègues aux communistes. Le Dr Saadat me chuchote : « Il n'ose même pas nous regarder dans les yeux. » Un homme ayant un tel passé peut donc, lui aussi, travailler dans le fief des taliban sans être inquiété ! La porte d'accès à la pièce des médecins taliban est gardée par deux soldats de Dieu tout de blanc vêtus et armés jusqu'aux dents. L'ingénieur Mahmoud tente d'obtenir une audience pour moi et revient en me disant d'un ton perplexe : « Vous verrez vous-même ce qui se passe ici. » On nous conduit dans une pièce minuscule où un maolaoui est assis seul derrière un petit bureau ; il tient un antique téléphone à la main. Indignés de notre présence, les médecins ont quitté la pièce. Le maolaoui reste à une distance respectueuse et fait un signe de tête aux médecins en guise de salut. Nous sortons aussitôt.

Il est facile de s'orienter dans le centre de Kandahar. Les rues sont animées. Les rickshaws foncent en tous sens comme des hannetons ventrus entre les voitures à chevaux aux ornements multicolores. Dans un petit parc, où semblent régner une paix éternelle et une curieuse harmonie, j'aperçois les coupoles du monument qui recèle les reliquaires sacrés. Des groupes d'hommes en manteaux blancs sont assis à l'ombre des arbres séculaires. Cette scène rappelle l'atmosphère des vers de Maulana Jalaluddin Rumi, le plus célèbre des poètes afghans. Mais revenons aux rues principales et à leur agitation. Le siège du gouvernement se trouve en face du sanctuaire. Hormis les turbans, on voit quelques calottes multicolores à la mode de Kandahar, brodées de sequins qui miroitent au soleil. Les pakol des moudjahidin ont complètement disparu du paysage.

Dans un bazar étrangement vide, le Dr Saadat retrouve un ami qui est conducteur de bus. Nous l'engageons comme guide afin qu'il nous fasse visiter d'autres lieux que les sanctuaires, puis nous faisons quelques courses pour l'excursion que nous prévoyons le lendemain.

Nous partons ! Au début, le paysage brunâtre semble brûlé par la sécheresse, des buissons calcinés bordent la route. Soudain, une vaste plaine célèbre pour ses vergers de grenadiers s'étend devant nous. Au loin, nous apercevons un banal sanctuaire bâti sur un terre-plein. Un paysage de désolation, des champs de ruines à perte de vue. Karim nous raconte qu'il a participé à ces destructions. Du temps des moudjahidin, il était chauffeur d'une des factions et transportait des armes dans cette région.

De retour en ville, nous voulons visiter un autre bazar. Le chauffeur suggère que mieux vaudrait que je reste à les attendre à la gare routière. Je proteste énergiquement. Je n'ai pas envie d'être ainsi laissée pour compte et de passer des heures à contempler les murs. Assurément, ces hommes sont las d'avoir une femme aussi impatiente que moi dans les jambes. Ils ont été élevés dans l'idée qu'il est préférable de savoir les femmes en sécurité chez elles. Pour ma part, je me suis toujours opposée à ce que l'on me fasse disparaître dans ces pièces obscures aux fenêtres minuscules que l'on réserve habituellement à mon sexe. Je réussis à m'imposer et à les suivre dans les rues affairées de Kandahar. Cet autre bazar est étonnant de propreté, presque trop. Un peu de crasse orientale l'aurait rendu plus intéressant. Le lendemain, nous faisons nos adieux à cette ville qui ne possède plus rien des charmes de l'Orient.

La situation s'aggrave

De nouveau, les combats font rage. C'est la fin de l'été 1995 et les taliban ont lancé leur ultime attaque sur Kaboul pour renverser le gouvernement du président Rabbani et du commandant Massoud. Ils gagnent du terrain pied à pied et Maidan se trouve déjà sur le front. Chaque fois que nous partons au ravitaillement à Kaboul pour acheter farine, riz ou lentilles, il nous faut chercher à traverser la ligne de front sans dommages. Et notre cœur se serre invariablement dès que nous passons devant un poste occupé par des hommes en armes. Du côté taliban, des êtres enturbannés, épuisés par le manque de sommeil, prêts à mourir pour leur cause, ont établi leurs positions derrière un piton rocheux. On aperçoit l'éclair d'un canon qui vise les lignes de l'ennemi. Ça explose juste derrière nous. Fazil Elahi tourne vivement la tête. Nous étions à cet endroit quelques secondes auparavant. Personne n'annonce où et quand une grenade va tomber. La *taspe*, le chapelet de prière, s'égrène nerveusement entre les doigts. La terreur s'insinue en nous au moment de traverser les positions de l'artillerie adverse. Les hommes, têtes nues, en uniformes et en bottes, laissent passer les civils. Les jours où les combats sont particulièrement violents, aucune voiture ne circule. Les routes vides signifient que le danger est grand.

Nous sommes arrivés à Kaboul sans encombre, toutefois l'accueil est loin d'être cordial. Le grondement des canons qui tonnent de toutes parts nous maintient éveillés. Cette fois-ci, je suis hébergée chez Martha, une religieuse protestante allemande. Les sacs de sable empilés dans les pièces sont censés nous protéger des éclats d'obus. Martha évalue parfaitement les tirs. Dès qu'ils « partent », elle sait s'ils représentent un danger pour nous. Je suis contente de pouvoir rentrer à Chak le lendemain. Comparée aux nuits de Kaboul, Chak est comme une étoile qui scintille en paix.

Quelques jours plus tard, nous devons retourner à Kaboul pour y faire réparer notre Land Cruiser Toyota. Nous changeons sans cesse de voiture parce que celles qui sont à notre disposition sont toujours de vieilles guimbardes. J'attends dans une roseraie qui se trouve à côté du garage que la voiture soit prête. Soudain, le rugissement d'un avion rompt le silence, suivi par la détonation d'une bombe tombée tout près de là. La déflagration fait voler les vitres en éclats. Je me fige, mes pensées s'arrêtent. Le mécanicien me crie que je ferais mieux de venir me mettre à l'abri dans le bureau du garage car le bombardement risque de durer.

Hans Lebuser, un membre de notre comité, souhaite visiter Chak. Faire venir des personnes du monde extérieur est de plus en plus difficile. Comme il est désormais impossible de passer par Kaboul où la bataille fait rage, il nous faut prévoir un autre itinéraire. J'écris à Hans Lebuser pour lui donner rendez-vous à Jalalabad en lui expliquant que nous emprunterons des routes secondaires jusqu'à Chak. Nous suivons fiévreusement les nouvelles, cherchons à nous renseigner afin de ne pas nous exposer au danger. Pour finir, nous décidons de passer par Heserak.

A l'heure convenue, le Dr Gulap, Karim et moi, nous montons dans notre Land Cruiser, sachant que le voyage sera incertain. Il est cinq heures du matin. Nous traversons d'abord des zones désertiques sur une route poussiéreuse, puis nous roulons dans la caillasse et croisons des nomades. Nous atteignons Dubande sans incident. La ville a été récemment prise par les taliban, puis nettoyée par le sinistre commandant Sarelat du Hezb. Il nous faut encore passer le col de Heserak. La piste devient de plus en plus dangereuse, elle n'est pas stabilisée et la pente est raide. Les virages se succèdent. Les camions sortis de la piste et tombés en contrebas me terrifient. L'un d'eux barre la route. Nous réussissons à contourner l'obstacle. Le petit Karim grandit à mes yeux. Assis sur son siège, il fait corps avec la voiture. Nous passons le col. Mais un autre problème nous inquiète : la jauge de diesel approche le niveau fatidique et nulle part à la ronde nous ne pouvons faire le plein. Toutefois, nous avons de la chance car les taliban utilisent cette route pour acheminer des renforts. On nous offre un jerrican de diesel à un poste taliban. A présent, nous roulons sur une route parallèle à celle qui va de Jalalabad à Sairobi, actuellement sous le feu. Un pick-up taliban nous arrête. Les taliban expliquent à Karim qu'il faut rouler à la vitesse maximum jusqu'à un endroit qu'ils nous décrivent parce que les hommes du camp adverse tirent avec des armes de précision sur toutes les voitures qui passent. Nous suivons son conseil, nous respirons profondément avant de nous lancer à l'aventure et parcourons bien une dizaine de kilomètres avant d'arriver en lieu sûr. La route est bordée de champs de cannabis qui dégagent une odeur douçâtre. C'est maintenant l'heure de la prière de l'après-midi. Je m'assieds dans l'herbe sur le bord de la route et suis du regard les camions qui passent chargés d'armes lourdes — des orgues de Staline. Des silhouettes barbues surgissent devant moi. Des hommes plus songeurs que résolus. Vers quel avenir vont-ils ? La vie, la mort ? Un soldat fait comprendre à mes compagnons que nous devrions revenir sur nos pas et prendre la petite piste qui passe par Khogani, des affrontements ont lieu plus loin. Nous leur sommes reconnaissants de ce renseignement. La prière a servi à quelque chose.

Karim conduit presque automatiquement, mais l'épuisement se fait sentir. Il se bourre parfois le nez avec une espèce de tabac vert qui favoriserait la concentration. Nous luttons contre le sommeil par solidarité envers notre chauffeur. Nous découvrons des taliban blessés dans un pick-up criblé de balles. Nous les installons dans notre véhicule. L'ambiance devient pesante et étrange quand ces jeunes gens entonnent un chant religieux plein de mélancolie.

Nous atteignons Jalalabad vers neuf heures du soir et déposons d'abord les blessés à l'hôpital. Comme il est visiblement trop tard pour nous rendre au bureau de l'Organisation contre la faim dans le monde où nous avons rendez-vous avec Hans Lebuser, nous décidons de passer la nuit à l'hôtel Spin Gar, le meilleur de Jalalabad. La réception est plongée dans une inquiétante obscurité. Seuls le directeur et un employé tiennent encore la position. Jalalabad vient d'être pris par les taliban. Les étrangers, qui fréquentent normalement l'hôtel, ont été évacués et personne ne s'est préparé à accueillir d'éventuels clients. La cuisine est vide. Au bord de la crise de nerfs, Karim éclate en sanglots et s'assied dans le hall, à même le sol. Le lendemain les bombardements nous réveillent en sursaut. Hans Lebuser viendra-t-il ?

Une fâcheuse querelle éclate au moment de payer la note d'hôtel. J'avais annoncé d'emblée que je ne possédais pas de dollars US et que je paierais en afghani. Mais, le lendemain, le directeur de l'hôtel réclame des dollars malgré notre accord. Le Dr Gulap s'acharne à lui faire comprendre qu'il faut me considérer non pas comme une étrangère, mais comme une Afghane, et que je paierai le prix appliqué aux autochtones, en monnaie nationale. Le Dr Gulap finit par s'imposer. Préférant ne pas assister à cette discussion, je me retire dans ma chambre, mais le directeur ne peut s'empêcher de venir m'y déranger pour me réclamer quinze dollars au lieu des soixante qu'il voulait précédemment. Je le fais sortir.

Après le petit déjeuner, nous déménageons à la maison de l'Organisation contre la faim dans le monde. Karim s'endort aussitôt dans un bon lit aux draps frais. Epuisée, je me lave de la crasse accumulée pendant le voyage et vais me reposer. Mais je n'y parviens pas. La tension s'accroît. Hans Lebuser viendra-t-il ?

C'est une incroyable surprise, un moment de réel bonheur de le voir arriver. Il a l'air exténué. Nous n'osions plus y croire. Je tente de le convaincre qu'il vaudrait mieux repartir pour Chak aujourd'hui même, dès qu'il se sera rafraîchi.

Et notre caravane se met de nouveau en route. Nous découvrons les magnifiques paysages de la première partie du trajet, que nous n'avions pas pu voir à l'aller à cause de l'obscurité. Nous empruntons de larges allées calmes et ombragées sous le bruissement des feuillages. Dans un petit village, nous nous arrêtons à l'auberge tenue par le maire qui sert du poulet à notre intention. Puis nous installons les lits dehors, éclairés par la pleine lune. La nuit orientale serait parfaite sans les aboiements d'un chien. Nous reprenons la route tôt le matin. Entre-temps, le camion accidenté a été dégagé et le front s'est déplacé.

A Dubande, la fraîcheur tombe dès le coucher du soleil. Préférant ne pas dormir à la belle étoile, nous poursuivons la route jusqu'à l'hôpital de Baraki Barak qui possède un pavillon d'accueil où nous pourrons dormir dans des lits confortables. Nous arrivons à Chak le lendemain à midi. Nous sommes passés sans incidents.

Notre hôpital accueille aussi les femmes et les enfants

En ce début d'année 1996, nous mobilisons toute notre énergie à achever le nouveau service destiné aux femmes et aux enfants. Les combats ont repris autour de Kaboul. Les troupes du commandant Massoud et de Rabbani avancent, ce qui complique considérablement les travaux. Il est presque impossible de transporter des matériaux de la capitale jusqu'à Chak. Un camion chargé de tuiles tombe en panne entre les lignes de front et n'est récupéré qu'au bout de quatre semaines. Les hommes de Massoud tentent d'empêcher toute forme de ravitaillement des zones occupées par les taliban. Dans l'adversité, nous apprenons à nous débrouiller. Comme il est désormais impossible de trouver des dalles de pierre pour les sols, les ouvriers travaillent pendant des semaines à tailler ces dalles au ciseau et au maillet. Dans un premier temps, ils les assemblent avec des graviers pour former de jolis motifs puis ils les polissent deux jours durant avec une ponceuse manuelle fonctionnant au diesel. Ce dallage artisanal est magnifique.

Parallèlement aux travaux, notre équipe féminine s'agrandit. Nous embauchons trois femmes prêtes à suivre une formation d'infirmière, la santé étant le seul domaine où les soldats de Dieu tolèrent encore qu'une femme travaille. La première s'appelle Tahera, elle est veuve avec six enfants qu'elle ne pourrait sans doute pas élever sans ce travail. Tahera est d'une nature chaleureuse et maternelle, elle comprend les femmes, elle sait leur parler et sa présence rassure. La seconde, Malalaï, connaît le problème de la double charge. Son mari était officier, mais ne veut plus entendre parler de la guerre. Comme il est désormais chômeur, c'est elle qui doit subvenir à ses besoins et à ceux de leurs enfants. En vérité, son mari n'a pas grand-chose à faire pendant la journée, pourtant il ne lui vient jamais à l'esprit de préparer les repas ou de cuire le pain. Autant de tâches que Malalaï doit accomplir avant de prendre son service à la clinique. Il n'est dont pas surprenant qu'elle ne parle jamais de ce mari, se contentant seulement de dire qu'elle a « quelqu'un à la maison ». Meena est la dernière femme que nous avons engagée dans l'équipe. C'est une belle-sœur du

Dr Aquela. Elle vient de perdre son mari décédé d'une tumeur au cerveau. Ces trois jeunes femmes témoignent d'un grand dévouement. L'enseignement théorique leur est prodigué par le Dr Zakina tandis qu'elles apprennent les aspects pratiques de sœur Martha, que j'ai réussi à faire venir de Kaboul pour cette mission particulière. Martha, la religieuse protestante, est l'incarnation même de l'amour du prochain ! A la fois stricte et battante, elle enseigne à nos aspirantes infirmières les gestes qui soulagent nos patientes et leurs enfants. Notre équipe féminine est formidable !

Au terme d'un an de dur labeur, le nouvel hôpital pour femmes et enfants ouvre ses portes début novembre. Nous avons réussi une vraie petite merveille ! L'ambassade d'Allemagne a financé le mobilier et les équipements, nous laissant pour seule tâche les travaux de peinture et le choix des couleurs. Nous optons pour le vert olive et le bleu foncé qui sont nos teintes favorites. Ensemble, nous établissons les nouveaux règlements. Nous avons désormais un service des hommes, un service des femmes et un service pour femmes et enfants. Si une petite fille ou un garçonnet arrivent accompagnés d'un parent masculin, on les hospitalise dans le service des hommes ; l'enfant venu avec sa mère ou une parente sera affecté au service des femmes. Nous renonçons à créer un service de pédiatrie parce que jamais une famille afghane ne laisserait un de ses membres seul à l'hôpital.

Deux jumelles d'une tribu nomade inaugurent la nouvelle aile. La mère nous tend deux minuscules paquets emmaillotés dans d'épaisses couvertures en loques, puis repart avec son clan. Après avoir ôté tous les chiffons qui les couvraient, nous découvrons deux petits visages luisants de fièvre avec d'immenses yeux noirs, deux êtres apeurés qui cherchent leur respiration. Elles ont la diphtérie. Des robes rouges et bouffantes habillent leur corps amaigri. Le grand-père, la seule personne du clan à rester auprès d'elles, s'occupe affectueusement de ses petites-filles jusqu'à leur guérison. Puis ils rejoignent la tribu.

Un autre jeune enfant nous est amené par ses deux parents. Il souffre de brûlures mal soignées. En Afghanistan, il est courant que les enfants en bas âge tombent dans les cheminées ouvertes et se brûlent gravement. Chez ce petit garçon, la douleur était si vive qu'il était resté comme paralysé dans le foyer, si bien qu'il souffre à présent de brûlures au troisième degré. Pour le soulager, ses parents avaient couvert ses blessures avec des chiffons graisseux. Nous réussissons à lui faire une greffe de peau. C'est à présent un plaisir de voir comment le père, attentif, s'occupe de son fils et de sa femme. Il leur apporte les repas, reste le soir avec eux dans un coin bien abrité pour profiter du calme des soirées. Un autre père s'est installé dans la chambre d'en face. Il masse constamment le bras de sa fille arrivée chez nous avec une main déchiquetée par une mine. Après l'opération, elle réapprend à se servir de son membre. Chaque patient a sa propre histoire qui vient s'inscrire dans celle de cette petite famille qu'est notre hôpital.

Les taliban investissent Kaboul

La nouvelle de la prise de Kaboul par les taliban tombe. La rapidité de l'offensive a pris tout le monde au dépourvu. Le 26 septembre 1996, les troupes des taliban ont attaqué la capitale de tous côtés. Le commandant Massoud a donné l'ordre d'évacuer la ville sans combattre. Sachant qu'il ne pouvait plus la défendre, il a préféré cette solution à un bain de sang. Nous décidons de partir pour Kaboul avec Hans Lebuser pour assister à la victoire des soldats de Dieu. La route de Maidan à Kaboul, encore prise sous les tirs il y a quelques jours, peut désormais être empruntée. Mais seule la voie centrale est praticable parce que des épaves d'engins de guerre et du matériel calciné encombrent les deux côtés, à droite comme à gauche. Un char est tombé dans un ravin.

A Kaboul, les taliban fêtent leur victoire. Je me souviens avec tristesse de l'année 1992, quand les moudjahidin sont entrés dans la ville. Les événements se répètent, si ce n'est que les turbans ont remplacé les pakol et que le « mollah » a pris le relais du « commandant ».

Des taliban ont installé leur campement dans le hall de l'hôtel Intercontinental. Ils prennent la pose en s'appuyant sur leur kalachnikov et veulent que je les photographie. Trois d'entre eux tendent une de leurs armes à Hans Lebuser qui doit la prendre contre sa volonté. Ils le serrent entre leurs bras en exigeant une photo. Quelques vieux taliban observent la scène et interviennent. Ils veulent savoir qui a souhaité la photo. Les taliban essayent de se tirer d'affaire sans avouer avoir fait preuve de vanité. Sur un ton poli mais résolu, on nous intime de ne pas quitter l'hôtel avant que les nouvelles autorités ne décident du sort qui nous sera réservé. Entre-temps, j'ai entendu dire que les journalistes étrangers — qui descendent surtout à l'*Interconti* — n'auraient pas rapporté les événements dans le sens où l'entendent les taliban et qu'il est désormais interdit de se servir de son appareil photo. Nous profitons de cette attente pour déjeuner. La salle de restaurant est pleine de maolaouis, de mollahs et de taliban — je suis la seule femme. Je suis déçue par la nourriture insipide et chère. Du temps des moudjahidin, j'avais toujours rêvé de commander une glace à l'*Interconti*. Mais l'heure est grave : cachant notre angoisse, nous attendons l'arrivée de l'homme responsable des contrôles d'identité. Nous parvenons à le convaincre que nous ne sommes pas des journalistes et que nos clichés ne sont destinés qu'à des fins privées. Nous avons le droit de conserver notre pellicule. Hans Lebuser s'envole de nouveau vers l'Allemagne dans une ambiance plus sereine.

Un mois plus tard, les rues de Kaboul ont radicalement changé, seules les kalachnikovs sont restées les mêmes. Les manteaux trop longs à la mode kandaharie traînent sur le sol. L'extrémité du lourd turban descend presque à terre. Les pick-up sont bourrés d'hommes, la kalachnikov à la hanche. Ils appartiennent au parti religieux et patrouillent constamment, toujours prêts à intervenir si l'on enfreint les nouveaux décrets. Les femmes sont séquestrées dans les maisons ! Elles ne peuvent sortir dans la rue que dissimulées sous la burqa, ce voile qui cache le corps et masque entièrement le visage, sauf la grille brodée à hauteur des yeux. Si les femmes pachtoun de province sont habituées à cette enveloppe, cette prison ambulante touche durement les citadines. Certes, on a toujours vu des femmes en burqa dans la ville, mais le port de ce voile traditionnel ne relevait d'aucune contrainte. A présent, celles qui se révoltent ou ne prennent pas cette injonction au sérieux sont fouettées ainsi que leur accompagnateur masculin. Au début, bon nombre de femmes ne pouvaient pas se soumettre à ce diktat, soit qu'elles ne possédaient pas la tenue réglementaire, soit qu'elles n'avaient pas l'argent nécessaire pour l'acheter. Elles devaient donc rester à la maison ou en emprunter une. Les taliban viennent de promulguer un autre décret interdisant aux femmes de travailler, ce qui met dans une situation très précaire toutes les veuves chargées de famille. Au cours des premières semaines, je rencontre encore quelques secrétaires afghanes (sans maquillage) dans les organisations des Nations unies, puis elles disparaissent peu à peu dans l'anonymat, cessent d'exister. Les écoles de filles sont systématiquement fermées. On argumente en prétendant que toutes ces mesures sont nécessaires à la protection des femmes et que, dès que la paix sera revenue, on autorisera de nouveau une éducation des femmes et des petites filles conforme à la charia. Chaque nouveau décret est source d'angoisse. Peu à peu, on prive les hommes de leur joie de vivre. Qu'est-ce qui nous attend l'année prochaine, quand je reviendrai de mon séjour d'hiver en Allemagne ? Je suis très pessimiste.

12

Les mollahs appellent à la vaccination

Une année s'est écoulée et nous nous sommes fixé un nouvel objectif : déclarer la guerre à la poliomyélite en vaccinant tous les enfants. Mais comment s'y prendre pour convaincre les mollahs de l'importance d'une telle entreprise ? L'ingénieur Mahmoud émet aussitôt une idée géniale : les inviter à prendre le thé, les amadouer avec quelques biscuits et quelque argent de poche. Chose dite, chose faite, et peu importe ce qui, en fin de compte, réussira à convaincre les religieux enturbannés.

Le jour fixé, tous nous écoutent avec attention, certains prennent même quelques notes, écrivant avec le stylo bille offert sur un bloc également offert. Ils prennent l'affaire au sérieux, hochent la tête en signe d'approbation ou se grattent la barbe d'un air bienveillant. Plus tard, dans leur mosquée, ils transmettront leur savoir aux croyants et se montreront favorables à la vaccination.

Nous avons donc tout préparé pour une campagne de vaccination de cinq jours. L'écho est inouï. Nos collègues sont presque débordés par la foule qui se presse. Une masse multicolore afflue vers l'hôpital. Les mères se sont faites belles pour l'occasion, sans parler de leurs chers bambins vêtus de leurs plus beaux habits. Fièrement, elles nous présentent leur progéniture. Quatre candidats à la vaccination descendent même d'une brouette. La vaccination est un événement social, un prétexte légitime pour rencontrer d'autres femmes. Certaines regardent les infirmières avec étonnement et admiration ; c'est la première fois qu'elles voient des femmes qui travaillent autre part qu'à la maison. Seuls les pleurs des enfants qui viennent d'être vaccinés leur rappellent la signification de cette campagne. Notre personnel réussit la prouesse de garder son calme malgré la bousculade. Dans ce chaos bien ordonné, nous répertorions 2 834 mères avec leurs enfants ainsi que quelques pères.

Les aveugles retrouvent la vue

Du temps où elle était à Kaboul, Martha travaillait avec une équipe de médecins ophtalmologistes qui parcouraient les provinces en bus plusieurs fois par an, s'arrêtant dans les villes où il n'y avait pas de spécialistes pour traiter les patients. Or, voilà qu'elle envisage de se rendre à Kandahar pour participer à l'une de ces campagnes de soins. Ne tenant pas à la voir partir, je lui propose de venir chez nous avec son service d'ophtalmologie ambulante. Sans repousser ma suggestion, elle me dit : « J'ignore si les ophtalmologistes femmes ont envie de venir à Chak. Elles redoutent les règles très strictes de la région.

— Martha, tu sais que les femmes sont toujours bienvenues ici. Elles n'ont rien à craindre, ni discrimination, ni lapidation, ni coups de fouets.

— Tu n'as aucune idée de ce qui t'attend, dit-elle en guise d'avertissement. D'ailleurs, la tournée doit commencer dans peu de temps.

— Nous y arriverons quand même. »

Nous réussissons à faire venir l'équipe. Une quinzaine de personnes descendent d'un bus bariolé alors que j'avais prévu un thé en petit comité. Les médecins itinérants apportent tout ce dont ils ont besoin : médicaments, ustensiles et même des tables d'opération. Ce groupe est en mesure d'établir des diagnostics et d'opérer partout, quelles que soient les conditions.

Le Dr Zakina fait remarquer que la pharmacie est tenue par une femme et que les hommes n'accepteront jamais de prendre des médicaments de sa main. N'y croyant pas, mais voulant éviter les incidents, je lui réponds : « Vous avez certainement raison, mieux vaut ne pas provoquer une telle situation. »

Par conséquent, l'homme qui accompagne la pharmacienne, en réalité son frère, se voit attribuer le rôle de distribuer les médicaments tandis qu'elle se charge des dosages et des préparations dans une arrière-salle. J'éprouve un profond respect pour l'ophtalmologiste et pour l'assurance dont elle fait preuve. Elle travaille à égalité avec ses collègues masculins, même en salle d'opération. Le matin, elle assure la consultation des femmes, puis elle prend une table d'opération l'après-midi. Ses doigts agiles et expérimentés font des merveilles. Une artiste est à l'œuvre.

Les patients commencent par passer un test de vision. Si l'on constate un problème, ils sont envoyés à la consultation d'ophtalmologie. Certains sont orientés vers l'oculiste qui choisira les lunettes, d'autres se prépareront à l'opération ou seront traités par voie médicamenteuse. Cette équipe exceptionnelle est parfaitement rodée. Nous n'avions qu'une semaine pour diffuser l'information de leur arrivée dans le village, mais, comme toujours, le système du bouche à oreille a parfaitement fonctionné.

L'affluence est grande car c'est aussi la première fois que la région peut bénéficier d'une telle occasion. Des jeunes conduisent leurs parents aveugles ou malvoyants par la main, puis ils attendent patiemment leur tour sous le chaud soleil printanier. Nous débarrassons le réfectoire pour y installer des lits de camp où les patients fraîchement opérés passeront au moins une nuit. Certains lits sont trop petits pour nos malades. Alors Martha, l'infatigable, se démène pour classer les patients par tailles, les changeant de lit ici ou là, ne lâchant pas prise avant que chacun ne soit confortablement installé. Les couvertures manquent aussi, les nuits sont encore très fraîches et les personnes âgées ont froid. En huit jours, 2 432 yeux auront été traités et 131 aveugles auront retrouvé la vue !

Le bus revient l'année suivante. Mais, dans l'intervalle, la situation, déjà catastrophique, des femmes a encore empiré. Je suis déçue de constater que cette fameuse ophtalmologiste ne fait pas partie du groupe et qu'il n'y a plus aucune femme dans l'équipe. J'apprends qu'elle a émigré au Pakistan. Les femmes atteintes des yeux peuvent, certes, être traitées par des hommes, mais cela ne change rien à l'ambiance oppressante qui règne.

Nouveaux jeux de rôles

La rumeur s'étant répandue que la situation des femmes est encore supportable à Chak, on me demande si nous pouvons organiser chez nous un stage à leur intention. Je donne aussitôt mon accord. Le but de ce stage de six semaines est de sélectionner trois femmes capables de suivre une formation d'assistante physiothérapeute afin qu'elles puissent transmettre dans leur village un savoir-faire spécifique qui puisse servir ensuite pour aider les femmes et les enfants handicapés.

Les premières arrivées s'appellent Hadisa et Zubaïda. Ce sont deux enseignantes afghanes, qui viennent de Peshawar. Malgré un éprouvant voyage qui les a forcées à se dissimuler sous une burqa, elles s'acclimatent avec une étonnante rapidité. Hadisa et Zubaïda sont des êtres exceptionnels ! Elles contredisent tous les clichés qui circulent sur les femmes afghanes. Hadisa descend d'une vieille famille pachtoun, elle a plus de cinquante ans, est célibataire, a les cheveux courts coiffés à l'occidentale. Zubaïda, également célibataire, est sa cadette d'une dizaine d'années. Elle est chef de famille et appartient à la tribu des Hazara, venus de Mongolie. Elles travaillent ensemble depuis de longues années et leur amitié est restée intacte en dépit de l'hostilité qui oppose leurs tribus respectives. Elles voyagent sans être accompagnées d'un parent masculin, ce qui témoigne de beaucoup d'assurance et d'un grand courage. L'adaptation est rapide. Elles s'habillent à la mode, se maquillent et se vernissent les ongles — et c'est ainsi qu'elles accueillent les élèves qui arrivent les unes après les autres.

J'étais partie du principe que j'aurais affaire à treize femmes. Quelle est alors ma surprise de voir ce nombre multiplié par deux puisqu'elles sont évidemment accompagnées. L'une d'elles, célibataire, me présente son frère, une autre son père ou son oncle. La confusion est à son comble quand les maris sont obligés de constater que nous n'avons pas prévu de chambres pour les couples. Un homme et sa femme décident de s'en aller aussitôt. Quant aux participantes du stage, elles doivent faire face à une situation nouvelle pour elles, qui nous force à définir un terrain d'entente. Le personnel de la cuisine ne sait plus où donner de la tête parce que les parents réclament sans cesse du thé, du lait, du sucre et autres extras. Après avoir clairement expliqué que nous ne sommes pas un hôtel, les choses reprennent leur cours normalement. Peu à peu, Hadisa et Zubaïda parviennent même à décoincer les hommes. Les pères s'occupent des enfants en bas âge pendant les cours, les plus âgés servent le thé ou les repas et débarrassent même la table. Ils apportent des seaux d'eau chaude aux femmes pour la vaisselle — nous assistons à un renversement des rôles.

A cause du manque de place et pour des raisons de sécurité, j'ai aménagé deux chambres de l'aile des femmes pour nos élèves. C'est là qu'elles dorment et qu'elles prennent leurs repas. Laissant tomber leurs voiles, elles révèlent toute leur beauté et leurs longs cheveux noirs nattés. J'aime les observer en train d'allaiter leur bébé et de jouer avec lui. Un incroyable charme et une grande sérénité émanent d'elles et chacun de leurs gestes semble résumer leur vie.

Elles ont toutes fréquenté l'école pendant douze ans, certaines ont déjà une expérience professionnelle. Elles apprennent dans l'enthousiasme. Ismatoullah, un homme, enseigne aussi la physiothérapie chez nous et les élèves appliquent ses instructions sans histoires. A Kaboul, enseigner à des femmes lui vaudrait un châtiment ; d'ailleurs il est également interdit aux hommes de traiter les femmes par physiothérapie.

Peu avant la fin du stage, je fais ma ronde quotidienne dans le service des femmes et m'arrête dans la salle de travail de la maternité où j'ai la surprise de découvrir une des élèves. Un peu gênée, mais souriante, elle me présente son fils nouveau-né. Sa fille de six ans s'occupe naturellement de sa mère et de son petit frère. Cette ravissante petite fille lave les couches du bébé. S'étant brûlé les mains en préparant le thé, elle protège son pansement sous des gants de caoutchouc et accomplit sa tâche en souriant. En Afghanistan, je n'ai jamais vu de petites filles jouer à la poupée. Elles prennent aussitôt leurs jeunes frères et sœurs en charge.

L'année suivante, le même groupe de femmes revient pour un stage de perfectionnement. Elles semblent inquiètes et cherchent à s'informer sur la situation à Chak car la condition des femmes s'est encore aggravée et leur liberté est de plus en plus restreinte. La crainte a également changé Hadisa et Zubaïda qui, pour la première fois, arrivent accompagnées d'un homme. Je leur demande : « Ne pouvez-vous plus voyager seules ?

— Nous ne craignons rien pour nous-mêmes, mais le chauffeur de bus risque la bastonnade s'il nous laisse monter seules.

— Je comprends, dis-je. Karim, notre chauffeur, a également failli subir un tel châtiment quand les taliban ont trouvé mon lecteur de cassettes dans le Land Cruiser. Ils l'ont soupçonné d'écouter de la musique malgré l'interdiction. Ils ont fouillé toute la voiture et même éventré les sièges. Comment peut-on être assez fou pour proscrire la musique ? Il n'y a pas que la prière dans la vie ! J'écoutais toujours de la musique en voiture quand je roulais pendant des heures à travers le pays, à présent je ne peux plus le faire sans mettre Karim en danger.

— Les taliban nous ont privées de tous les plaisirs de la vie. Nous n'avons même plus le droit de chanter ou de jouer d'un instrument de musique. Et les dénonciateurs sont légion, renchérit Hadisa en poussant un soupir qui en dit long sur cette terrifiante dictature religieuse qu'imposent les mollahs.

— Il y a quelque temps, en entrant dans ma chambre, j'ai caché un roman policier parce qu'il y avait une femme nue sur la couverture. Pour ma part, je voudrais savoir ce que vous ressentez personnellement en vivant ces pressions constantes et cette crainte de mal faire.

— Si j'avais fait le même choix que tant d'autres femmes, j'irais sans doute bien mieux, lance Zubaïda, un ton légèrement moqueur dans la voix.

— Que veux-tu dire ?

— Nous prenons des libertés que nous payons très cher. Plus ils prononcent d'interdictions, plus nous nous recroquevillons sur nous-mêmes. Je m'attends à recevoir des coups à tout moment. Il m'arrive parfois de ne même pas oser ôter la burqa quand je suis chez moi.

— Je suis devenue dépressive et j'ai parfois eu l'impression que mon bras était paralysé. Heureusement, ça va mieux, maintenant. »

Et, comme pour le prouver, elle prend sa tasse de thé vert en me demandant : « Karla, comment se fait-il, en vérité, que l'on se sente hors de danger, ici, à Chak ? Comment t'y prends-tu pour encore organiser tous ces stages ? »

Une bonne question.

« Je ne saurais pas vraiment expliquer pourquoi. D'une part, Chak est en province, d'autre part, j'ai de bonnes relations avec les mollahs. Par chance, les taliban locaux ne sont pas des extrémistes, mais des hommes normaux. »

Zubaïda, Hadisa et moi, nous avons imaginé un jeu de rôles pour que les femmes prennent conscience de leurs problèmes. Les Afghans étant des comédiens-nés, ce genre d'expérience leur convient parfaitement. Nous formons un cercle et l'une des femmes s'assied au milieu, elle est voilée, on lui lie les mains. Une de ses compagnes sort du cercle et dépose la brochure des Nations unies sur les droits de l'homme à ses pieds. Une deuxième lui apporte une assiette de biscuits. Une troisième un ouvrage de broderie. Une autre, enfin, joue le rôle d'un mollah et crache par-dessus l'épaule gauche et l'épaule droite de la femme voilée, puis passe un chapelet de prière autour de ses mains liées. La femme du milieu se lève et fait un geste accusateur en direction des spectatrices. Nous demandons alors aux participantes comment elles ont ressenti la situation de celle qui est assise au centre du cercle.

« Elle a tout, elle a la protection de la religion, mais elle a les mains liées.

— Et malgré cela, elle aimerait tout faire elle-même, et surtout avoir le droit d'aller travailler.

— Elle veut simplement sortir. »

L'une des plus jeunes se met à pleurer. Hadisa la prend entre ses bras et la console : « Tu es forte, tu y arriveras ! »

La jeune femme sort pour se calmer. Les autres semblent absorbées dans leurs réflexions. Le germe de la résistance est semé. Ces femmes me donnent du courage. Elles me lancent un défi : ne pas renoncer.

Droits de l'homme

Le droit à la vie — c'est, du moins, ce qui est écrit dans la Déclaration des droits de l'homme. Or, c'est un droit que les femmes de Kaboul ont définitivement perdu en 1997. Le ministère de la Santé décrète du jour au lendemain que toutes les femmes présentes dans les hôpitaux de la capitale, employées ou malades, doivent quitter les lieux le jour dit. Il est interdit aux médecins hommes de soigner les femmes. Au début, plusieurs d'entre eux contreviennent à l'interdit en cas d'urgence. La répression est brutale. On réserve aux femmes un bloc de l'ancienne polyclinique, qui date de la période de l'occupation soviétique. Or, cette partie de l'hôpital ne dispose ni de l'eau courante, ni d'électricité, ni d'équipements médicaux et encore moins d'une laverie. Le personnel, exclusivement féminin, n'est pas en mesure de couvrir les besoins en soins de toutes les femmes de Kaboul. Un seul chirurgien de sexe féminin opère dans ce bâtiment délabré. L'appareil de radiographie date de Mathusalem et aucune ne sait s'en servir. La directrice nommée par les taliban ne fait preuve d'aucune compréhension envers ses collègues. Elle reste collée à son bureau et attend que tout fonctionne normalement. Elle ignore tout de la gestion d'un hôpital. Ses paroles semblent être l'écho des services de la propagande des taliban : « Ici, nous avons quelque chose qui nous appartient, et nous en sommes fières », déclare-t-elle à qui veut l'entendre. Tout manque, ce qui signifie purement et simplement qu'il y a pénurie de soins pour les malades et que, dans le pire des cas, elles sont condamnées à mourir. Nous tentons de les aider en signalant ces dysfonctionnements aux taliban. Leur réponse nous donne froid dans le dos : « Il y a tant de taliban qui meurent sur le front, alors la mort d'une femme... »

On exige de l'ordre des médecins qu'ils appliquent la charia. Ce sont donc les praticiens que l'on charge de couper les mains des personnes condamnées pour vol. La main est amputée par un chirurgien qui masque son visage pendant l'opération, comme au bon vieux temps des bourreaux. L'Ordre réussit néanmoins à imposer que les médecins soient déchargés de cette odieuse tâche. Toutes ces mesures répressives sont connues de tous. Que peuvent encore attendre les voleurs si cet acte atroce n'est pas effectué par un médecin ?

La guerre des barbes

Les hommes peuvent être d'une incroyable cruauté. Touroubi est non seulement brutal, c'est aussi l'incarnation du Mal. Le cerveau de ce maolaoui ne travaille que pour inventer de nouvelles brimades tandis que la horde de sbires à sa botte met en pratique les tortures imaginées par le maître et se défoule avec une rudesse qui se veut martiale. Il ne connaît plus aucun scrupule car personne n'ose arrêter sa folie meurtrière. Quiconque peut tuer un homme peut aussi en tuer plusieurs. Touroubi en a le pouvoir. Il dispose d'une troupe de 15 000 hommes, la sinistrement célèbre police religieuse. C'est un homme dont le gouvernement central de Kandahar ne saurait se passer. Ses vassaux ont banni les femmes de la vie publique, maintenant c'est le tour des hommes. Un nouveau décret sur les barbes vient d'être promulgué. Si, au début, les hommes étaient obligés de couper leur barbe à une certaine longueur, il leur est désormais interdit de toucher à une paire de ciseaux. Quiconque refuse de porter la barbe doit s'attendre à croupir en prison.

Deux médecins afghans résidant en Allemagne ont organisé une mission spéciale à Chak. La petite équipe se compose d'un chirurgien et d'un urologue et ils prévoient de faire également venir un assistant. Nous sommes en pleins préparatifs pour cette campagne itinérante quand le Dr Nazir et le Dr Khan posent une question cruciale : risquent-ils d'avoir des problèmes parce qu'ils ne portent pas cette fameuse barbe ? Je les rassure et demande une garantie à notre mollah. Ces deux médecins ne sont pas revenus dans leur pays depuis plus de vingt ans. Ils sont issus de grandes familles et ont fait leurs études en Allemagne.

Ils viennent en dépit d'une situation très critique. Les patients affluent de très loin pour faire soigner leurs blessures, souvent dues à des mines. Parmi eux, on trouve aussi de nombreuses personnes atteintes de malformations, entre autres de becs-de-lièvre. Il se présente une petite fille avec une dent saillant à la manière d'une défense. L'opération se passe bien, elle retrouve son joli visage d'enfant une fois les pansements enlevés. De Kaboul, on apporte au Dr Khan, l'urologue, de jeunes blessés de guerre paraplégiques qui, grimaçants de douleur, font des efforts désespérés pour se mouvoir. Le Dr Khan leur pose un cathéter spécial. Le soir, le Dr Nazir se laisse aller à raconter des souvenirs d'enfance. Il aurait envie d'un kebab à l'agneau, un souhait que nous ne pouvons exaucer. La famine est telle qu'il est interdit d'abattre les jeunes animaux.

A Chak, l'absence de barbe ne provoque aucun incident. Mais l'assistant est arrêté à Maidan, sur la route de Kaboul, et mis en prison. Motif de l'incarcération : sa barbe n'est pas conforme au règlement. Il réussit à s'échapper la nuit par une fenêtre qui n'a plus de vitres. Hormis cet incident, tous les membres de la mission sont pleinement satisfaits.

Hélas, le moment du retour de nos hôtes approche et l'on discute afin de choisir l'itinéraire que l'on prendra pour rejoindre Kaboul. Passer par Maidan ou Logar ? Nous optons pour Maidan, le chemin le plus direct. Nous partons avec deux jeeps. L'angoisse nous prend en arrivant devant ce fameux poste de contrôle de Maidan. Ils nous laissent passer. Fazil Elahi laisse échapper un cri de joie. Alors que nous faisons le plein d'essence juste après le poste, un talib armé d'une kalachnikov surgit devant nous, il ordonne aux deux médecins de descendre immédiatement et de le suivre. Le visage impassible, ils prennent place dans le pick-up de la police religieuse qui les conduit vers la prison. Nous partons immédiatement pour Vardak où je demande une entrevue d'urgence avec le gouverneur. Je lui explique : « Vous, en tant qu'homme d'honneur, vous ne pouvez tolérer que les sbires de Touroubi interviennent de façon arbitraire dans cette province et enferment nos médecins !

— Je peux m'excuser pour ces méthodes, mais nous n'y pouvons rien changer. » Le gouverneur est visiblement gêné.

« Mais que faire dans ces conditions ? »

Excédé, Fazil Elahi fait les cents pas dans la pièce. L'audace de ce talib le met hors de lui.

« Le seul conseil que je peux vous donner est d'écrire une lettre pour demander la libération de ces médecins et je la signerai. »

Nous nous attelons aussitôt à la tâche. Au bout d'une heure, nous repartons pour le tribunal de Maidan munis d'un ordre de libération. Je suis atterrée par la manière dont on a traité ces deux médecins qui ont pris tant de risques pour venir aider leurs compatriotes. Je me reproche aussi de ne pas avoir choisi la route de Logar, certes plus longue, mais bien plus sûre. Dès notre arrivée au tribunal, Fazil Elahi se présente avec la lettre du gouverneur et en ressort quelques instants plus tard avec les trois médecins.

« Je les ai trouvés en train de boire le thé, dit-il rayonnant. Les gardiens ont tout de suite vu que leurs prisonniers n'étaient pas méchants. Ils étaient seulement choqués qu'un médecin ne connaisse pas le Coran. Ils n'avaient pas vu cela depuis longtemps.

— J'ai eu très peur quand j'ai vu que le Dr Nazir était

incapable de réciter la moindre sourate, ajoute le Dr Khan, le visage encore inquiet. En Afghanistan, les prisons regorgent de gens comme vous et moi. Quant aux récalcitrants, on essaye de leur inculquer le Coran par tous les moyens.

— Et comment avez-vous fait pour vous en sortir si bien ? demande Fazil Elahi, curieux.

— Je ne vois qu'une réponse. Beaucoup de choses sont imprévisibles ici », avoue le Dr Khan en haussant les épaules. Puis il soupire : « Et dire qu'un pays entier dépend d'imbéciles comme ces hommes à la solde de Touroubi ! »

Nous arrivons à Kaboul plus tard que prévu. Malgré cela, les médecins ont envie de revoir leur maison familiale. Le temps presse parce que Kaboul tombe sous le couvre-feu dès huit heures et demie. De ce qui était leur demeure au temps de leur enfance heureuse, il ne reste que des ruines qui se dressent tels des fantômes dans la pénombre.

« Karla, regarde, notre demeure était splendide. Et le magasin était là. » Le Dr Nazir prend des photos. Pris de peur, nous le rappelons à l'ordre pour qu'il remonte dans la voiture : « Venez vite, sinon nous risquons encore une fois d'être contrôlés ou arrêtés. »

Le Dr Kahn veut se rendre chez des parents afin de passer la nuit dans leur maison avec son équipe. Il me propose de me joindre à eux et de dormir avec les femmes. Mais je suis à bout de nerfs. Il me faut du calme, un calme que ces femmes ne m'accorderaient pas, parce que leur sens de l'hospitalité les conduirait à s'inquiéter de moi et à engager la conversation. Autant de choses dont je n'ai pas besoin en ce moment. Je leur fais donc mes adieux, puis Karim me conduit chez Martha. Martha, la religieuse protestante, a conservé sa maison de Kaboul si bien que nous avons toujours une possibilité d'hébergement quand nous sommes à la capitale. Mais c'est mon jour de malchance et force est de constater que le gardien qui conserve les clés est déjà parti à cette heure tardive. Il ne reste que le gardien de nuit. Il me propose de dormir dans le vestibule tandis que lui et Karim dormiront dehors. J'opte pour la terrasse qui donne sur le jardin et me prépare à une nuit paisible sous un ciel étoilé. J'aligne mon équipement de base devant moi : une bougie, une lampe de poche, un réveil, une thermos avec du café chaud. Mais une fois encore, j'ai commis une erreur d'appréciation. Des armes lourdes tirent leurs mortelles munitions durant toute la nuit. Massoud et les troupes de l'Alliance du Nord ont lancé une offensive. J'entends des pas dans la maison d'en face et n'ose pas allumer ma bougie de crainte d'être découverte par les taliban.

Le lendemain, nous nous retrouvons, comme convenu, à l'heure du petit déjeuner. Les médecins n'ont pas beaucoup dormi non plus parce que le bruit et les événements les ont maintenus éveillés. Nous quittons Kaboul avec une certaine nostalgie. Je ne suis rassurée que quelques jours plus tard, quand Fazil Elahi m'annonce que les médecins ont franchi le front des barbus sans encombre.

A présent, ce sont les cheveux des hommes qu'ils ont pris pour cible. Il est décrété que la longueur autorisée sera de deux centimètres de la racine jusqu'à la pointe. Avec ces mesures arbitraires, la police religieuse veut inculquer un islam obscurantiste. Réussira-t-elle ?

Un amour interdit et autres exactions

Après le départ des médecins, je reste encore une journée à Kaboul avec Karim. Les scènes qui s'y déroulent sont de plus en plus hallucinantes. En pleine rue, nous rencontrons un homme d'un certain âge, un véritable colosse vêtu d'un long manteau blanc et la tête enturbannée, le visage presque entièrement couvert par une barbe rouge teintée au henné. Il frappe impitoyablement la main d'un homme avec une matraque en caoutchouc. Karim s'est, hélas, aperçu trop tard que nous étions dans une zone dangereuse. Il est lui aussi condamné à tendre ses mains sous la matraque. Motif : aucun homme n'a le droit de s'asseoir à côté d'une femme dans une voiture. Par chance, dans son malheur, il connaît son bourreau, qui simule le châtiment. Mais l'humiliation est grande : « C'est trop bête, dit-il en s'emportant. On dépense tant d'énergie pour imposer ce genre de religion alors que le pays crève de faim ! »

Partout où je vais, je rencontre des bandes d'enfants sales et en guenilles. Ils se postent là où ils savent qu'ils peuvent croiser des étrangers. Ces enfants aux grands yeux noirs et tristes qui mendient quelques pièces deviennent fous furieux quand on ne leur donne rien. L'un d'eux me tire par la manche avec insolence alors que je suis arrêtée à un feu rouge. Je remonte la vitre, mais il cogne de toutes ses forces contre la portière. Il ne renonce pas. Il tire sur les enjoliveurs tant et si bien qu'il les arrache, mais je ne cède pas. Des femmes à la burqa en haillons m'assaillent aussi. Leur façon de m'empoigner me met hors de moi. Je ne supporte pas la vue d'une telle misère. Quelques femmes en burqa sont assises en plein milieu d'une importante artère et tendent les mains d'un air implorant. Rares sont ceux qui leur donnent l'aumône ; en revanche les voitures qui passent à droite et à gauche les couvrent de poussière et d'éclaboussures. La grille brodée dans leur burqa limite à tel point le champ de vision que l'une d'elles ne voit pas un pick-up des taliban qui arrive à vite allure. Il la renverse. Même la mort est voilée selon les règles.

On chuchote à Kaboul que le couvre-feu a été instauré pour que l'on ne voie pas comment on y maltraite les Afghans. Il sert, d'une part, à l'épuration ethnique et, d'autre part, à extorquer de l'argent aux personnes qui ont contrevenu aux règles. C'est le fascisme dans sa forme la plus pure : les taliban et les Pachtoun éliminent les Tadjik et les Hazara. Chacun a peur de l'autre. La misère et la faim poussent à des excès, le pillage recommence. Il y a des milliers de chômeurs et, souvent, ceux qui ont du travail ne perçoivent même pas leur salaire. Un employé de l'aéroport de Kaboul touche environ quatre dollars par mois. La corruption gagne du terrain.

J'ai de nouveau besoin d'un visa de séjour pour l'Afghanistan. Les entretiens préalables sont humiliants et pénibles. On me convoque à une heure où plus personne n'est encore au bureau. Il me faut donc passer une autre nuit à Kaboul. Tout n'est que brimades. On veut jouir de son pouvoir. Le lendemain, un fonctionnaire parlant un anglais parfait est assis face à moi. Il hoche du turban en se lamentant sur la difficulté de vivre en Afghanistan. Il me prend trente dollars, sans reçu, contre mon visa. Sa poche n'est pas loin.

« C'est très dur de vivre en Afghanistan », insiste-t-il.

Ainsi passent les années dans ce pays. Sans cesse, de nouveaux décrets transforment la vie en enfer. Bien que l'arrivée des taliban à Chak se soit passée sans verser une goutte de sang, les événements dramatiques n'ont pas épargné notre petit village, même s'ils sont d'une autre nature.

Un jour, Tahera vient me voir, bouleversée : « Karla, venez vite. Il s'est passé quelque chose de terrible. Les taliban viennent de déposer une jeune femme aux urgences. Elle est blessée par balles. »

Je me précipite avec Tahera et demande : « Qu'est-il arrivé ?

— Cette jeune fille a été blessée par son père et son frère avec un Mauser. Elle était allongée dans les buissons avec un garçon auquel elle n'avait pas été promise », m'explique le Dr Zakina.

Elle a dix-sept ans, est grièvement blessée, plusieurs balles lui ont perforé le ventre. Je n'arrive pas à comprendre qu'un père veuille tuer sa fille.

« Et d'où le père et le fils tiennent-ils cette arme ? Il est pourtant interdit aux civils d'en posséder ! » Personne ne peut répondre à ma question.

« Et qu'est-il advenu de son ami ?

— Il est mort », murmure Tahera.

Le Dr Wolasi, le nouveau chirurgien, entre pour préparer l'opération. Il annonce : « Des taliban en armes montent maintenant la garde devant l'hôpital, ils pensent que le père et le fils risquent de faire irruption ici et de tirer sur tout ce qui bouge. Les taliban protègent la jeune fille contre un père qui veut faire usage du droit traditionnel. »

Je me précipite dehors pour parler aux taliban et je leur demande s'il ne vaudrait pas mieux mettre la jeune fille en sécurité et la transporter à l'hôpital arabe. Je me sens incapable de prendre une aussi lourde responsabilité et je crains que d'autres patients puissent être touchés par ces forcenés.

Mais le drame s'est produit dans la région, et c'est le kisma qui décide si cette jeune fille mourra ou non. Rien ne peut les faire changer d'avis. Je ne comprends toujours pas pourquoi un père a le droit de tuer sa fille dans un cas semblable. Le rôle de la charia n'est-il pas de juger ?

L'opération dure toute la nuit, et il semble que nous pourrons la tirer d'affaire.

Tahera me lance un regard grave en exposant la situation de la jeune fille : « Où pourra-t-elle aller quand elle sera guérie ? Elle ne peut pas retourner chez elle, on la tuera. Il lui est pratiquement impossible de fuir vers le Pakistan sans être accompagnée par un homme. Personne au village n'acceptera de la protéger.

— Et pourquoi devrait-elle craindre davantage son père

que les taliban ? » Tahera connaît la réponse à ma question : « Ni l'un ni l'autre de ces jeunes gens n'était marié. La charia ne condamne à mort qu'en cas d'adultère. S'ils avaient été fiancés, ils auraient peut-être été punis d'une centaine de coups de fouet, mais là... Seul le père peut se référer à la coutume ancestrale et appliquer la peine de mort. »

Je me dis que ce sont des lois que les étrangers ne comprendront jamais. Du reste, je constate de plus en plus souvent que les taliban n'ont rien inventé en matière de cruauté et de châtiments, mais plutôt que ces coutumes sont profondément ancrées dans la société. Ils ne font que les raviver et les mettre en scène. S'il en avait été autrement, la résistance aurait été grande.

Fatima se remet lentement, mais ses grands yeux sont pleins de nostalgie. Elle sait que l'avenir est fermé pour elle, elle se désintéresse de la vie, refuse de s'alimenter. Nous sommes impuissants et ne pouvons que la nourrir de force. Que va-t-elle devenir ?

Épilogue

Et nous, qu'allons-nous devenir ? Telle est la question qui se pose maintenant. L'ingénieur Mahmoud vient à moi. Il a l'air préoccupé. Je suis en train de poser une nouvelle perfusion à Fatima. Je le regarde, étonnée. Jamais auparavant l'ingénieur Mahmoud n'avait pénétré dans l'aile des femmes.

« Karla, des terroristes ont bombardé le World Trade Center de New York avec des avions. Les deux tours se sont effondrées. Il y a des milliers de morts. Nous venons d'apprendre la nouvelle à la radio. »

Mon cœur se serre comme jamais. Je pense aussitôt à Oussama Ben Laden, aux extrémistes taliban. Pourquoi ? Je n'en sais rien. Mais nous avions tous le pressentiment qu'il allait arriver quelque chose dans un futur très proche. La tension était énorme.

« La situation est dangereuse. Les Américains vont se venger. Et les Afghans en seront les victimes. »

Le choc se lit sur le visage de l'ingénieur Mahmoud. Lui aussi a sans doute pensé aux extrémistes d'Afghanistan en entendant le communiqué.

« Pourquoi tout cela, alors qu'ici c'est la tristesse et la désolation ? » dit Tahera.

Nous quittons le service des femmes pour obtenir davantage d'informations dans le bureau de l'ingénieur Mahmoud. Tout le personnel de l'hôpital s'y est déjà rassemblé et écoute Radio-Kaboul : « Les pirates de l'air ont également attaqué le Pentagone à Washington. »

Fazil Elahi s'écrie : « Nous n'aimons pas beaucoup les

Américains, mais personne ne peut se réjouir d'un tel acte. Trop de civils y ont perdu la vie !

— On peut s'attendre à une riposte sur Kaboul, dit le Dr Wolasi, bouleversé. Cela va être effroyable. Il ne faut pas espérer retrouver une vie normale avant longtemps. »

Je pense aussi à notre hôpital. Une fois encore, nous manquerons de ravitaillement, devrons abattre des montagnes pour grapiller le minimum. Combien de temps cela va-t-il encore durer ? En vingt ans, nous n'avons connu que la guerre, les changements brutaux de régime, les uns après les autres. Et dès que les Afghans se sont révoltés, on leur a servi une alternative politique qui n'a pas ramené la paix. Après avoir chassé les Soviétiques, ils plaçaient leur espoir dans les moudjahidin : ceux-ci se sont révélés corrompus. Ils ont ensuite acclamé les taliban, voyant en eux des pacificateurs alors qu'ils ont instauré une autre dictature épaulée par une police religieuse aux pratiques bestiales. Depuis des années, la vie des Afghans se déroule sur le fil du rasoir.

« Cet attentat signifie la fin des soldats de Dieu, dit le Dr Wolasi. Je présume que s'il y a un conflit armé, ce sera comme si une souris essayait de s'attaquer à un éléphant.

— Et cela risque de durer. Les taliban ne livreront jamais Ben Laden. Pour eux, c'est une manne d'argent. D'ailleurs quelle pourrait être la solution ? Ils ne peuvent pas fuir comme la population normale ; hormis le Pakistan, aucun pays n'a reconnu le gouvernement des taliban. »

L'ingénieur Mahmoud est abattu.

« Allez-vous nous quitter, Karla ? me demande Tahera en me regardant d'un air à la fois maternel et inquiet.

— Vous savez bien que jamais la peur ne m'a fait fuir. Nous continuons à travailler comme avant. »

Les jours suivants, personne ne parle. Il n'y a plus grand-chose à dire. Nous nous sentons impuissants et livrés au destin, parce que nous pressentons que la situation va s'aggraver. Nous refusons de nous laisser aller à l'hystérie et aux vaines spéculations ; mais, la nuit, les pensées les plus confuses nous hantent. Chaque soir, nous écoutons les nouvelles à la radio. Il n'y a plus de télévision, les taliban l'ont interdite. Donc, aucune image préfabriquée par les médias ne vient troubler notre conscience. Certains pensent à leur famille qui vit à Kaboul. Les rues doivent y être désertes, personne n'ose sortir. Que vont devenir les mères, les pères et les familles restés là-bas si une nouvelle guerre éclate ?

Quand cette tragédie afghane va-t-elle prendre fin ? Fazil Elahi ne voit plus aucune perspective d'avenir ; il veut émigrer en Arabie Saoudite avec sa femme et sa fille. Nous essayons d'assumer les tâches quotidiennes car, sans cesse, de nouveaux patients arrivent qui réclament notre attention.

Quelques jours plus tard, je reçois un e-mail du ministère allemand des Affaires étrangères. Etant l'une des dernières étrangères restées en Afghanistan, on me demande de quitter le pays parce que l'on craint des prises d'otages. Que dois-je faire ? D'une part, je ne veux pas abandonner tous ces hommes qui vivent dans l'incertitude, d'autre part, il suffit qu'un seul extrémiste — taliban ou autre — perde la raison pour que toute l'Allemagne se préoccupe de mon sort.

Ma décision est prise. J'explique la situation à mes collègues : « Je pars pour des raisons de sécurité, mais je reviendrai. »

Je laisse mes affaires personnelles, mon dentifrice et mes cosmétiques dans ma chambre en guise de preuve de ma volonté de revenir.

Lors de ma tournée d'adieu dans l'hôpital, je reste longtemps au chevet de Fatima. Au début, j'imaginais pouvoir la faire sortir secrètement de la clinique et l'emmener au Pakistan. Mais très vite je réalise qu'une telle entreprise risquerait de mettre l'hôpital en péril. Les villageois l'auraient boycotté. Le prix à payer me semble trop élevé.

Vient maintenant le moment le plus pénible : les adieux à mes collègues. Ils sont tous alignés debout, dehors, formant comme un chapelet de prière, au bord des larmes. J'aurais pu pleurer. Mais je sais qu'il ne faut pas montrer ses sentiments en Afghanistan. Tous me serrent la main — même ces hommes qui répugnent au contact physique avec une femme. L'ingénieur Mahmoud m'assure qu'ils continueront à faire fonctionner l'hôpital : « Vous savez, Karla, vous êtes une femme formidable. Vous seriez même la plus formidable si vous étiez musulmane. »

Je monte rapidement dans le Land Cruiser. Sur la route de Peshawar, je croise des chameaux parés de tous leurs ornements qui avancent dans les sables du désert — une noce de nomades. Du fond du cœur, je souhaite beaucoup de bonheur aux jeunes mariés.

Chak, 11 septembre 2001.

Remerciements

Je suis dans le nous.
Sagesse soufie.

J'étais liée à cette chaîne d'amitié, comme une perle au chapelet de prière.

Chaque perle porte un nom qui chante les louanges d'Allah. Et chaque perle incarne un être humain sans l'aide duquel nous n'aurions pas pu avancer. Ces perles représentent mes amis afghans et allemands qui sont restés là-bas malgré les guerres et qui, jamais, n'ont été insensibles à ces destinées si souvent tragiques.

Je tiens à remercier Haji Daoud, qui m'a fait découvrir l'univers afghan ; l'ingénieur Mahmoud qui m'a fait connaître la province de Vardak en y mettant toute sa sensibilité et son intelligence ; Fazil Elahi et son énergie juvénile qui m'a accueillie chez lui comme une sœur. Ma gratitude va également à Ilse Haltner, Margret et Hermann Marnett, à Margreth Sengupta, aux médecins Heidrun et Peter Päuser, au Dr Tilman Hilber et à Hans J. Lebuser, au nom de tous ceux qui ont pu profiter de leur aide.

L'hôpital de Chak-e Vardak

Komitee zur Förderung medizinischer und humanitärer Hilfe Afghanistan e.V.
(Comité de soutien médical et d'aide humanitaire pour l'Afghanistan)

Pendant douze ans, l'hôpital de Chak-e Vardak s'est révélé être une institution indispensable aux niveaux régional et national en Afghanistan.

Comme dans le passé, c'est l'unique hôpital de la province de Vardak. L'hôpital accueille aussi de nombreux patients venant des provinces voisines ainsi que de Kaboul.

Cet hôpital n'est financé que par des dons privés collectés par notre comité. L'existence de cet hôpital dépend de votre soutien. Vous pouvez faire beaucoup, même en ne donnant qu'une petite somme.

Aidez-nous.

Compte pour la collecte des dons :
Code banque : 440 501 99.
Numéro de compte : 181 000 090.

Nous vous remercions d'avance.
Karla Schefter.

Table

Ce volume a été composé
par Nord Compo
et achevé d'imprimer sur presse Cameron
par **Bussière Camedan Imprimeries**
à Saint-Amand-Montrond (Cher)
le 19 février 2002

N° d'Édition : 13451. N° d'Impression : 010809/1.
Dépôt légal : mars 2002.
Imprimé en France